高斯琪／著

青岛旅游业
创新发展研究

Qingdao Tourism
Research on Innovative Development

中国海洋大学出版社
CHINA OCEAN UNIVERSITY PRESS

图书在版编目（CIP）数据

青岛旅游业创新发展研究 / 高斯琪著 . —青岛：
中国海洋大学出版社，2018.10
ISBN 978-7-5670-1488-6

Ⅰ . ①青… Ⅱ . ①高… Ⅲ . ①地方旅游业－旅游业发
展－研究－青岛 Ⅳ . ① F592.752.3

中国版本图书馆 CIP 数据核字（2018）第 274519 号

出版发行	中国海洋大学出版社
社　　址	青岛市香港东路 23 号　　**邮政编码** 266071
出 版 人	杨立敏
网　　址	http://www.pub.ouc.edu.cn
电子信箱	1922305382@qq.com
订购电话	0532-82032573
责任编辑	赵　冲　　　　　**电　　话** 0532-85902533
装帧设计	青岛艺非凡文化传播有限公司
印　　制	青岛国彩印刷有限公司
版　　次	2019 年 6 月第 1 版
印　　次	2019 年 6 月第 1 次印刷
成品尺寸	170mm×230mm
印　　张	17.25
字　　数	250 千
印　　数	1-1500
定　　价	55.00 元

如发现印装质量问题，请致电 0532-88194567，由印刷厂负责调换。

序

　　"追梦"是每段成功故事书写的开篇，而坚持是谱写美好结局的绘笔。孜孜不倦的求知道路上，不妨把"梦"做得高些，虽然开始只是梦想，但只要不停追逐，以梦为马，砥砺前行，终会谱写出成功的华章。读此书，作者的磨砺蜕变尽在其中，创新思维据理锐利，创意理念令人耳目一新。

　　谈及旅游，就令人不禁感慨改革开放四十年来旅游业所取得的巨大成就。改革开放前，旅游业以外事接待为主，只具备产业雏形，不完全属于产业范畴。1978年，随着改革开放的脚步，产业型旅游业正式拉开序幕。1984年中央提出国家、地方、部门、集体、个人一齐上，自力更生与利用外资一齐上的旅游建设方针，奠定了全方位发展旅游产业的基础。1992年中央明确提出旅游业是第三产业中的重点产业，此后在《关于制定国民经济和社会发展"九五"计划和2010年远景目标纲要的建议》中，旅游业被列为第三产业积极发展新兴产业序列的第一位。2009年国务院《加快发展旅游业的意见》提出，"把旅游业培育成为国民经济的战略性支柱产业和人民群众更加满意的现代服务业"；之后《中华人民共和国旅游法》颁布，第一部《国民休闲纲要》出台。党的"十八大"以来，按照国家《关于促进旅游业改革发展的若干意见》，旅游业以主动与新型工业化、信息化、城镇化和农业现代化相结合的更大格局，以对经济社会文化生态多方协同的改革精神，全面融入国家战略体系，在推动"旅游+""大旅游""全域旅游"的过程中，转型升级形成了新的发展格局。2017年我国旅游总收入高达5.4万亿元，国内和入境旅游人数超过51亿人次，我国已经成为全球最大的国内旅游市场和全球最大的出境客源市场，旅游业已经成为我国的战略性支柱产业。

青岛是我国著名的滨海度假旅游城市，也是我国唯一历经了两次世界大战洗礼的历史文化名城，至今保存完好的栈桥、八大关等万国历史建筑见证了百年沧桑，"红瓦绿树、碧海蓝天"构成了青岛独有的城市特色。青岛拥有丰富的海洋旅游资源和深厚的文化底蕴，具备发展旅游的资源、需求、区位和产品四大本土优势，这为青岛成为国际著名旅游目的地奠定了坚实的基础，也为旅游产业撬动青岛产业结构转型升级提供了原始资本。2017年，青岛旅游业总收入达1640.1亿元，是2008年的3.9倍，十年间年均增长15.14%。可见，在近十年发展过程中，青岛积极发挥自身优势，旅游业发展增速迅猛，整体保持积极向上的势头。但"十三五"以来，青岛旅游业各项指标虽然保持了稳定增长，旅游收入年增速和旅游人数年增速相较"十二五"期间却有所放缓，这意味着青岛旅游业已步入调整与转型的新增长周期，需要创新旅游业发展模式以寻找新的增长点。这一严肃而客观存在的问题要求青岛需要正视问题，深刻反思，多角度、全方位地对"青岛旅游业创新发展"这一课题进行深入、详实地研究探索，以推动青岛旅游业态创新、提质增效，快速步入国际化旅游度假目的地的城市序列。

从当前形势分析可知，对青岛旅游业发展进行系统性和科学性的研究具有很强的理论与现实意义，是当前青岛如何激发经济活力，顺利实现产业转型升级，在全国乃至全世界脱颖而出的关键突破点。此书应时应势而立，在运用数理统计对青岛旅游业发展历程与发展现状进行分析的基础上，剖析青岛旅游业发展的影响因素，运用灰色关联分析法分析青岛旅游业发展与经济因素和非经济因素的关联程度；并在基础性理论与现状分析的基础上，对青岛旅游业发展研究进行了独具创新性的多元融合发展研究，通过构建青岛旅游业与经济、文化、生态、城市化进程的四维一体融合发展理论模型，实现了对青岛旅游业多元融合的综合性评估，从系统科学的视角分析了青岛旅游业与经济社会要素的耦合关联度，为青岛旅游业发展深入渗透社会经济发展各个角落提供了全新的研究理论模型，具有突破性的现实意义。

为了更加深入地揭示青岛旅游业的多元融合发展，此书运用系统科学方法，将青岛旅游业发展置于经济社会发展的宏观系统中，从系统内部、外部两个层面进行研究，内部层面通过构建系统仿真模拟，揭示系统各要素间的融合发展机制；外部层面主要研究不同的政策环境下青岛旅游业的发展演变轨迹及与其相关联要素的互动机制，此研究方法突破性地运用定量分析优化了青岛旅游业发展的政策框架，为青岛旅游业提质增效、转型升级提供了更具科学性的理论支撑；最后，此书针对青岛旅游业发展现存问题与未来的发展目标，并借鉴国内外著名旅游城市经验，着重就青岛旅游业多元融合高质量发展提出了相应的解决思路与政策建议。

出于对仿真模型的可靠性提供检验依据以及识别青岛旅游业发展的常规变化路径的考量，此书以TFT@I方法论为基础，运用指数平滑、ARIMA模型、GM（1.1）灰色预测模型以及BP神经网络为研究方法，构建了青岛旅游业发展集成预测模型，对青岛"十三五"期间城市旅游人数（旅游总人数、国内旅游人数）、旅游收入（旅游总收入、国内旅游收入）进行预测，并基于各种方法误差率之间的相对大小作为方法精确度的衡量标准，得到各种预测方法的组合预测权重，对青岛未来的旅游需求总量以及旅游收入进行集成预测，力求使所得到的结果更加稳定和准确，对于青岛旅游资源的配置与供给应具有重要的参考价值。

此书业已完稿，即将出版发行，很快将与广大读者见面。作为管理学界专注旅游业创新发展的最新研究成果，质量优，品位高，是科研机构、高等院校、政府机构、旅游企业和实践工作者值得阅研的一部学术专著。诚然，此书的出版并不是研究之路的终点，而更多地是新思路、新方向的开端，真诚地希望作者高斯琪在今后的工作中继续钻研，不断有新的成果面世，有新的专著以飨读者。

董纪昌

中国科学院大学

2018 年 12 月 18 日于北京

目　录

第一章　绪　论

第二章　城市旅游业发展理论综述

第三章　国内著名旅游城市发展案例分析

第四章　青岛旅游业发展现状与影响因素研究

第五章　青岛旅游业发展多元融合与潜力评价研究

第六章　青岛旅游业发展集成预测与仿真研究

第七章　青岛旅游业创新发展策略

第一章 绪 论

一、研究背景

近年来，中国旅游业在持续快速增长的同时积极应对产业转型升级，调整产业结构，以新旧动能转换为改革动力向着高质量发展加速并轨。同时，不断探索以现代科技手段为支撑、"旅游+"为特点的多元融合发展道路，从而推动全域旅游在全国范围内的实践创新。2017年中国旅游总收入高达5.4万亿元，是2012年的2.1倍，年均增长15.8%，旅游营收的增幅比国内生产总值增幅高出一倍；国内旅游市场也惊现"井喷式"发展，2017年全年中国国内和入境旅游人数超过51亿人次，比五年前增长69.1%，年均增长11.1%；国内旅游收入4.57万亿元，比五年前翻一番，年均增长15%；入境游也摆脱了多年的低迷局面，实现正增长，入境游总人数达到1.39亿人次。为迎接旅游业高质量发展新时代的到来，青岛紧抓"上合峰会"机遇，优化旅游环境，提高旅游短板，践行全域旅游，探索旅游业多元融合发展之路，力图构建大旅游新格局。

（一）以"旅游+"推动旅游业多元融合发展

"全域旅游"这一发展理念自从2016年在全国旅游工作会议上正式提出后，迅速成为了全国旅游工作的政策导向核心。全域旅游主要强调了打破景点围墙的限制，将旅游目的地各行各业都进行以"旅游+"为核心的融合发展规划，将整个区域作为一个全景大旅游区供游客体验、发掘。为了使全域旅游成为推动旅游业转型升级的新动力，发挥"旅游+"的经济社会效益，尽快完成从理念创新到实践创新的蜕变，从国家到地方都做出了有益的尝试和努力。就国家层面而言，于全域旅游正式提出的当年，国家旅游部门就牵头发展了共计500个"国家全域旅游示范区"，"旅游+"的概念也随之融入全国新一轮旅游改革中，全国全域旅游示范区500家创建单位中，包括海南、宁夏2省（市）、91个市（州）、407个县，覆盖全国31个省、市、自治区和新疆生产建设兵团。

全国 500 个全域旅游示范区创建单位的总面积达 180 万平方千米，占全国国土面积的 19%，从空间上看，主要集中分布在东部沿海地区、中部地区和西部的四川、云南、新疆等地区，与我国旅游热点区域基本吻合。2017 年，李克强总理在政府工作报告中直接提出应大力发展全域旅游，为"旅游 +"在全国范围内的大力推进起到了至关重要的作用。在地方层面，各地积极响应国家政策，全力投入全域旅游示范区的创建工作中，2016~2017 年，第一批（262 个）全域旅游示范区和第二批（238 个）全域旅游示范区根据《全域旅游示范区创建工作导则》，顺利完成了全域旅游示范区的创建工作。至此，以"旅游 +"为核心的全域旅游改革成了一项由中央统筹把握、地方积极配合的旅游业改革发展新策略，旅游优势产业开始形成。2016 年，500 家国家全域旅游示范区创建单位共接待国内外游客 18 亿人次，约占全国旅游人数的 40.5%，同比增长 20%，旅游总收入 1.76 万亿元，同比增长 28%，接待过夜的国内外游客 7.3 亿人次，占接待总人数的 40%，同比增长 21%，旅游业增加值占 GDP 比重均值为 21.5%，一些旅游业发达的创建单位甚至高达 40% 以上。

全域旅游在各地的推行过程中切实解决了一系列旅游发展中长期存在、难以突破的现实问题。其中，"旅游 +"对普遍存在的旅游目的地二元结构问题的解决起到了积极的作用，许多景点凭借其旅游资源优势在大众旅游中占得先机，吸引众多游客，但是由于受到传统发展理念、旅游配套设施资金短缺、产业融合度差等问题的影响，导致了旅游景区内开发品质尚可，但景区外公共服务和基础设施明显落后的二元结构，这就在一定程度上割裂了旅游与经济社会的互动发展。全域旅游以其五个"全"的特征多维度、全方位化解了二元结构矛盾。第一，生态环境全域优化，打破了重点发展景点的传统模式，在旅游目的地全域范围内依照景区环境优化标准统一规划建设。第二，服务全域配套推进城市化进程，统筹全部旅游要素，提升全域旅游服务质量，注重弥补景区外薄弱公共服务环节的配套工作，极大地提升了城市化进程。第三，治理全域覆盖，不论景区内还是景区外在管理层面上统一融入旅游理念，将旅游可能涉及的问题切实列入全域日常管理中，促进旅游治理体制机制提升工作。第四，产业全域联动，旅游业是一个综合性产业，具有良好的包容性和兼容性，旅游可以综合带动各行业与之融合，拉长产业链，形成一批绿色环保的特色旅游产业集群。第五，成果全民共享，旅游目的地的居民在享受全域旅游所带来的环境、服务、治理和产业全面提升的成果面前，既是受惠者，也是参与者。居民作为体现当地风土人情、精神风貌的最灵动载体，在生活质量提升的同时，也提升了旅游地品牌，促进了全域旅游的进一步发展。全域旅游以其五"全"的独特优势，破壁式地击碎了简单的"景点"串联旅游路线，有效地弥补了旅游业与经济、社会发展互动的裂痕，为游客呈现了旅游环境全面提升、基础设施日益完善、体制机制全面规范、产业经济转型升级、人人参与共创的大旅游新格局。

（二）从"低碳经济"到"两山理念"

2003 年英国能源白皮书《我们能源的未来：创建低碳经济》中首次正式提出了"低碳经济"的概念，其本身也是可持续发展理念的延伸，主要是指经济发展模式创新应该依靠新能源、新技术、新制度推动节能减排，注重绿色发展，融入环保理念，提高资源利用效率以促进社会经济的发展，从而实现环境与经济效益双丰收的经济发展模式。

2005 年 8 月 15 日，时任浙江省委书记的习近平到浙江省湖州市安吉县天荒坪镇余村调研时，以充满前瞻性的战略眼光首次提出"绿水青山就是金山银山"。党的十八大以来，习近平总书记多次强调"绿水青山就是金山银山"，党的"十九大"报告提出"必须树立和践行绿水青山就是金山银山的理念"。"两山"理念是与时俱进的发展观、财富观、价值观。

我国旅游产业正处在产业转型升级的关键时刻。因此，为了确保旅游业在可持续发展理论的指导下顺利向真正的"绿色朝阳产业"转型，必须树立和践行"绿水青山就是金山银山"的理念，将环保低碳化要求列入改革要点，积极探索相应的新型技术手段，以提高旅游业生产效率，建立起资源节约型、环境友好型的新型旅游业发展模式，最终实现旅游经济与低碳经济的完美融合，完成中国旅游业在新阶段的转型升级。

我国旅游业进行低碳化发展与践行"绿水青山就是金山银山"理念，不断提升旅游业发展的新境界。但在推进过程中，面临的最突出问题是供给侧一端的一些旅游企业没有将生态成本纳入发展运行账本里，普遍存在粗放经营现象。

需求侧方面，旅游者的低碳意识也相对薄弱，在旅游景区破坏卫生环境、践踏旅游设施的现象也屡见不鲜。

虽然旅游业低碳化发展，践行"两山"理念困难重重，但为了使其步入可持续高质量发展的轨道，在国民经济结构转型升级中发挥更重要的作用，我国政府层面已从宏观调控着手，适时适度地为转型期优秀旅游企业提供优质的政策、资金扶持，注重引导大众从根本上树立起绿色低碳的观念，发挥好"绿水青山就是金山银山"理念的引领作用。在这种宏观背景下，旅游企业从建设、运营、管理诸多方面入手，树立和践行"绿水青山就是金山银山"理念，提升服务和产品质量，为游客营造了绿色出游、低碳消费的良好氛围。

（三）供给侧改革融入旅游革新

"十九大"召开以来，国民经济发展在稳健增长的基础上，更加注重对品质提升的追求，高质量发展要求逐渐代替了原先对增长速度的苛求。为了确保国民经济顺利完成转型升级，实现高质量发展目标，我国急需解决供需严重不对称、产能明显过剩、产业结构不合理等一系列问题，不遗余力地深化供给侧改革，调整产业结构，加速产业转型升级，推进新旧动能转换。实际上，改革开放 40 年来，我国一直处于以消耗能源为主的工业经济主导时代，这既不符合可持续发展原则，也不符合以数字技术为主导的信息时代发展大势要求。因此，转换发展动力，大力扶持现代服务业、新一代信息技术产业、健康文化产业等低碳绿色产业，调整产业结构显得尤为重要。同时，从供给侧入手，提高新兴产业的产品、服务质量，满足人们日益增长的物质需求与精神需求，增加人们对美好生活的向往，以此进一步拉动内需，促使国民经济与绿色新兴产业形成良性循环，从而加速新旧动能转换进度，早日度过经济转型阵痛期，进入高质量发展新时代。

随着大众旅游时代的到来，旅游业作为现代服务业中逆势上扬、增速相对较快的"朝阳产业"，在国民经济中战略性支柱产业的地位和作用日益凸显。仅 2017 年，国内旅游人数达 50.01 亿人次；实现旅游总收入 5.4 万亿元，同比上涨 15%。从 2016~2017 年度来看，旅游综合最终消费额在国民经济最终消费总额中更是占了较大的比重，甚至超过 14%。这足以说明旅游业已经成为国民经济的重要支柱产业，同时还取得了提高就业率、增加人民幸福感、促进国际友好交流的良好社会效益，对未来中国产业结构升级的影响力不可估量。

为了使我国国民经济快而稳地转入高质量发展新时期，不得不倒逼旅游业继续深化供给侧改革，加速新旧动能转换，不断提高发展水平，为促进国民经济转型升级贡献更大的力量。供需矛盾现在仍然是旅游发展矛盾中最为突出的一对，目前我国旅游业的供需矛盾主要体现在供给不足之量的问题和供给低水平之质的问题两方面，质量不高的问题是主要方面。随着游客日益提高的旅游品味需求，我国旅游市场的需求变化与有效供给矛盾将更为突出。

中国旅游业不断探索以大数据为支撑，互联网信息化技术为手段的产业智慧化发展模式，为传统旅游业提质增效，平衡供需关系，调整产业结构；同时，积极吸收 AR、VR 等新的技术创意加速向现实生产力转化，为旅游产业扩大规模注入创新动力，提高旅游供给质量。除此之外，以文化旅游、工业旅游、医疗旅游等多样化方式不断促进跨界融合，挖掘行业潜能，最终以崭新的发展模式打造出一批高价值的旅游品牌，逐步推动旅游供给侧改革，实现国民经济高质量快速发展。

（四）青岛直面旅游革新

改革开放以来，在全国旅游业迅速崛起的大势下，青岛旅游经济持续快速增长，逐渐占据了国民经济战略性支柱产业的重要地位，对青岛经济发展格局的影响力也日渐增强。为了在激烈的旅游市场竞争中持续保持领先地位，青岛紧抓"上合峰会"重要战略机遇期，以改革创新为主线，围绕"打造国际著名滨海旅游度假目的地城市"的目标，坚持全域旅游发展理念，加强政策引导，优化环境秩序，加快转型升级，推动旅游业克服当前发展短板，进入旅游高质量发展新时期。

面对大众旅游时代的到来，青岛积极响应国家策略改革，全面推进全域旅游，被列入国家级旅游业改革创新先行区。制定了符合青岛特色的全域旅游发展规划，确定了滨海度假旅游、海洋休闲旅游、融合发展旅游、品质乡村旅游、服务输出旅游五大重点发展方向，并建立了国际级改革创新先行区、全域旅游示范区和邮轮旅游发展实验区三大旅游新旧动能转换支撑平台，为青岛旅游实现转型升级、迎接大众旅游时代的到来提供了政策与平台双支撑。与此同时，挑战与机遇相生相伴，青岛旅游业也存在发展短板：一是邮轮母港游客发送量太小，2017年仅10.9万人次；二是来青游客人均消费不到2000元，不及海南省的五分之一，并且游客不愿在青过夜也已经成为青岛旅游业面临的突出问题。

产业转型升级既是机遇也是挑战。青岛为加快乡村旅游转型升级，陆续创建了一批有实力、有潜力的省级旅游强镇、省级旅游特色村和省级农业旅游示范点。并构筑了App乡村旅游电商平台"乡旅纵横"，为青岛旅游业融入大数据时代做出了有益尝试。此外，为顺利完成旅游产业转型升级所带来的挑战，青岛积极推动产业融合发展，紧抓特色旅游新趋势，接连获得了国家级体育旅游示范基地（青岛奥林匹克帆船中心）、国家级健康旅游示范基地（青岛崂山湾国际生态健康城）、运动休闲特色小镇试点项目（即墨田横镇）、"首批中国十大科技旅游基地"（中国科学院青岛海洋科考船）等多项国家级产业融合发展示范基地或项目。

以"上合峰会"为契机，青岛正视旅游发展存在的诸多问题，全面提升旅游环境，加强基础设施与公共服务体系建设。在"厕所革命"中，提前一年并且超额完成"厕所革命"三年行动任务目标。在文明旅游工作推进中，不断加强旅游从业人员的职业素养，完善公路旅游港等集散体系的建设工作，注重软实力与硬实力的双重提升。严格执行星级酒店升级上位和退出机制，撤销8家不达标星级酒店，指导2家酒店进行五星级评定。积极构建、优化全国导游公共服务监管平台，规范体制机制改革，确保电子导游证换发工作的顺利执行，推进导游管理制度改革。强化旅游安全防控和检查，专项整治旅游包车、景区流量等重点领域。坚持重点整治和专项治理相结合，加强与公安、交通、物价等部门的协调联动，持续开展市场秩序整治。

青岛直面新一轮旅游改革浪潮，抢抓机遇，正视挑战，总体发展势头良好。但具体还存在旅游管理体制机制特别是属地监管不够到位、转型升级和供给侧结构性改革有待新突破、旅游公共服务体系和市场秩序需要进一步完善，特别是旅游人才队伍建设亟待加强等问题。

（五）旅游业助力青岛新旧动能转换

在全国新旧动能转换改革大潮中，青岛被国家赋予东部地区优化发展增长极的重要发展目标。为增强对全省经济的辐射带动，盘活东部经济带，争创国家中心城市，打造国际海洋名城，青岛应以产业转型升级牵引新旧动能转换的加速完成。这就倒逼青岛需正视产业结构问题，大力发展高新技术产业、现代服务业等绿色环保产业。旅游业作为现代服务业的重要组成部分，兼具绿色环保、融合互通等优质特性，势必成为青岛优化产业结构、加速经济转型升级、实现新旧动能转换的强大动力。

青岛作为典型的滨海旅游城市，拥有丰富的海洋旅游资源和深厚的文化底蕴，具备了发展旅游的资源、需求、区位和产品四大本土优势，这为青岛成为国际著名旅游目的地奠定了坚实的基础，也为旅游产业撬动青岛产业结构转型升级提供了原始资本。2017 年，青岛旅游业总收入达 1640.1 亿元，是 2008 年的 3.9 倍，十年间年均增长 15.14%。可见，在近十年发展过程中，青岛积极发挥了自身优势，旅游业发展增速迅猛，整体保持积极向上的势头。但"十三五"以来，青岛旅游业各项指标虽然保持了稳定增长，旅游收入年增速和旅游人数年增速相较"十二五"期间却有所放缓，这意味着青岛旅游业已步入调整与转型的新增长周期，需要创新旅游业发展模式以寻找新的增长点。

为了推动青岛旅游业快速突破瓶颈期，以旅游业自身之改革有效助力青岛尽快完成产业结构转型升级，在盘活其他相关产业的同时，带动辐射整个山东半岛蓝色经济区，使青岛成为山东省和黄河流域经济社会发展的"龙头"城市，尽快完成国家级中心城市的培育计划，本书以青岛旅游业为研究对象，对青岛旅游业的发展演变进行分析、评价，总结青岛旅游业的发展特征及存在的问题，并基于此对青岛旅游业未来发展趋势与演变特征进行仿真模拟，将为青岛旅游决策者推动青岛旅游业持续健康发展、探索旅游业发展路径提供更为科学的研究基础。

二、研究意义

（一）理论意义

当前，着眼于研究城市旅游业发展的文献大多只是聚焦于旅游竞争力评价、旅游效率分析、动力机制与模式研究，以及产业融合分析等研究热点之一，其深度可表，但分析视角未免过于单一，忽略了旅游产业基础比较宽、综合性较强的特质。尤其当针对具体城市进行旅游产业整体分析，以期为旅游发展做出科学准确的政策判断时，从单一角度进行分析研究，说服力略显不足，还需针对研究对象，整合研究方法，从多维度全方位系统性地研究分析问题，做出有深度有广度的策略建议。并且，就探讨旅游业发展问题的文献整体情况来看，定性分析仍居多，特别是针对政策的提出方面，鲜有使用定量分析方法对政策的科学性进行仿真验证，以保证政策的可行性。此外，本书在融合发展研究方面，突破以往的文献中只针对经济、文化等单一的维度进行筛选甄别的局限，构建了青岛旅游业发展与经济、文化、生态、城市化进行四维一体的多层次耦合关联分析，综合性地考虑了每一维度的优劣，得出青岛旅游业与不同产业的耦合关联度。本书以青岛旅游业为研究对象，先通过青岛旅游业的影响因素、发展潜力评价以及发展融合情况对青岛旅游业的现实发展情况进行深度剖析，然后对青岛旅游业发展趋势与规模进行集成预测研究，并设置了基于系统动力学模型的仿真情景，分析不同情景下旅游资源、经济发展与旅游人数居民知名度、环境存量以及从业人员数量的变动情况，为政府科学决策提供依据。全书通过将各种主流研究方法进行整合，全方位、多角度、系统全面地分析了青岛旅游发展现状及未来发展状况，为研究城市旅游提供了系统的科学的研究思路和理论方法，进一步丰富了旅游产业经济学的理论体系。本书理论上的最大创新点在于，通过多元融合视角下的旅游业发展多维度深入研究，认为现代城市旅游业的发展内涵在丰富提升，外延在拓展扩大，旅游业与其他产业已不单单是链条上的接结，而更多趋向要素间的融合共生，且伴随着旅游业日益成为国民经济支柱性产业，在与其他产业融合中其主导和带动作用越来越明显，这也为旅游管理与区域经济发展提供了新的理论支撑。

（二）现实意义

一直以来，青岛都是备受欢迎的滨海度假城市。2018年，凭借"上合峰会"所带来的热度，青岛的国际知名度得到了极大的提升，旅游产业发展迎来了前所未有的机遇期，同时也步入了产业转型升级、转变发展方式的重要改革期。但是"十三五"以来，青岛旅游业各项指标虽然保持了稳定增长，旅游收入年增速和旅游人数年增速相较"十二五"期间却有所放缓，这意味着青岛旅游业已步入调整与转型的新增长周期，需要创新旅游业发展模式以寻找新的增长点。在此背景下对青岛旅游业发展问题进行深入研究具有很强的现实意义。本书从青岛旅游业的发展特征、影响因素、发展潜力评价、多元融合等多维度剖析了青岛旅游业的发展现状，为青岛旅游战略管理者更加深入地掌握青岛旅游业整体状况，为进一步推动旅游业改革发展奠定了坚实的基础。笔者通过研究青岛旅游业的发展趋势与规模、系统仿真与政策模拟，全面立体呈现出青岛旅游业的发展未来，并结合青岛旅游发展现状，进而提出青岛旅游业发展的策略建议，为青岛旅游战略管理者在新时代旅游业转型升级大潮中提供了全面系统的参考依据，为青岛旅游业改革发展提供了重要研究成果，面向未来，明确提出青岛旅游业要实现转型升级，应着力创新开拓，以打造国际著名滨海旅游度假目的地城市为目标，坚持走多元融合的高质量发展之路。

三、研究内容

1. 国内著名旅游城市发展案例分析

笔者选取了与青岛有相对较强的可比性，在国内具有标杆示范引领作用的著名旅游城市进行分析，从旅游业发展资源禀赋、旅游业现状分析、旅游业发展经验等方面进行分析；并在多个单项对比的基础上，通过相关研究方法，对这些城市旅游业发展进行较为综合性的深度比较研究，指出了青岛的优势和不足。

2. 青岛旅游业发展现状与影响因素研究

笔者从资源禀赋、基础设施、旅游市场、旅游产业、政策环境五个方面对青岛旅游业发展现状进行了分析，总结出青岛旅游业最大的优势在于青岛旅游资源数量众多，自然旅游资源与人文旅游资源交相辉映，自然旅游资源中滨海旅游资源得天独厚，优势旅游资源主要集中在海岸一线。同时，青岛旅游业的发展短板也亟待解决，包括青岛旅游资源配置不均衡、人文旅游资源发掘不充分；基础设施方面不能适应旅游业发展新趋势，旅游旺季交通拥堵；旅游市场方面青岛旅游客流中的入境游客及相应消费收入占比低，国际化程度不足；发展策略主要在于旅游人才队伍建设不够有力。

笔者将青岛旅游业发展的影响因素主要分为经济因素和非经济因素。针对经济因素选取了 GDP、人均 GDP、第三产业产值、社会消费品零售总额和社会固定资产投资额 5 项指标，非经济因素又分为城市发展规模、交通服务、城市环境、文化 、教育和卫生医疗 5 项指标以及 11 项二级指标，利用灰色关联度法计算出这些指标与旅游总收入、国内旅游收入、国际旅游收入、国内旅游人次和国际旅游人次的灰色关联度。

3.青岛旅游业发展多元融合与潜力评价研究

笔者选取了科学、合理、客观的关于青岛旅游业发展系统、城市化进程发展系统、经济发展系统、文化发展系统和生态环境发展系统指标体系，利用耦合法构建了耦合协调度模型，得出青岛旅游业、城市化进程、经济发展、文化发展、生态环境综合发展指数，确定了各个系统之间的耦合度并划分了各个系统之间耦合协调度等级。

本书通过 DEA、主成分分析法和因子分析法，从定量的角度对青岛旅游业发展的效率、质量和竞争力情况进行了评价研究。针对效率评价，选取了餐饮业单位数量、住宿单位数量、旅游环境质量、住宿和餐饮业城镇固定资产投资、住宿和餐饮业从业人数 5 个变量作为投入指标，将旅游总收入、入境旅游总人次作为产出指标，运用 DEA 分析方法测算得到青岛旅游发展效率的结果。针对质量评价，选取了 12 项有效覆盖旅游发展质量的影响因素，采用主成分分析法测算得出青岛旅游业发展质量的变化情况。针对竞争力评价，选取 6 个具有较强可比性城市的 12 项旅游发展现状竞争力指标与青岛进行对比，通过因子分析法测算，最终分析得出青岛以及其他城市的旅游竞争力水平与特点。

4.青岛旅游业发展集成预测与政策仿真研究

本书以 TEI@I 方法论为基础，构建青岛旅游业发展集成预测模型，对青岛"十三五"期间城市旅游人数（旅游总人数、国内旅游人数）、旅游收入（旅游总收入、国内旅游收入）进行了预测，并基于各种方法误差率之间的相对大小作为方法精确度的衡量标准，得到各种预测方法的组合预测权重，并对青岛未来的旅游需求总量以及旅游收入进行了集成预测。

本书针对青岛旅游系统的复杂性及其动态演变的特性，借助系统动力学的原理与方法，研究青岛旅游业发展系统的内部结构、功能以及运行模式，在此基础上设置了基于系统动力学模型的仿真情景，分析不同政策条件下青岛旅游业发展演变差异，为青岛旅游业可持续发展、科学施策提供了新的决策工具和重要方法创新，对旅游管理与区域经济发展，优化政策环境具有积极的指导意义。

四、研究方法与技术路线

（一）研究方法

本书在定性分析国内著名旅游城市比较研究和青岛旅游业发展现状的基础上，进而结合定量分析方法，对青岛旅游业发展影响因素、发展潜力评价、多元融合、发展趋势与规模预测、系统仿真与政策模拟进行科学研究，为青岛旅游业发展策略的提出奠定了科学的研究方法。本书在系统论和协同学理论的指导下，主要采用了以下研究方法。

1.文献研究法

本书通过搜索旅游经济学、产业经济学、管理科学和系统科学等学科的大量文献资料，了解掌握国内外最新研究成果，梳理归纳出适用于研究青岛旅游业多元融合发展以及仿真研究等的相关概念、理论基础以及文献综述，为突破现有研究结果，创新研究切入点奠定了坚实的理论基础。除此之外，通过检索国内著名旅游城市以及青岛的旅游相关数据、文字材料，甄别、拣选出最具可比性的国内著名旅游城市案例，为后来进行实证分析与对比分析奠定了研究基础。

2. 对比分析法

本书选取上海、深圳、杭州、厦门、宁波国内五市在景区资源、旅游业产业规模、旅游业 GDP 贡献率、旅游业国际化水平以及发展经验等多个单项对比的基础上，运用比较分析法，从综合经济实力、旅游资源禀赋、吸纳游客情形、旅游收入绩效四个方面，对这些城市旅游业发展进行较为综合性的深度比较研究，以期对青岛旅游业创新发展研究形成一定的借鉴与启示作用。

3. 实证分析法

本书以青岛为蓝本进行研究，通过当地旅游局、统计局、其他政府相关部门，以及旅行社、酒店等采集、整理有关统计数据，并结合旅游经济学、产业经济学等经济学相关理论知识加以深入研究、分析，对我国其他滨海旅游城市探索旅游发展道路、制定旅游发展政策，具有重要的指导与借鉴意义。

4. 系统分析法

本书所聚焦的旅游业发展课题不是一个单一学科命题，这取决于旅游业自身的综合性、兼容性、交叉性强的特质，因此在研究旅游业发展课题中必须将当地旅游业发展作为一个整体来思考、分析、研究，认真探索各个相关联部分的交互作用。从而运用系统逻辑学中发现问题—确立目标—分析研究的指导思路，创新性的探索出一套适用于滨海城市分析其旅游发展课题的创新性研究思路与路径。基于系统集成的思想与 TEI@I 方法论，运用指数平滑、ARIMA 模型、GM（1，1）模型与 BP 神经网络模型多种预测技术的基础上采用最优权重模型构建了青岛旅游业集成预测模型，并运用系统科学的视角，将青岛旅游业的发展运行作为一个系统进行不同政策条件下的仿真模拟研究，可以更为全面地揭示青岛旅游业发展的规律及其与外部环境的互动机制，为科学决策与政策优化提供了相应的解决思路与方法创新。

（二）技术路线

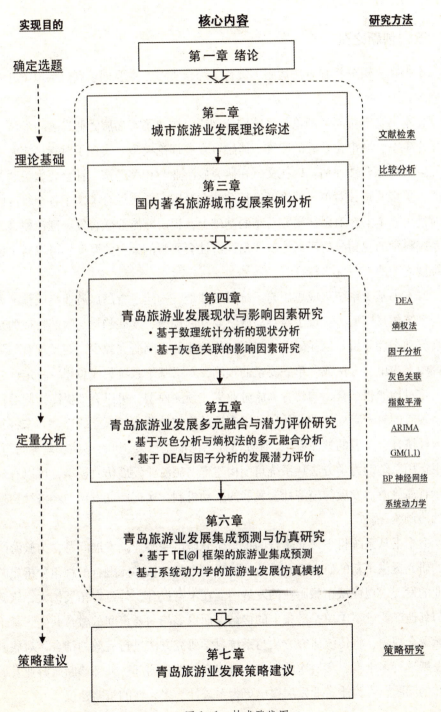

图 1-1 技术路线图

五、创新之处

本书在逻辑分析和方法运用上进行了综合尝试，主要创新点包括以下几个方面。

1. 本书基于协同学理论与系统耦合理论，构建了青岛旅游业发展与经济、文化、生态、城市化发展的四维一体融合发展理论模型，实现了对青岛旅游业多元融合的综合性评估。以往文献在研究旅游业与相关经济、社会要素关联关系时，更多的是针对单一的维度进行筛选和甄别，并未综合考虑了各个维度的相对优劣，本书在对以往研究总结的基础上，提出旅游业融合发展理论模型，从系统科学的视角分析青岛旅游业与经济社会要素的耦合关联度，可以得出各个维度之间的相对优劣特征。

2. 本书基于系统集成思想与系统科学理论，构建了青岛旅游业集成预测模型与系统仿真模型，实现了对青岛旅游业发展规律、发展趋势与演变特征的系统性、动态性分析。以往研究中对青岛旅游业的预测研究较少，而且现有预测研究中多为单一方法或者单一要素的预测，本书基于系统集成思想，将定性分析与定量预测相结合，构建青岛旅游业集成预测模型，可以有效提高预测的精度。现有的对于青岛旅游业的研究更多地是将旅游业进行孤立研究，并未将其纳入经济社会发展的整体系统，存在研究结论偏差较大、可参考性较差等问题，本书运用系统动力学方法从系统角度构建青岛旅游业发展仿真模型，可以有效揭示青岛旅游业发展与经济社会发展的互动机制，实现产业发展与经济社会发展的协调统一。

3. 本书从系统科学多元融合的视角研究城市旅游业的发展问题，为旅游产业的研究提供了新的研究视角。传统的研究中较少从多元融合的视角分析旅游产业的发展，现代城市旅游业的发展内涵在丰富提升，外延在拓展扩大，旅游业与其他产业已不单单是链条上的接结，而更多趋向要素间的融合共生。基于多元融合视角，将传统研究方法与系统科学研究方法进行有效的结合，对旅游业发展进行多维度、多层次的研究，可以有效地从内部、外部诊断旅游业发展存在的问题，可为旅游业发展提出更为系统性、多元性的策略建议。

第二章　城市旅游业发展理论综述

一、概念界定

（一）城市旅游

以美国学者丹尼尔·贝尔（1976）为代表的学者提出，后工业社会是服务的社会，因此，在后工业化时代，城市的发展模式不再依据传统的零售服务供给、制造业等活动，而是依据城市在全球化信息经济中的地位，来促进服务业系统性发展。由于服务业涵盖生产、生活、公共服务等众多方面，因此随着后工业时代的到来，城市的综合性特征日益彰显。不断完善的基础和配套设施，日渐优化的环境和多样化的服务功能，使城市不仅成为区域的经济、政治和文化中心，也成为旅游活动的中心。城市作为重要的人类聚居地，拥有丰富的娱乐设施、人文景观、地域特色，随着城市基础设施的完善，城市环境和承接外来人口能力的增强，城市逐渐具备了观光游览、文化体验、休闲娱乐的功能。随着城市本身的文化、风俗、景观成为一种可供人们消费、具备价值的产品，城市开始具备作为旅游目的地的城市功能。城市发展不再单纯的依托工业化，一座城市可以通过对城市文化、城市景观、城市特色的营销获得可持续的绿色资源，成为城市竞争的重要依托。本书认同谢彦君等（2010）[1]的观点，将城市旅游定义为旅游者暂离其经常居住地，以体验具有城市特征的旅游吸引物为目的的一种旅游活动。城市旅游以城市空间为前提条件，具有城市特征的旅游吸引物是城市旅游的基础和标志。

（二）旅游产业

自20世纪60年代，西方发达资本主义国家旅游业开始兴起之时，关于旅游业是否具有产业的属性这一问题就一直存在着争议。部分学者对此持反对意见，认为旅游业仅仅是在整个旅游环节中相互存在空间和功能性关联的产业的集合体，旅游产品通过一系列相关的产业共同提供，并不存在一个单独的旅游市场，而应将其认定为一个旅游市场集合，通过交通、住宿、餐饮、娱乐等各个行业相互配合共同形成的一个集合体，旅游业是一个能够影响促进多行业发展的部门，而不是一个单独的产业。但是随着旅游业对经济发展作用的增强，尤其是 20 世纪 90 年代以后，旅游业在世界范围内成为经济发展的支柱性产业，其作为一个单独产业成为共识。本书界定的旅游业是指通过餐饮、住宿、交通、娱乐、游览、购物、旅行社等行业相互配合，满足消费者对于游览自然景观、人文景观实现精神身体愉悦需求的现代产业。

旅游经济中的地区、行业、经济活动、经营主体、消费者之间的相互影响作用，相互促进、相互制约的关系构成了旅游产业结构。可以将旅游产业结构划分为空间、行业、产品、市场等四个方面。旅游产业结构的基础是行业结构，它是指旅游产业中关系到吃、住、行、游、购、娱等六个方面的各个行业、各个部门之间的关系。在旅游供需关系中，旅游行业结构决定了旅游供给的规模，是决定旅游竞争力的重中之重。旅游产品结构，主要包含自然生态产品、人文景观产品、度假休闲产品等，它是指这些不同类型的旅游产品之间的相互融合、各有特点的关系。旅游产品结构能够反映出旅游地的主要产品特征，也能反映出发展成熟程度。旅游空间结构包含两个层次的含义，宏观上是各个旅游目的地的空间地理分布，微观上是同一旅游目的地中各个行业在地理上的空间分布。调整旅游空间结构会影响到旅游产业在空间上的分布、旅游目的地的空间平衡以及竞争力的提升。旅游市场结构，包含旅游市场的地域结构和消费结构，是旅游产品供给在市场端的反应，是旅游产品的市场吸引力和产品品质的最终反应。

（三）旅游系统

旅游系统是以消费者的旅游活动为贯穿，旨在实现旅游价值，旅游内部各个部门、各个要素之间相互影响和作用的有机整体。旅游系统包含四个方面：客源系统、目的地系统、交通系统及支持系统。旅游的客源地和旅游目的地是旅游活动产生的前提，这两者在空间上各自独立，同时又在一个旅游活动中紧密联系，互相影响，这两者之间的相互作用是与旅游活动永久共生的，这种关系深刻地影响着旅游者的选择和旅游活动的发生。

旅游系统有着整体性、层次性、自组织性以及开放性这四个特征。所谓整体性是指旅游系统是有机的整体，其内部有多种要素所构成，各要素之间在具有独立性的同时，又相互作用，最终实现整体效果大于各要素简单相加的效果；同时赋予了各要素所不具有的新的特性，其中单一要素的改进并不意味着会对系统整体的功能性带来有效的促进，要使系统功能最优，必须以系统的眼光看待问题。层次性是指根据旅游系统内部各个要素的性质、成分、地位和作用的差别，将系统内部划分为有层次性、等级性的不同部分，一个城市旅游系统内部也可以划分为不同的层次，同时该系统本身又属于其上一级系统中的一个层次，从而形成层级分明的系统结构。自组织性是指旅游系统内各要素之间的联系因各要素之间以及系统与外部环境之间的相互作用而不断加强，进而实现内部相关性不断增强，从而演变出自发组织，并不断实现自我进化的过程，在层级上不断提高，发展序态上不断进化。开放性是指任一旅游系统都与外界存在着普遍的联系，并不是孤立的，外部环境的稳定性同样影响着一个系统内部的稳定性。

二、理论基础

（一）系统理论

自20世纪40年代以来，系统科学理论发展迅速。1945年，奥地利学者Ludwig Von Bertalanffy发表《关于一般系统论》，正式提出系统理论。20世纪80年代，我国开始对系统理论展开研究。1982年，钱学森发表《论系统工程》提出系统科学是从事物的整体和部分、局部和全局以及层级关系的角度来研究客观世界的理论[2]。

系统论是运用科学方法对事物的发展规律、结构模式进行系统性地分析和处理的科学。系统论的核心要求是以系统和整体的眼光来分析问题，要将事物视为一个有机的整体，事物的各个部分不是简单的叠加，而是通过有序的配合，实现一个整体性的效果，该效果是系统的各个部分相互作用的产物。系统中的各个部分不是完全孤立的，而是依照系统性的规律，相互影响，相互作用，最终实现超越各要素简单相加的最优化的功能。不同系统之间、同一系统内部各要素之间的竞争关系是系统不断优化的动力，系统内部结构、组织和功能的改进是系统优化的手段。概括而言，系统论的核心观点就是把所研究的对象视为一个系统，研究内部各部分之间运动和发展的规律，以实现最优化的系统功能。

从系统论的观点出发，任何事物都可以构成一个系统。旅游活动也可以被视为一个系统。旅游系统具有开放性，它与城市经济、文化、社会的发展息息相关，用系统论的观点对城市旅游进行分析研究，对推动城市旅游的发展，提升城市竞争力具有积极的指导意义。一座城市旅游业的发展是以城市旅游资源为依托的城市综合实力的展现，其影响因素是多方面、全方位的，各个影响因素相互作用，实现协同发展，才能实现城市旅游业发展的整体提升。因此，研究一座城市的旅游业发展情况，就要综合性、系统性、全面性地考虑影响旅游发展的各个要素之间的相互关系。

总之，在研究城市旅游业的发展现状时，要从系统论的基本理论出发，系统全面地分析城市内部各要素以及与外部环境之间的联系，建立科学的指标体系，构建合理的评价模型。在研究城市旅游业发展战略时，应该进行系统性的汇总和细分，以系统的眼光提出城市旅游发展战略，协调好旅游业同其他社会各个行业之间的关系，以求实现城市旅游发展达到最优的整体效果。

（二）协同学理论

20 世纪 70 年代，德国科学家赫尔曼哈肯提出协同学理论。协同学理论主要研究目的是分析复杂系统在内部各个子系统之间相互影响以及外部因素的作用之下，其通过自组织的形式形成相对有序结构的条件和进化规律。哈肯提出在系统之下存在着大量子系统，在内部各个要素以及外部环境参量的影响下，子系统之间形成一种互为依存、相互竞争的关系，进而在系统中形成一种自发组织，从而使系统从混乱无序的状态发展为一种有序进化的状态。

协同学主要包含伺服原理、自组织原理、协同效应原理等内容。伺服原理指的是快变量受到慢变量的制约，子系统的演化取决于集体变量。这些起决定作用的集体变量又称为序参量，当系统演化至将要产生质变时，其演化结构就取决于序参量，序参量支配系统内部的其余变量。序参量是在系统发生质变时，决定着系统各要素由原状态转化为新的状态的集体协同行为。序参量是系统演化的关键核心，对系统进化起着最终的决定作用。自组织原理指的是一种由系统自行形成的自发组织，自行进行演进，由一种状态转变为另一种状态。对于处于无序状态的系统，自组织的出现就会带来秩序，对于本身有序的系统，自组织的出现就意味着系统发生进化，进入一种新的有序状态。协同效应原理指的是协同学以系统内部各个要素之间的协同机制为研究对象，自组织是以协同作用为基础而进行的。协同作用以系统的整体效果超过系统内部各要素的简单相加为目标，如果协同无法达到，最终将导致系统因无法发挥系统性的功能而崩坏。

旅游系统本身是一个开放的非线性系统，它内部由诸多子系统共同构成，内部各个要素之间相互影响、相互作用。通过研究，厘清旅游系统中的序参量，弄清促进旅游这一复杂系统发生质变的核心要素，是研究旅游产业和促进城市旅游进步的重点所在。

因涨落作用的存在，城市旅游系统的演化过程也必然是非线性的。涨落作用在城市旅游的发展中可表现为竞争力增强或减弱、空间集聚规律变化、旅游地生命演化等。当城市系统内部各子系统各自独立发展时，就会出现无序状态，因此为了实现有序发展，就必须协同各个子系统之间的发展战略。协同理论从自然科学的角度着眼，证实了通过有效协同，可以避免混沌状态，实现系统最大功能。因此，建立城市旅游的协同发展机制对推动城市旅游的发展具有重要意义。

（三）产业结构理论

城市产业结构的划分，主要考虑到劳动对象、需求强度以及产品连续关系等行业特征，它能够反映出城市经济中各个产业的地位以及其在城市运行中的作用。

1. 产业结构划分理论

新西兰经济学家 A.Frisher，在其著作《进步与完全的冲突》（1935）中首次提出人类经济活动分为三个阶段：第一阶段以种植业和畜牧业为代表，第二阶段以工业生产占主导地位，第三阶段以服务行业为主要内容。英国经济学家

Colin. G. Clark 在其著作《经济进步的各种条件》（1940）中将农业和制造业分别归入第一产业和第二产业，其余经济活动则全部归入第三产业。

2. 城市产业结构特征与经济发展阶段的关系

第一、二、三产业的结构关系直接决定了经济发展所处的不同阶段，在不同的经济发展阶段中，第一、二、三产业的主导地位各不相同。在经济发展的不同阶段，产业和人口、经济的联系方式各不相同，人口的就业比重和三大产业所处的地位，可以直观地反映出经济结构的变化，美国经济学家 S.Kuznets 和 H.Chenery 等根据三次产业产值在国民生产总值构成中所占比例，并结合人均国民生产总值，将经济增长阶段划分为农业时期、工业化时期和后工业化时期，其中工业化时期又分为初期、中期和晚期三个阶段。

3. 旅游业对第三产业增长的作用

旅游业现已成为第三产业中的支柱性产业，其蓬勃发展既是产业结构演变的结果，又反过来促进产业结构转型升级。旅游业是众多行业的集合，它的发展对第一、第二、第三产业中一系列相关产业的发展有着积极的带动作用，对产业结构转型升级，向合理化、梯度化、高端化演变有着重要的推动作用。

（1）提供有效供给，缓解供需矛盾。当前我国经济发展存在着有效供给不足，无效供给过剩的问题。一方面，低效重复建设，导致低效低质的产品严重过剩，资源配置低效，无效供给过剩。另一方面，高技术含量产品无法满足国内需求，导致长期以来依赖于进口。旅游业的发展，可以给人们的消费提供指引。扩大有效供给，满足消费需求，满足人们的文化精神需要，带动经济增长。

（2）创造就业机会，维持社会稳定。旅游业作为第三产业，创造的就业机会已经超过第一和第二产业。我国目前旅游业还有很大的发展空间，在发展旅游业的过程中，可以吸收城市化进程所导致的农村劳动力剩余问题，并为再就业创造条件，进而消除社会不稳定因素。

（3）调节收入分配，平衡贫富差距。中等收入和高等收入群体，其收入水平较高，休闲时间相对较多，提高用于旅游的消费支出，可以使资金由高收入阶层向低收入阶层流转，由富裕地区向相对贫困地区转移，缩小贫富差距。

三、研究综述

（一）城市旅游产业研究

1.国内外研究现状

1964 年，Stanfield 最早提出城市旅游的概念，从推动城市旅游所带来的功能和效益角度进行了分析。20 世纪 80 年代后，我国才开始相关研究，目前研究水平已与国际接轨，同时又具有中国旅游业发展特色。本书借鉴谢燕娜等（2009）以研究领域的不同对近年来的相关文献进行了梳理和归纳。

（1）城市旅游基础理论研究。Myriam Jansen-Verbeke 等（2012）[3] 在西方文献的基础上提出了一些关于城市旅游发展创新性的思想和理论构架，并指出了未来几个重要的研究方向，如城市中旅游集聚造成的拥挤问题、城市遗产类旅游资源空间格局研究。Stanis aw Liszewski（2014）[4] 界定了城市旅游空间的形式范围、变化以及人口与城市过去和现在功能之间的相关性。Patrick Brouder 等（2014）[5] 阐述了演化经济地理（EEG）作为城市旅游研究的概念框架的潜力。分析借鉴了近年来城市旅游研究的演变视角，突出了这种研究方法的优势，并提出了若干有待探索的途径。马晓龙等（2014）[6] 通过文献分析和过程还原对城市旅游综合体概念的形成和理论来源进行了研究，指出城市旅游综合体研究尽管涵盖了地理空间、产业组织、服务经济和要素整合四个视角，但"空间"和"产业"两个属性才是其概念建构的基础。Tom Mordue（2017）[7] 将城市研究、社会理论和旅游研究结合起来，提出鉴于新的流动性，城市旅游研究需要比以往更具有政治反射性，城市旅游研究应该着眼于使城市变得更加美好，而不是仅仅着眼于政治意义上的政策执行工具。Sanja Bozic 等（2017）[8] 运用层次分析法（AHP）分析城市旅游动机，探讨城市旅游动机的新视角。石建中等（2018）[9] 提出社会资本相对滞后与旅游创新相对滞后是造成多数城市旅游子系统间耦合失调的主要原因，当前多数城市旅游绩效主要依赖于社会资本，缺乏与旅游创新地有效关联。

（2）城市旅游竞争力与综合实力研究。闫翠丽等（2012）[10] 按照系统性、层次性、可操作性等原则，从城市旅游现状竞争力、旅游潜力、旅游环境支持三个方面构建城市旅游竞争力评价指标模型。把多勋等（2014）[11] 构建了城市旅游竞争力的评价体系，以甘肃省 14 个地级市为研究对象，运用 SPSS 统计软件中的因子分析法对各城市的旅游竞争力进行了客观准确的定量评价。周礼等（2015）[12] 在突出主导因素和可操作原则的基础上，系统构建了长三角城市旅游竞争力综合评价体系，运用熵权法对长三角城市旅游竞争力进行评价，采用 GIS 空间分析方法对其空间分异特征进行探索。Joan Henderson（2017）[13] 探讨了全球城市与国际旅游之间的关系，特别参考最近到达人数显著增加的东京的经验，回答了东京作为全球城市和旅游目的地的地位、这两个功能如何联系以及为什么会发生变化的问题。李泽锋（2017）[14] 通过德尔菲法及层次分析法（AHP）构建浙江省城市旅游竞争力评价体系，该评价体系包含旅游发展实力、旅游资源潜力、旅游支持能力三大类指标。韦福巍等（2018）[15] 采用因子分析法进行定量分析与研究，发现区域城市旅游竞争力主要与产业基础、支撑条件、交通设施、环境保障四个公因子相关。

（3）城市旅游时空演变研究。秦伟山等（2014）[16] 分析沿海城市旅游发展强度的时空演变，进而采用 DEA 数据包络分析法计算沿海城市旅游发展效率的时空演变。祝晔（2016）[17] 基于旅游要素视角，构建了城市旅游竞争力综合评价体系，以江苏省为例，运用层次分析法对各城市旅游竞争力进行评价。Tom Griffin 等（2017）[18] 探讨都市旅游的未来发展，并特别考虑移民及亲友旅游，强调了这样一个事实，即城市越来越多地是移民和临时居民的家园，他们接待游客，模糊了居民—游客的区别。

（4）城市旅游环境容量、环境评价与生态足迹研究。Cecilia Pasquinell（2016）[19] 界定都市旅游发展的框架，为旅游规划师寻求具有竞争力、可持续性和包容性的都市旅游目的地模式提供理论基础，提出了强调旅游城市特色和开发城市环境的多功能性的竞争性生态旅游开发框架。杨秀平等（2018）[20] 探讨了城市旅游环境承载潜力的内涵，从自然、经济、社会三个方面分析城市旅游环境承载潜力的影响因素，探讨"现状需求标准、规划需求标准、规划标准与规划增长率"三种情景下旅游环境承载潜力的发展态势。

2. 研究评述

通过梳理近年文献，我们可以看到在研究层面上，多是针对特定区域或行业的研究，而以特定景区或消费人群为研究对象的成果较少。城市旅游的研究主要集中在城市旅游资源与产品、城市旅游形象与品牌、案例综合研究、城市旅游开发及驱动力与发展研究、城市内部旅游空间结构等领域，而缺少动态系统性的研究。城市旅游业的发展与城市本身的发展息息相关，只有通过对一段时间内连续的数据进行分析，才能科学的呈现城市旅游业与城市发展之间的深层次联系。目前大部分的研究缺乏从城市经济发展的动态进行分析，以单纯的截面研究为主。

（二）旅游经济发展影响因素研究

1. 国内外研究现状

旅游经济的增长带动了旅游经济研究的不断深入，近年来旅游经济发展效率的影响因素逐渐成为学者的研究热点。本书借鉴杨天英等（2017）的划分方法，将研究进程划分为初探期、快速发展期及成熟期三个阶段，根据研究进展的三个阶段，系统梳理国内外学者对旅游经济影响因素的相关研究成果。

（1）第一个阶段（1999~2006年）：旅游经济增长因素研究初探。20世纪90年代末我国学者们开始关注旅游经济自身的发展，研究影响旅游经济发展的各种因素。何佳梅等（1999）[21]认为除企业自身经营管理以外，资源供给、消费需求、市场以及技术进步对旅游经济都具有重要影响。汪德根（2001）[22]认为国内旅游接待人数、海外旅游接待人数、国内旅游收入、旅游创汇、旅游企业数量以及旅游企业固定资产原值是区域旅游经济发展的影响因素，可以以此来测算区域旅游业竞争力。李正欢（2003）[23]则认为除了资本、劳动的投入，人力资本、知识、技术进步等内生经济要素都是促进旅游经济增长的重要因素。陆林等（2005）[24]认为旅游资源禀赋、基础设施、区位因素和产业结构是形成各区域旅游经济发展不平衡的重要因素。

（2）第二阶段（2007~2012年）：旅游经济增长因素研究快速发展。随着旅游经济在经济发展中地位的上升，以及学者对旅游经济增长因素研究的深入，对旅游经济增长因素的研究进入快速发展期。Claudia Moisa（2010）[25]从促进和制约因素两个方面探讨了影响全球青年旅游动态的因素。Doris Gomezelj Omerzel（2011）[26]运用回归分析方法，考察了旅游需求条件与个体影响因素，如继承资源、创造资源、支持因素和资源、目的地管理和情景条件的关系。回顾了旅游目的地和旅游需求的研究现状，并指出了其局限性。Duk–Byeong Park 等（2012）[27]探讨了影响乡村旅游与社区居民社区冲突管理的社会资本因素。毛润泽（2012）[28]分析构建了区域经济发展水平、区域旅游基础设施、区域产业结构水平、区域城市化水平、区域旅游经济非均衡程度、区域制度环境六个因素对旅游经济发展影响作用的计量模型。

（3）第三阶段（2012 年至今）：旅游经济影响因素研究的成熟期。2012年以来，学者对旅游经济增长因素的研究显著增多，从以全国为研究样本逐渐转向以个别省份或地区为研究样本，并采用多种计量方法对旅游经济发展影响因素进行分析。万绪才等（2013）[29]选取入境游客人天数作为入境旅游发展水平的衡量指标，采用均值比率对中国重点旅游城市入境旅游发展的差异现状进行分析，运用多元线性回归法研究旅游产品、知名度、区位条件和对外经济等因素对中国城市入境旅游发展的影响和作用。李如友等（2014）[30]运用偏离—份额分析法，对江苏省旅游经济增长因素进行实证分析，发现江苏省各省辖市旅游经济的发展与旅游资源禀赋、经济发展水平、产业结构层次等因素存在显著的正相关，而与基础设施建设以及对外开放程度无显著相关。Vytautas Barkauskas 等（2015）[31]深入探讨影响立陶宛乡村旅游发展的宏观环境因素，并分析这些因素对立陶宛乡村旅游发展的影响，确定了八组宏观环境因素：经济、社会、文化、自然、生态、政治、法律和技术因素。金萍（2015）[32]以迈克尔·波特的"钻石模型"为基础构建了广义旅游业视觉下的旅游经济发展影响因素模型。丁绪辉等（2015）[33]采用空间 Durbin 模型，对旅游经济增长因素进行实证研究。证实了我国民族地区旅游经济增长与居民消费支出、旅游设施显著正向相关，与城乡收入差距、重大突发事件负向相关；景点质量和数量对相邻民族省区旅游经济发展具有正向溢出效应，重大突发事件和旅游设施对相邻民族省区旅游经济具有负向溢出效应。Marius Mayer 等（2016）[34]概述了旅游经济效应的不同概念，并区分了与它们最相关的影响因素，提出经常忽略的影响因素是旅游的地理规模和成本方面，进一步决定因素是游客支出。龚艳等（2016）[35]采用 DEA 理论中的 CCR 模型测算静态效率，分析地区之间的效率差异；运用 DEA—Malmquist 指数模型探讨动态效率和变动特征；利用 Tobit 模型研究影响效率的因素。谢磊等（2017）[36] 运用统计学和 ESDA 方法，以旅游外汇收入作为测度指标，从时间演变特征和空间演变特征两方面对湖北省入境旅游经济差异的影响因素进行分析。李妍（2017）[37] 构建了一种基于斜率关联度的改进灰色相关分析模型，并将其应用于海南旅游经济发展的影响要素评价之中，发现人力资源条件、物质资源条件、交通资源条件、信息金融服务条件、宏观经济条件对于海南旅游经济的发展都具有明显的正向影响。李大成（2017）[38] 用 EVIEW 软件并采用线性回归的分析方法，建立回归模型，得出我国经济快速发展是国内旅游迅速发展的最主要推动力量，交通的便利化对旅游消费影响显著，假期制度改革也促进了旅游消费，但是国内旅游质量的提高还有待于带薪休假天数的进一步延长。何昭丽等（2017）[39] 运用随机前沿分析技术，测算了中国入境旅游发展效率，全面分析了入境旅游发展效率的区域特征及影响因素，得出旅游资源品位、贸易开放度对中国入境旅游发展效率的正向影响最明显，交通状况、外资开放度、产业环境对入境旅游发展的正向影响相对较小。徐冬等（2018）[40] 采用 Bootstrap—DEA 测度旅游效率，借助空间变差函数和马尔科夫链等探究浙江县域旅游效率的空间格局演变特征，并结合地理探测器模型分析空间格局演变的影响因素。王琪延等（2018）[41] 重点从收入和休闲时间角度探讨居民旅游消费影响因素，发现随着居民收入水平以及休闲时间的增加，旅游消费存在发展不平衡的现象。

2. 研究评述

国外研究者分别从供需方、微观和宏观等不同角度、不同范围分析了旅游产业对经济发展的影响因素。由于国外市场经济起步较早，发展较为迅速，因此着重分析了游客需求因素对经济发展的影响。同时利用实证研究、仿真模拟等定量模型进行深度研究和分析。相较于国外，国内学者对旅游产业与经济关系发展的研究较少，并且多以引用外国研究结果作为研究初期的导向。但由于我国经济快速发展，国内相关研究成果和阶段进展较快，不仅对影响旅游产业发展的内部因素进行了深入研究，还充分考虑了政策、文化等外部环境。目前国内学者主要将灰色关联模型方法、投入产出模型法、因子分析方法等应用到基于统计数据的实证研究。但同时，国内学者的研究大多没有研究旅游经济发展的复杂程度和动态变化，也没有从因素相关性程度对旅游经济的影响因素进行关联性考虑，采取定性的研究方法的学者较多，缺乏对关键因素识别研究。

（三）旅游业发展效率研究

1. 国内外研究现状

20 世纪 60 年代，美国经济学家 Robert M.Solow 首先提出生产效率的概念，对由科技所带来的产出增长加以解释，成为研究技术进步同经济增长的重要衡量方法。但该测度方法过于苛刻，难以适用于现实需求。1978 年，运筹学家 Charnes，Cooper 和 Rhodes 首次阐明用数学规划来衡量决策单元的效率，为研究国民经济提供了新的方法和手段。根据研究对象的不同特征，本书借鉴凌常荣等（2017）的划分方法把我国旅游效率研究分成旅游产业效率、旅游企业效率、旅游资源效率、区域旅游效率等四种类型。

（1）旅游产业效率研究。旅游业不仅包含传统的吃、住、行、游、购、娱六要素，而且还涉及更广泛的旅游业态。Anda Nicoleta Onetiu 等（2013）[42] 探讨了旅游业的发展效率对国家经济和社会发展的重要作用，旅游业效率的提升不仅产生经济效益，而且能够产生社会效益。杨春梅等（2014）[43] 运用 DEA 模型方法，对其冰雪旅游产业效率进行实证研究，得出研究区域的综合技术效率、纯技术效率、规模效率的水平比较低。黄秀娟等（2015）[44] 以森林公园为对象，研究其旅游效率，为我国森林公园旅游效率的提升提供参考，得出地区人口密度、城镇化比率、旅游资源水平、森林公园密度、交通发展水平对森林公园的效率起着正向的影响作用，而资金投入密度对森林公园的效率起着显著的负相影响，这一点与人们关于森林公园资本投资作用的认识相悖。王凯等（2016）[45] 利用数据包络分析模型对各部门的技术效率进行评价，同时构建旅游产业集聚与技术效率的回归模型，探寻旅游产业集聚程度与产业效率之间的相互关系，得出旅游产业的规模化集中度对产业技术效率有较强的积极影响，企业集中度、劳动力集中度对产业技术效率存在较小的消极影响。胡宇娜等（2017）[46] 借助 DEA 模型和 Arc GIS 空间分析模块，对中国景区、酒店和旅行社三大行业效率的时序变化及空间格局演变过程进行了系统分析。

（2）旅游管理效率研究。旅游管理效率包括成本效率、服务效率、规模效率、技术效率、经营效率和投融资效率6六个子领域。曾瑜皙等（2017）[47]采用超越对数生产函数测算中国30个省的旅游效率及损失度，并运用面板回归模型分析效率损失的驱动力，得出碳排放对中国各省（区、市），尤其是中部省份的旅游效率造成了损失。

（3）区域旅游效率研究。从地理分布的角度上看，区域旅游是构成旅游业的基本地域单元。区域旅游业是区域经济发展的重要组成部分，并且发挥着越来越重要的作用。区域旅游效率研究按照地域单位的大小分为省域旅游效率、城市旅游效率和乡村旅游效率。梁明珠等（2013）[48]采用DEA—MI模型，通过比较和分析各市旅游效率的大小差异和动态变化，揭示城市旅游效率的发展规律及演进模式，根据旅游效率的"大小"和"变化"两个维度作出四分图，可将城市按效率状态分为Ⅰ、Ⅱ、Ⅲ、Ⅳ四种类型。李瑞等（2014）[49]以环渤海地区京津冀、山东半岛和辽东半岛三大城市群地级以上城市为单元，采用数据包络分析和全要素生产率指数模型测算和分析三大城市群城市旅游业发展效率及其时空特征分解效率差异及其影响因素的演化阶段，得出环渤海地区三大城市群城市旅游业发展效率分别受旅游投资、旅游技术和旅游市场因素、旅游产品和旅游技术因素、旅游资源、旅游政策和旅游项目（产品）因素的影响。方叶林等（2015）[50]运用修正的DEA模型对省域旅游业发展效率进行测度，进一步利用G指数、重心等空间统计分析方法，分析省域旅游业效率的时空演化规律。得出综合效率与纯技术效率重心主要向西北发生偏移，而规模效率重心向东南方向发生偏移。何俊阳等（2016）[51]利用超效率DEA方法测度了2005～2014年期间泛珠九省的入境旅游发展效率，并借助波士顿矩阵分析了区域内部的市场竞争态势，进而采用面板数据模型验证了影响效率的因素，得出旅游业所占比重、区位和交通条件、旅游服务设施、资源禀赋及经济开放水平对入境旅游的发展具有积极影响，突发事件对入境旅游产生明显的消极作用。Sami Chaabouni（2017）[52]运用DEA模型对中国31个省份的全球旅游效率及其影响因素进行了研究，得出中国旅游效率较低，在区域层面上，东部中国的平均旅游效率高于中部和西部，贸易开放度、气候变化和市场竞争强度增加了旅游效率。张洪等（2018）[53]采用 DEA-MI 模型，以"一带一路"沿线 18 个省面板数据为例，通过比较和分析各省旅游效率的大小差异和动态变化，揭示了各省旅游效率的演进规律，得出经济水平和地理区位是关键影响因素，优化资源配置、推进技术应用、吸引专业人才等是提升效率的有效途径。徐冬等（2018）[54]采用 Bootstrap-DEA 测度旅游效率，借助空间变差函数和马尔科夫链等探究县域旅游效率的空间格局演变特征，并结合地理探测器模型分析空间格局演变的影响因素，提出县域旅游效率格局演变可以划分为经济推动型、区域中心型、资源推动型和交通推动型四种类型。

（4）旅游资源效率研究。学者们对旅游资源效率研究较少，研究视角主要集中在旅游资源错位的效率评价和旅游资源产权配置的效率分析。方叶林等（2013）[55]运用熵值法对各地区旅游资源禀赋状况进行评价，进一步构建错位指数，对各地区旅游业发展的"错位（诅咒）"现象进行定量分析，得出东部地区旅游资源总效率主要受纯技术效率驱动，西部地区旅游资源总效率主要受规模效率驱动。

2.研究评述

目前在研究方法上，数据包络分析法占据主导地位，但在指标的选取上，缺乏科学客观的体系，多为学者的主观判断，而不同指标的选择，对计算结果会产生重要影响。且在方法运用上，多未对模型进行修正，随机误差的产生会对测算结果产生影响。在研究领域上，研究的层面多集中于省级或市级，对县域和乡村级别的效率研究较少。在产业研究中，主要对景区、交通、酒店、生态等传统的业态方面进行研究，缺乏对新兴的互联网、信息技术产业的旅游融合效率研究。

（四）旅游产业融合发展研究

1.国内外研究现状

目前旅游学界对于旅游产业融合的研究主要从现象、机制、路径三个方面进行了探讨。在融合路径上主要有资源融合、产品融合、功能融合、服务融合、产业链融合、载体融合、市场融合，而研究旅游产业融合的视角主要包括：旅游产业结构演化角度、博弈论角度、旅游产业链角度以及系统动力学角度等。对旅游产业融合的研究主要以定性研究为主，也有一些学者运用数理统计学的方法对旅游产业的融合度进行测算。

近年来，关于融合发展的研究日益丰富，下面本书借鉴金海龙等（2015）的研究成果，对近年来耦合思想在旅游与文化的关系、旅游产业研究、旅游地复杂系统研究、旅游者研究、旅游开发理论研究、经济—环境—旅游关系、会展旅游、旅游影响分析、旅游交通9大领域的研究成果进行了汇总，并以路径要素模式、子产业模式、地域个案模式对其进行归纳。

（1）路径要素模式。Tolina Loulanski 等（2011）[56]对文化遗产与旅游的关系进行了跨学科的专题研究。李锋（2013）[57]以技术融合、业务融合、市场融合、研发经费融合和研发人员融合等指标为旅游产业融合创新系统度量指标，以技术结构、需求结构、就业结构产值结构和规模结构等为旅游产业结构演化度量指标，运用协同动力模型，以西安为例对旅游产业融合与旅游产业结构演化间关系进行了路径研究。金海龙（2015）[58]提出了文化产业与旅游产业融合发展之研究的大体框架，对我国现阶段文化产业与旅游产业融合发展的机理研究、路径研究和模式研究进行了综述。王苗（2016）[59]在分析海洋文化概念、海洋旅游及其与海洋文化的关系的基础上，从海洋旅游产品开发、海洋旅游产业、海洋旅游市场等方面对国内外海洋文化与旅游经济的融合发展进行回顾和梳理，指出目前学界对于海洋文化理论的研究不够深入，没有形成完整体系。陈文等（2018）[60]从旅游文化产业发展与生态文明建设耦合的现状分析入手，提出旅游文化产业发展的生态文明观：旅游文化产业的生态化、旅游文化产业的生态设计开发、旅游文化产业的生态影视开发，将是两者耦合的有效途径。丘萍等（2018）[61]对海洋文化产业与旅游产业融合的意义、适宜度和障碍进行问卷调查，结果表明受众认为海洋文化产业与旅游产业融合的意义主要是带动海洋经济增长、增加就业机会和促进沿海地区发展。许悦等（2018）[62]通过构建旅游业与现代农业耦合效应评价体系，建立耦合度及耦合协调度分析模型。王伟等（2018）[63]构建了旅游业与区域经济系统的耦合协调度评价模型，分析了2004~2015年旅游业与区域经济系统耦合协调度的时间变化特征。

（2）子产业模式。田伟珂（2012）[64]在产业融合的视角下，以青岛工业旅游客源市场为切入点，着力分析青岛工业旅游客源市场特征，得出青岛市工业旅游发展的新路径。刘林星（2016）[65]利用PEST法对体育文化资源、自然旅游资源、民俗体育旅游资源、体育比赛进行研究，分析其体育文化资源与特色旅游资源融合的有利因素和存在问题。苏飞（2017）[66]通过建立向量自回归模型（VAR模型），试图定量分析农业与旅游业的耦合关系。文章选取反映农业与旅游发展水平的当地农业收入、国内旅游收入、入境旅游收入、国内旅游人数、入境旅游人数等指标为研究变量，构建VAR模型。

（3）地域个案模式。邢启顺（2016）[67]对西南民族文化产业与旅游融合发展模式及其社会文化影响进行了探讨，认为"文旅互动融合"发展模式的经济转型带动了民族地区的社会转型和文化重构。毕丽芳（2017）[68]借鉴物理学上的容量耦合系数模型，对2000~2015年我国西南地区交通系统与旅游经济系统的耦合协调状况及其时空分异进行了研究。苏勇军等（2017）[69]运用灰色关联法研究影响浙江11市旅游与经济协调发展的主导因素，发现国内旅游收入和星级宾馆数量对城市旅游产业发展影响较大，第三产业产值和财政支出是影响城市经济发展主导因素。许辉云等（2017）[70]通过分析旅游产业、城镇化与生态环境的耦合发展机理，构建系统评价指标体系，引入余弦夹角值和变异系数法确定指标权重，结合加权TOPSIS法综合评价系统发展水平，并运用耦合协调度模型对2005~2014年长江中下游六省旅游产业、城镇化、生态环境的耦合协调度进行纵向动态分析与横向对比。葛丹东等（2018）[71]从"特色小镇"内涵出发，深入探讨了浙江"特色小镇"由"单一生产"走向"多元耦合"的转变实质，即：效益及目标导向下的功能耦合关系与多元主体需求变化，并以此构建了"特色小镇"规划建设框架。王兆峰等（2018）[72]构建旅游产业与旅游环境评价指标体系，利用耦合协调度模型，实证分析湘鄂渝黔4个毗邻省市2004~2016年旅游产业与旅游环境两系统间耦合协调度的演化特征。孙璐等（2018）[73]利用耦合协调度法对武汉市旅游业与城市发展协调性进行测算。

2. 研究评述

目前研究有着以下两个特点：一是多以地域性的个案为主题。70% 以上的论文都是借助某地的个案研究来形成融合发展思路，并且地域范围选择较广，已经基本覆盖了我国大部分省区。二是多从产品研究入手。产品融合是产业融合的显著标志。我国学者在构思旅游新产品方面创意不断。

当前研究中尚有许多不足之处，研究视角上主要集中于单一产业与旅游产业的融合，没有从全面、系统的层面进行研究，研究深度上有待加深。在评测方法上未形成权威性观点，定量分析研究不足。多以单个城市为研究对象，研究的广度欠缺，缺乏国家层面的研究成果。研究多集中于文化资源向旅游资源的转化，但未深入到具体和融合路径研究，比如资金融合、人才整合、产业链衔接等。

（五）旅游业发展预测研究

1. 国内外研究现状

在研究初期，对旅游产业的预测主要集中在定性分析，从理论着手，使用模型验证理论可行性。之后的研究偏重于脱离旅游理论的数量建模分析，通过分析数据的特点如季节性与波动性，进行数据处理建模；或者建立组合模型，分离主要趋势与干扰波动。近年来，随着网络技术的兴起，研究倾向于利用网络数据提高预测的时效性与准确度。本书通过预测方法的不同对近年来相关文献进行归纳梳理。

（1）传统预测方法。在相关文献中学者主要采用两类方法进行旅游需求预测。第一类为时间序列或统计的方法，如线性回归，指数平滑法以及自回归模型。第二类主要包括人工智能的方法，比如人工神经网络、灰色理论、遗传算法、蒙特卡洛模拟等方法。Selda Uca Ozer（2012）[74] 采用时间序列分析的指数平滑模型，预测了未来三年澳大利亚游客的数量将会增加。陈荣等（2013）[75] 建立基于季节调整的支持向量回归模型（SSVR），并用某风景区 2008~2011 年节假日的日客流量验证模型的有效性，得出 SSVR 预测节假日客流量效果良好，预测精度优于 SVR 和 BPNN 方法。J.P. Teixeira（2014）[76] 将旅游时间序列的调整用于预测，利用不同的输入特征和隐含节点个数，尝试了几种前馈人工神经网络（ANN）模型对旅游时间序列进行预测，得出专用神经网络模型的性能优于具有多个输出的模型。王晶等（2014）[77]认为旅游业作为一个经济产业，其发展过程存在周期性的波动，构建一元线性回归模型，运用PASW Statistics 18软件对统计数据进行形态学分析和发展趋势预测。梁昌勇等（2015）[78]认为短期微观旅游需求具有强非线性特征，单一的模型很难做出准确预测，建立适合短期微观旅游需求的SVR-ARMA组合模型，用SVR模型先对原始非线性数据预测，再对SVR模型预测所产生的线性残差用ARMA模型预测，将两部分预测值几何相加得最终的预测值。Valeria Croce（2016）[79]认为信心与经济决策之间的联系在经济学文献中已经被广泛地涵盖，但在旅游业中它仍然是一个未被探索的领域，并探讨了将联合国旅游组织旅游信心指数（TCI）与统计预测相结合对预测精度的影响。翁钢民等（2016）[80]提出了一种考虑季节影响并通过PSO优化SVR模型的旅游客流量预测模型，并以海南省三亚市为例进行了实证研究，得出季节调整的PSO-SVR模型预测精度明显高于SVR、季节调整的SVR和PSO-SVR模型，是进行旅游客流量预测的有效工具。朱亮等（2017）[81]引入Bernstein Copula函数刻画中国入境旅游需求的序列相关结构，以构建预测模型进行实证分析，为旅游需求建模提供了一个新的思考方向。李瑶等（2018）[82]对传统的灰马尔科夫模型进行改进，提出了一种动态优化子集模糊灰马尔科夫预测模型，该模型首先根据GM（1，1）模型预测结果的平均绝对误差百分比，通过输入子集法来确定最优输入子集个数；然后利用模糊集理论，将计算出的隶属度向量作为马尔科夫转移矩阵向量的权重，以修正预测值。Ulrich Gunter（2018）[83]将新的GVAR框架应用于旅游需求分析与预测的研究问题，另外对欧盟的实际旅游出口和相对旅游出口价格的未来轨迹进行了有条件的预测分析。

（2）用网络搜索数据预测旅游经济和旅游需求。网民会在搜索引擎上搜索相关信息，他们在互联网上的各种行为产生了丰富的数据，我们可以通过各种手段对这些数据进行追踪，从而产生了新的研究方向：基于网络搜索数据对经济活动和旅游需求等进行预测。任乐等（2014）[84]从游客的旅游行为角度建立理论概念框架，揭示了网络搜索数据与游客之间的相关关系，通过搜索相关关键词数据并合成搜索指数，实证了北京市搜索数据与月旅游客流量之间存在协整关系，并结合搜索指数与历史数据构建北京市旅游客流量预测模型。沈苏彦等（2015）[85]发现加入谷歌关键词作为自变量的季节性乘积 ARIMA 模型比一般季节性乘积 ARIMA 模型拟合效果和预测精度高，而中国签证政策与航班信息均对入境外国游客量有显著的影响。刘汉等（2016）[86]得出基于网络搜索数据的混频预测模型的预测精度相比传统同低频数据模型有了近50%的提升，预测精度和方向上均有显著提高。李晓炫等（2017）[87]考虑噪声在预测中的干扰，提出一种基于网络搜索的 CLSI-EMD-BP 预测模型，该模型首先利用 CLSI 方法对网络搜索数据进行指数合成，并利用 EMD 对序列进行噪声处理，将高频噪声从原序列中分离，再利用去噪处理后的网络搜索数据对旅游客流量进行预测。

2. 研究评述

近几年在旅游发展预测问题研究的特点是以定量分析为主，尤其是建立在组合模型基础上的精确预测研究越来越多，同时，建立在旅游学理论基础上的预测方法也开始得到逐渐完善，预测的跨度也由原来的年转向季度、月甚至是每日的游客量预测。

从研究方向上看，主要分为三个方面。首先是建立在旅游学理论基础上的预测模型构建。然后是引入智能算法的各种组合模型研究，这种方法将非线性与线性因素分开考虑，并集合两种模型的优势，是组合模型思想的雏形。最后是利用网络关注度的预测研究，为日游客量的预测提供了全新的视角。无论是传统研究方法还是基于网络搜索数据的研究方法都有其局限性。

传统的研究方法数据来源较为滞后，无法做到实时预测，且需要设定较为稳定的经济环境，无法应对重大社会事件对预测结果所产生的影响。而基于网络搜索数据的预测，目前预测精度上较多的只达到月度、季度，尚未达到日，并且搜索关键词的选择缺乏科学的方法，不同的关键词会导致预测结果的偏差。

（六）旅游业发展系统动力学仿真研究

1. 国内外研究现状

根据系统论，旅游业是一个复杂系统，旅游系统具有开放性，旅游系统内部各部门、各要素之间相互作用，同时旅游系统又受到外界环境影响。近年来，以系统论的思维研究旅游业的文献不断丰富，研究方法日益成熟。利用复杂系统理论去分析旅游这个复杂系统也逐步被学者所采用，比如对城市旅游的增长机制、旅游系统的演化、旅游系统的运行、景区游客时空分流导航管理、旅游景区门票定价、旅游目的地环境承载力、旅游可持续发展、旅游市场发展机制等研究。本书从旅游系统组成部分和复杂系统在旅游业其他方面研究中的应用两个方面对近年来的文献进行了梳理。

（1）旅游系统的组成部分研究。旅游系统具有复杂性、功能多样性、层次性、地域性、动态性、自组织性、自相似性等特征。Rodolfo Baggio（2011）[88]运用一系列定量方法来评估非线性复杂旅游系统的动态，定性地评价了旅游目的地是一个具有混沌倾向的复杂系统。章杰宽（2013）[89]将旅游业可持续发展作为一个系统进行整体研究，并将其分为人口、资源、环境与旅游四个子系统，分别对四个子系统进行了内在关联和动态协调机制的研究，建立了各子系统的系统动力学模型，并给出了反映旅游业可持续发展系统状态特征的微分方程组。方海霞等（2014）[90]从经济环境、社会文化环境、科技人才环境及政府政策环境四个方面构建了城市旅游发展环境的子系统。张丽丽等（2014）[91]基于旅游可持续发展理论，从系统科学的角度出发，构建了新疆旅游业可持续发展的系统动力学模型 RESET，RESET 模型由建模软件 VENSIM 实现，主要包含旅游资源（R）、经济（E）、社会（S）、环境（E）和旅游（T）五大子系统。肖岚（2015）[92]将低碳旅游系统分为四个子系统，并尝试运用绘制低碳旅游系统仿真模型因果关系图和流图，反映低碳系统内部各要素之间的因果关系及动态变化。Tadeja Jere Jakulin（2017）[93]开发三个复杂旅游系统模型：第一个模型将旅游呈现为一个开放的复杂系统，其要素在旅游市场内运行。该系统的组成要素是子系统,其相互关系和相互依存关系可以用两个模型来解释:因果回路图和系统动力学框架下的仿真模型。

（2）复杂系统在旅游业其他方面研究中的应用。除了上面的研究之外，复杂系统理论还有一些在旅游中其他方面应用。汪德根等（2013）[94] 运用系统动力学理论，选取人口、经济、商务旅游、环境以及科技等影响商务旅游城市发展因子，构建商务旅游城市发展系统动力模型。汪立东等（2014）[95] 构建了旅游目的地客源市场的系统动力学（SD）模型，为旅游目的地旅游接待能力规划、发展战略和营销策略制定提供了开发支持。许宇飞（2015）[96] 对我国农业旅游的可持续发展进行实证研究，构建了包含人口、经济、环境、科技和资源五要素的系统动力学模型。花菲菲等（2016）[97] 利用因子分析与系统动力学分析方法探讨了客源地驱动力、入境旅游流状态与目的地城市响应的模型将入境旅游流与客源地驱动力系统、经济社会子系统、资源区位子系统、服务设施子系统和信息技术子系统逐一对应，构建整体动力系统因果回路图，研究体量匹配并对旅游与城市建设问题进行了探讨。Alexandr Vetitnev 等（2016）[98] 介绍了俄罗斯克拉斯诺达尔地区健康旅游区域市场的系统动力学建模结果，中期预测表明，健康旅游人数和疗养院组织的收入可能减少，廉价国外旅游地的价格竞争是影响旅游服务市场的关键因素。卢小丽等（2017）[99] 对产业经济、资源环境和社会文化三个子系统参数的调控，模拟出五种乡村旅游发展的驱动模式，分别是自然发展模式、产业经济主导驱动模式、资源环境主导驱动模式、社会文化主导驱动模式和产业经济—社会文化—资源环境协调发展模式。Tadeja Jere Jakulin（2016）[100] 运用系统动力学模型对农业旅游及其与环境、经济（投资、交通）和社会因素（游客）的相互联系进行了研究。党建华（2018）[101] 从利益相关者理论以及耦合理论的角度出发，建立系统动力学 STELLA 概念模型，进而探讨其主要旅游利益相关主体政府、旅游企业、当地居民以及游客之间的利益分配模式、共生机制以及其耦合关系。杨秀平等（2018）[102] 根据系统动力学的基本原理，构建城市旅游环境承载潜力的系统动力学模型，探讨"现状需求标准、规划需求标准、规划标准与规划增长率"三种情景下旅游环境承载潜力的发展态势。

2. 研究评述

近年来以系统论的思想研究旅游业的视角较为广泛，主要有对城市旅游增长机制、旅游系统演化、景区游客分流、门票定价、环境承载力、市场发展机制等方面，但总体而言集中于旅游子系统的研究，在研究领域上未形成主流，系统动力学的"战略实验室"功能未充分体现，未充分发挥系统理论在旅游地政策决策、可持续发展和学习型旅游目的地研究上的优势；且目前研究更多的局限于单一问题的讨论，系统论更多地成为了一种单纯的数学模型和计算工具，缺乏全局性系统性的研究成果。

第三章　国内著名旅游城市发展案例分析

　　我国城市众多、环境各异，不同城市在资源禀赋、发展环境、经济基础等方面存在较大差异，使得旅游业发展也呈现出多元业态，尤其是在旅游生态系统建设、全域旅游等旅游发展概念的提出之后，不同城市从理念思路创新、发展方式创新、产业形态创新，到要素供给创新、动能支撑创新、体制机制创新，实施了一系列各具特色的多元融合发展战略举措，通过比较分析，总结提炼国内城市旅游多元融合发展经验，可为青岛旅游业发展提供一定的参考，并为后续旅游影响因素分析、多元融合研究及发展评价研究提供事实依据。本章选取与青岛有相对较强的可比性，在国内具有标杆示范引领作用的著名旅游城市进行实证分析。样本城市包括上海、深圳、杭州、厦门、宁波五市，分别从旅游业发展资源禀赋、旅游业现状分析、旅游业发展经验等方面进行分析；并在多个单项对比的基础上，对这些城市旅游业发展的相关指标进行较为综合性的深度比较研究，以期对青岛旅游业创新发展研究形成一定的借鉴与启示作用。

一、国内著名旅游城市发展借鉴

（一）上海旅游业发展分析

1.上海旅游业发展基础

　　素有"东方巴黎"之称的上海，是一座繁华与开放兼具、海派文化特色浓厚的国际化大都市，拥有得天独厚的区位优势、丰富的人文资源、迷人的城市风貌。表3-1给出了上海旅游业资源禀赋方面的相关情况。

表 3-1 上海旅游业资源情况

自然资源	地形地貌	上海境内除有少数丘陵地带外，地势总体以平原为主，陆地地势总体呈现由东向西低微倾斜
	综合自然旅游地	共 13 个，总面积共 1339 平方千米，国家生态旅游示范区 4 处
	岛屿	有崇明岛、长兴岛和横沙岛 3 个有居民岛屿，还有九段沙、瑞丰沙、东风沙等 9 个无人岛
	河流湖泊	主要有黄浦江及其支流苏州河、川扬河、淀浦河等，天然湖泊 21 处，淀山湖是上海的最大湖泊
人文资源	名胜古迹	全国重点文物保护单位 29 处，市级文物保护单位 238 处，区（县）文物保护单位 402 处
	人文景观	红色旅游基地 34 处，博物馆 122 个，休闲旅游基地 15 处
节庆会展资源	节庆活动	上海旅游节为全国性重点旅游节庆活动，2010 年"世博会"的成功举办为上海旅游业发展带了巨大商机；首届中国国际进口博览会又将带来利好
	展会	2017 年共举办各类展会 1020 个，展览面积 1770 万平方米，数量和规模比去年分别增长 12.95% 和 13.05%
景区资源	A 级景区	3A 级以上景区 99 处，其中 4 A 级景区 50 处、5A 级景区 3 处
	重点景区	综合排名前十位的旅游景区分别是上海迪士尼乐园、上海世博园、上海外滩、上海豫园、东方明珠、中共诞生地一大会址纪念馆、上海博物馆、上海科技馆、上海野生动物园、金茂大厦 88 层观光厅
旅游服务资源	酒店宾馆	截至 2017 年底，三星级以上饭店 229 家，其中四星级 67 家、五星级 72 家
	旅行社	截至 2017 年底，共有旅行社 1578 家，其中国内社 1356 家、国际社 222 家
	邮轮	截至 2017 年底，上海邮轮母港接发邮轮 466 艘次，接送旅客 295.5 万人次，稳居国际邮轮母港亚洲第一、全球第四的位置

数据来源：上海市统计年鉴

从表 3-1 可以看出，上海在旅游业自然资源方面优势并不明显，景区资源优势也并不占优势，但是 2017 年世界旅游和旅行者协会发布的"城市旅游及影响"报告显示，上海旅游业增加值占 GDP 比例位居全世界前列，在中国旅游业 GDP 总额中占比达到 11%，上海国际化全球旅游目的地形象已基本树立。这其中一个很重要的原因是上海在节庆展会资源建设方面奠定的基础。

2010 年是上海旅游业蓬勃发展的一年，"世博会"的成功举办为上海旅游业发展带来了巨大商机，当年由于世博效应实现旅游产业增加值 1360.8 亿元，比上年增长 30.1%，占全市 GDP 的比重达 7.81%，为历年最高值（包括 2010~2016 年）。为筹备世博会，上海市在基础设施方面总投资达到 286 亿元，使上海基础设施建设整整提前十年。展会期间共有 190 个国家、56 个国际组织参展。有超过 1200 个中外演艺团体来园演出，参观人数 7308.4 万人次，平均每天 39.7 万人次，单日最大客流为 103.28 万人次，创造了历届世博会参观人数的最高纪录。上海世博会的成功举办是上海旅游业走向世界的重要因素之一。

从会展业来看，无论是展会收入还是展会个数，上海均居全球主要展会城市之首。2017 年共举办各类展会 1020 个，展览面积 1770 万平方米，实现和拉动收入超过 1200 亿元。同时，上海会展行业国际化水平也在不断提高。2017 年国际展面积 1329 万平方米，同比增长 12.9%，占全市展览面积的 75.1%，2018 年 11 月在上海举办的首届中国国际进口博览会成为带动上海旅游业发展的新引擎。

2. 上海旅游业发展状况分析

从图 3-1 可以看出，近年来上海的旅游业在 2010 年达到顶峰，这一点与 2010 年上海世博会的召开有直接关系。旅游业总收入占 GDP 比重一直保持在 13%~20% 的水平，但 2010 年以后这一比重呈现持续下降趋势，说明在那段时间上海市旅游业发展已经开始落后于全市经济发展速度，但这一趋势随着迪士尼乐园等重大旅游项目投入运营和会展业崛起从 2016 年开始又有所好转。

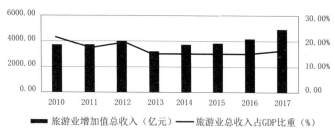

图 3-1 上海旅游业总收入占 GDP 比例情况（亿元）

数据来源：上海市统计年鉴

2017 年，上海全市旅游业总收入达到 4485 亿元，位居国内城市第一，比 2008 年增长 132.29%，年均增长 8.90%；其中国内游客消费 4025.13 亿元、入境游客消费 68.1 亿美元，分别比 2008 年增长 149.63%、36.97%，年均增长 9.59%、8.90%。

表 3-2 上海旅游业相关情况

年度	旅游业总收入（亿元）	旅游业总收入增长率（%）	国际旅客到达人数（万人）	总旅客到达人数（万人）	总旅客到达人数增长率（%）	星级饭店数（个）	宾馆房间使用率（%）
2008	1925.87	0.7	—	11646.0	7.1	—	—
2009	2074.8	0.1	—	12989.7	11.5	—	—
2010	3400	19.5	851.12	22314.3	71.9	301.00	—
2011	3231.15	−5.8	817.57	23896.7	7.1	297.00	55.10
2012	3650.55	13.0	800.40	25894.1	7.7	278.00	56.90
2013	2968	−8.0	757.40	26748.1	3.3	271.00	59.20
2014	3415.96	0.3	791.30	27609.4	3.2	260.00	63.20
2015	3505.24	2.6	800.16	28369.6	2.8	247.00	65.50
2016	3820	9	854.37	30475.0	7.4	238.00	68.10
2017	4485	15.7	873	32718.3	7.3	229	69.30

数据来源：上海市统计年鉴　注："—"表示数据缺失。

从表 3-2 可以看出，从旅游总收入来看，2010 年世博会的召开使上海市的旅游业总收入直接拉升了 1400 亿元，同比增长 19.5%，近年来虽然有波动，但总体还是在这个水平基础上处于增长状态。

从国际旅客到达人数来看，上海在 2016 年才刚刚恢复到 2010 年世博会的水平，国内游客数量则一直处于稳步增长状态。而星级酒店数量则从 2010 年以来一直处于递减（部分原因可能是因为快捷式酒店等经济型酒店的数量增加），但星级酒店入住率一直处于增长趋势。

综上所述，2010 年上海世博会的举办是上海旅游业发展的巅峰，近两年来，通过大力发展会展业以及迪士尼乐园等旅游业重大项目的建设，上海的旅游业已经重新迈入了快速发展阶段，各类数据也已经逐渐开始超越 2010 年。

3.上海旅游业发展经验总结

（1）以着力建设具有全球影响力的世界著名旅游城市为目标。上海市旅游业十年发展规划（2015~2025 年）把打造具有全球吸引力的旅游产品体系、具有全球竞争力的旅游产业体系、具有全球配置力的旅游市场体系作为发展目标，提出旅游业需要进一步优化布局、完善功能、提升能级。力争到 2035 年，全市年入境境外旅客总量达到 1400 万人次；到 2040 年，建设成为卓越的全球旅游城市。

（2）着力构建大旅游产业体系，打造"处处是景，时时宜游"的都市型全域旅游新模式。上海把旅游业定为国家经济的战略性支柱产业。按照"旅游+"产业融合发展的要求，以上海迪士尼主题乐园、黄浦江两岸 45 千米公共空间、中国邮轮旅游发展实验区、崇明世界级生态岛、佘山国家旅游度假区、陆家嘴、世博园等区域作为旅游业发展的重要支撑。同时，针对上海都市旅游的特点，加快旅游业与互联网、文化创意等产业的融合发展，打造"处处是景，时时宜游"的全新都市型全域旅游模式，引领旅游产业的转型升级和旅游管理与服务的创新升级，满足人民群众对美好生活的向往。

（3）着力让游客"乐游上海"，打造"精彩上海、品质之旅"城市旅游新形象。围绕"旅游 + 文化"，以世博园为中心规划建设现代演艺，在徐汇区把戏曲串起来形成一个戏谷，在虹桥主推以芭蕾、歌剧为主的现代高档型演出，在人民广场正在规划建设 30 个小剧场。把旅游业放在五大幸福产业的首位，结合智慧城市建设，完善互联网支撑下的旅游公共服务体系，利用互联网技术构建以旅行社、酒店、景点为重点的旅游安全和应急网络，逐步引导社会力量介入旅游纠纷。

（4）着力增强旅游投资新动能，强化旅游核心竞争力。一是设立旅游专项扶持资金，申列 2.5 亿元，带动投资 90 亿元。二是列入上海旅游优选项目或者列入国家优选项目的全部组织进行贴息投资。三是组织实施金旅工程，和一些政策性银行合作，共同扶持旅游业大项目发展。"十三五"期间，全市规划建设旅游投资项目 277 个，总投资 2000 亿元，其中 10 亿元以上的项目 10 个，累计投资已达 833 亿元。以迪士尼为核心的上海国际旅游度假区、定位于上海市民周末休闲好去处的佘山国家旅游度假区、吴淞口邮轮旅游产业园、崇明世界级生态岛等重大项目的建设和中国国际进口博览会将会是上海旅游业迎来世博会后新一轮大发展的有力支撑和新引擎。

综上所述，上海市的旅游业在"旅游＋产业"、"旅游＋文化"等多元融合发展方面的经验还是值得借鉴的。

（二）深圳旅游业发展分析

1. 深圳旅游业发展基础

深圳地处广东南部、珠江口东岸，与香港一水之隔，东临大亚湾和大鹏湾，西濒珠江口和伶仃洋，南隔深圳河与香港相连，北部与东莞、惠州接壤。表 3-3 给出了深圳市旅游业资源禀赋方面的相关情况。

表 3-3　深圳旅游业资源情况

自然资源	地形地貌	深圳市土地总面积 1996.85 平方千米，平原占陆地面积 22.1%。境内梧桐山、七娘山、羊台山、大南山等岭脉绵延、风景秀丽，最高峰梧桐山海拔 943.7 米
	综合自然旅游地	深圳海洋水域总面积 1145 平方千米。深圳辽阔海域连接南海及太平洋，海岸线总长 261 千米，拥有大鹏半岛国家地质公园、深圳湾红树林、梧桐山郊野公园、内伶仃岛等自然生态保护区

自然资源	岛屿沙滩	曲折蜿蜒的大鹏湾海岸线长 70 多千米，分布着大梅沙、小梅沙、溪涌、迭福、水沙头和西冲等水碧沙白的海滩。海滩宽 30～50 米，长 1000～3000 米，沙质柔软，海水清碧洁净，是迷人的海滨浴场
	河流湖泊	流域面积大于 100 平方千米的河流有深圳河、茅洲河、龙岗河、观澜河和坪山河等，主要河流深圳河全长 35 千米。深圳市现有水库 24 座，其中中型水库 9 座，总库容 5.25 亿立方米
人文资源	名胜古迹	区（县）文物保护单位 402 处，市级文物保护单位 238 处，全国重点文物保护单位 29 处
	革命遗址、人文景观	大鹏所城（大鹏）、新安故城（南山南头）、赤湾天后宫（南山赤湾）、赤湾炮台（南山赤湾）、东江纵队司令部旧址（大鹏葵涌）和东纵军政干部学校旧址（大鹏）
节庆会展资源	节庆活动	组织中国旅游日、世界旅游日系列活动以及"深圳国际音乐节"、"深圳黄金海岸旅游节"等节庆品牌等大型活动，盐田"深圳黄金海岸旅游节""大鹏户外嘉年华活动""南山荔枝旅游文化节"等"一区一节"活动影响不断扩大，有效带动旅游消费
	展会	2015 年全年举办展会 102 个，展会面积 312 万多平方米，在国内会展城市中居第四位。至 2017 年底，深圳市有会展企业 1000 多家，上下游相关企业近 3000 家，从业人员达 10 万人
景区资源	A 级景区	截至 2017 年底，有 3A 级以上景区 37 处，其中 3A 级景区 27 处、4A 级景区 7 处、5A 级景区 3 处
	重点景区	"深圳八景"是大鹏所城（大鹏守御千户所城，建于公元 1394 年）、深南溢彩（深南大道）、侨城锦绣（深圳华侨城）、莲山春早（福田莲花山）、梧桐烟雨（罗湖梧桐山）、梅沙踏浪（盐田大小梅沙海滨）、一街两制（沙头角中英街）、羊台叠翠（宝安羊台山）
旅游服务资源	酒店、宾馆	截至 2017 年底，深圳共有星级饭店 229 家，其中三星级 65 家、四星级 24 家、五星级 25 家，五星级饭店比 2008 年增加 15 家，每年都会有新的五星级饭店投入运营
	旅行社	截至 2017 年末，深圳共有旅行社 692 家。其中，国内社 543 家，国际社 149 家，分别比 2008 年增加 395 家、128 家
	邮轮	深圳太子港邮轮码头 2016 年 11 月 12 日正式运营，到 2017 年末，已进出邮轮 112 艘次，客运旅客 15.9 万人次

数据来源：深圳市统计年鉴

从表 3-3 可以看出，深圳在旅游业景区资源、自然资源和人文资源等方面并非得天独厚，但深圳旅游业的发展与深圳经济社会发展的特点是一样的：创新特色鲜明，生机与活力十足。从全国入境过夜游客人数来看，深圳多年连续位居全国城市首位。2017 年，深圳共接待游客 13147.45 万人次，其中国内游客 1.19 亿人次、入境游客 1207.01 万人次，入境游客比上海还多 350 万人次。

深圳旅游最大的特点是建设了一批具有世界影响力的文化旅游景区，多数旅游项目都做到了文旅兼融、创意十足，其主题公园综合体开发模式极具示范效应。其中深圳世界之窗和东部华侨城以及欢乐谷三个国家 5A 级旅游景区是最具代表性的作品。

世界之窗景区占地 48 万平方米，位于深圳市深圳湾社区深南大道，总投资 20 亿元，开业至今已接待中外游客 3150 万人次，各项经营指标在国内同行业一直处于领先水平。

深圳东部华侨城景区占地近 9 平方千米，总投资 35 亿元，精心打造的世界级度假旅游目的地，是由国家环境保护部和国家旅游局联合授予的首个"国家生态旅游示范区"，东部华侨城包括 3 座旅游小镇、2 个主题公园、4 家度假酒店、2 座 36 洞山地高尔夫球场等项目。

欢乐谷景区占地面积 35 万平方米，总投资 20 亿元，位于深圳市南山区，是首批国家 5A 级旅游景区。该景区是一座融娱乐、观赏、体验、趣味于一体的现代主题乐园。截至 2017 年年底，累计接待游客 5000 多万人次，成为中国主题公园行业的领跑者。

2. 深圳旅游业发展状况分析

从图 3-2 可以看出，近年来深圳市的旅游业一直处于阶梯式上升发展阶段。旅游业总收入占 GDP 比重一直保持在 6%～8% 的水平之间，呈波浪式状态，旅游业发展在前几年一度超过全市经济发展速度，但这一趋势从 2015 年开始又出现变化，深圳市的旅游业发展近两年没有赶上 GDP 发展的步伐。

由表 3-4 可以看出：2017 年深圳共接待游客 13147.45 万人次，其中国内游客 11940.44 万人次、入境游客 1207.01 万人次，分别比 2008 年增长 94.62%、102.87 %、38.81%，年均增长 7.19 %。从同比增长率来看，深圳市

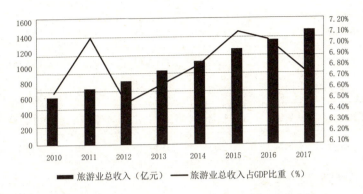

图 3-2　深圳旅游业总收入占 GDP 比例情况（亿元）

数据来源：深圳市统计年鉴

的游客到达人数增长率在 2011 年达到最高值，近年来增速基本处于放缓状态（2016 年除外）。

2017 年，深圳旅游业总收入 1485 亿元，比 2008 年增长 186.86%，年均增长 11.26%；近十年累计 9419.03 亿元。从同比增速来看，深圳旅游业总收入增长率在 2010 年达到最高值，近年来增速也处于放缓状态，这一趋势与游客到达人数的增长趋势基本相符。与上海类似，近年来深圳的星级以上宾馆数量也处于下降状态，但入住率一直保持较为稳定的增长。

表 3-4　深圳旅游业基本情况

年度	旅游总收入（亿元）	旅游总收入同比增长率(%)	国际旅客到达人数（万人）	总旅客到达人数（万人）	总旅客到达人数同比增长率（%）	星级饭店数（个）	宾馆房间使用率(%)
2008	517.83	1.31	967.22	6755.3	2.93	—	—
2009	544.24	5.1	998.43	7071.32	4.68	—	—
2010	628.30	15.45	1020.61	7698.19	8.86	153.00	62.53
2011	737.21	11.73	1044.55	8351.85	10.85	146.00	65.66
2012	839.76	13.91	1206.43	9106.02	9.03	131.00	64.16

2013	961.12	14.45	1214.89	9873.00	8.42	134.00	64.65
2014	1091.65	14.19	1182.18	10803.81	8.95	134.00	68.87
2015	1244.80	14.03	1218.70	11630.00	7.65	136.00	66.61
2016	1368.66	9.94	1711.18	12484.52	10.73	114.00	68.10
2017	1485.46	8.30	1207	13147.45	5.31	114	68.9

数据来源：深圳市统计年鉴

注："—"表示数据缺失

3.深圳旅游业发展经验总结

（1）注重弘扬创新精神，激发强劲的内在活力。就自然风光和历史名胜而言，深圳的旅游资源并不丰富。但深圳人以敢为人先的改革创新精神，坚持发挥市场在资源配置中的决定性作用，充分激活市场投资主体、经营主体、消费主体，推动旅游大众创业、万众创新，形成政府主导、市场运作、全民参与的旅游开发新格局。深圳是国内最早引入港资经营酒店的城市，并由此带来先进的管理经验，对促使国内酒店行业管理水平提升发挥了重要作用。中国第一个文化主题公园"锦绣中华"也是深圳旅游业创新发展的点睛之笔。随后的民俗文化村、观澜湖高尔夫球场、东部华侨城等各具特色的旅游项目无一不是深圳旅游业的创新之举。

（2）注重旅游与文化深度融合，促进文旅产业互利共荣。多年来，深圳在加强文化产业和旅游业互动发展方面进行了深入的探索和大胆的尝试，在理论和实践上都积累了一定经验。在精心策划、精品打造主题公园的基础上，深圳旅游业依托深圳产业优势和创新发展战略，推进"旅游＋文化"发展战略，以旅游市场为导向，将旅游业与演艺业相结合，先后推出各类旅游休闲文化节庆项目有170多种，极大地丰富了深圳旅游业发展的内涵。

（3）注重"互联网＋"，促使智慧旅游与智慧城市同频共振。随着互联网的迅速发展，深圳充分发挥科技创新优势，将信息化和标准化贯穿于旅游产品开发和服务的全程，建立了旅游信息综合服务平台和旅游业及相关产业信息管理系统，支持深圳旅游电商转型升级，实现旅游业产品和服务质量管理信息化，酒店预订、机票订购最先成为在线化的旅游服务业务，随后讯速推出度假、租车、景区门票、签证等旅游服务新产品。2017年，深圳在线机票、在线住宿、在线度假分别达70.5%、56.7%和38.1%，80.9%和63.1%的游客分别选择使用支付宝和微信方式预定景区门票类产品，均居全国首位。

综上所述，深圳市旅游业在旅游与文化融合发展中的经验是最值得我们借鉴的。

（三）杭州旅游业发展分析

1.杭州旅游业发展基础

杭州是著名的旅游胜地，因风景秀丽素有"人间天堂"的美誉。是世界休闲博览会和中国国际动漫节的永久举办地，是全国重点风景旅游城市和首批历史文化名城。表3-5给出了杭州旅游业资源禀赋方面的相关情况。

表3-5　杭州旅游业资源情况

自然资源	地形地貌	杭州自然环境的特色是江（河）、湖、山等资源较全。全市山地：平原：江（河、湖、水库）比例为68：24：8
	综合自然旅游地	杭州拥多个国家级风景名胜区——西湖风景名胜区、千岛湖风景名胜区、天目山、清凉峰自然保护区、青山湖、半山和桐庐瑶琳森林公园、之江国家旅游度假区、西溪国家湿地公园等
	河流湖泊	有钱塘江、富春江、京杭大运河、西湖、中东河、上塘河、徐杭塘河等河流。其中钱塘江、京杭大运河、徐杭塘河、上塘河是杭州四大河流。湖泊有著名的西湖和千岛湖
人文资源	名胜古迹	目前，杭州拥有西湖文化景观、大运河两处世界遗产，"三普"登录点11134处，全国重点文物保护单位39处，国家级历史文化名村名镇4处，国家级和省级考古遗址公园各1处
节庆会展资源	节庆活动	富阳龙门古镇民俗风情节，临安"万寿银杏节""高山红叶节"，桐庐"中国最美乡村"游，建德新叶古村"社戏节"与新安江梦幻夜游，淳安文渊狮城创意美食节等特色活动，缤纷多彩，特色鲜明
	展会	杭州在G20过后，还将举办2022年第19届亚洲运动会等重要活动，杭州还是世界休闲博览会、中国国际动漫节和中国国际微电影展的终身举办城市，会展业发展潜力巨大

续表

景区资源	A级景区	截至2017年底，全市已有3A级以上景区91处，其中3A级景区54处、4A级景区34处、5A级景区3处，分别比2008年增加48处、15处、2处
	重点景区	被联合国教科文组织和世界遗产委员会确认为"世界遗产"的西湖及其周边有大量的自然及人文景观遗迹：包括桐君山、三潭映月、苏堤、六和塔、灵隐寺、雷峰塔、岳庙、宋城等
旅游服务资源	酒店、宾馆	共有星级饭店143家，其中三星级78家、四星级42家、五星级23家，四、五星级酒店分别比2008年增加8家、7家
	旅行社	2017年末，杭州拥有旅行社767家，比2008年增加340家

数据来源：杭州市统计年鉴

从表3-5可以看出，杭州作为历史文化名城，全国著名的旅游城市，旅游资源丰富，兼备得天独厚的历史人文旅游资源和江南特色山水自然旅游资源优势。按照国家旅游资源分类标准，杭州的各类资源总体拥有率超过95%。

2. 杭州旅游业发展状况分析

从图3-3可以看出，近年来杭州旅游业一直处于稳步上升发展阶段，这一点也是杭州旅游业发展明显区别于上海和深圳的地方，旅游业总收入占GDP比重既能够一直保持在17%~23%的高水平区间，也能连年保持持续上升的趋势。这有力地证明了近年来杭州旅游业发展一直超过全市经济发展速度。

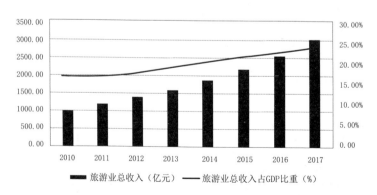

图3-3 杭州市旅游业总收入占GDP比例情况（亿元）

数据来源：杭州市统计年鉴

由表 3-6 可以看出：2017 年，杭州共接待游客 16286.63 万人次，其中国内游客 15884.4 万人次、入境游客 402.23 万人次，分别比 2008 年增长 241.22%、248.98%、81.73%，年均增长 14.19 %、14.47 %、6.78 %；近十年累计接待游客 94318.63 万人次。

2017 年，杭州旅游业总收入 3041.34 亿元，比 2008 年增长 330.05%，年均增长 17.06 %；近十年累计 16423.21 亿元。从旅游收入增长率来看，杭州也是连年保持两位数以上稳定增长的城市，而且增长率也在连年提升，这一趋势与游客到达人数的增长趋势基本相符。

表 3-6 杭州旅游业有关情况

年度	旅游总收入（亿元）	旅游总收入同比增长率（%）	国际旅客到达人数（万人）	总旅客到达人数（万人）	总旅客到达人数同比增长率（%）
2008	707.2	12.24	—	4773	10.49
2009	803.1	13.56		5324	11.54
2010	1025.7	27.71	275.71	6581	23.61
2011	1191.0	16.95	306.31	7487	13.76
2012	1392.3	16.90	331.12	8568	14.43
2013	1603.7	15.18	316.01	9725	13.50
2014	1886.33	17.60	326.13	10933	12.4
2015	2200.7	16.67	341.56	12382	13.25
2016	2571.84	16.90	363.22	14059	16.87
2017	3041.34	18.30	402.23	16286.63	15.84

数据来源：杭州市统计年鉴 注："—"表示数据缺失

3. 杭州旅游业发展经验总结

（1）坚持从"旅游城市"向全域旅游转变。城市的旅游业发展定位是城市旅游业发展必须首先解决的问题。早在 2005 年，杭州市的旅游业总体发展规划就确定了"休闲之都"的定位，旅游顶层设计从"旅游城市"向全域旅游转变，经过多年的实践，杭州的旅游业创新发展路径科学而清晰，由此形成了新一轮的旅游发展规划。近年来，杭州在这个定位的指导下，以"龙头带动、特色引领、差异互补、提档升级"为原则，构建"十三五"1040（10个龙头项目，40个重点项目）全域旅游项目库，成为杭州"十三五"旅游业全域发展的重要抓手。

（2）坚持"国际导向"，实施国际化发展战略。近年来，为提升杭州旅游业国际化水平，2016年，杭州出台了《加快推进城市国际化行动纲要》《关于全面提升杭州城市国际化水平的若干意见》，提出将杭州打造成国际会议目的地城市，并以"旅游交通""旅游标识"等为抓手，逐步推进杭州国际化旅游公共服务体系的构建。重点推进包括国际会展在内的25个重大建设项目，以更高的国际视野、更加开放的姿态主动融入全球化，让国际化融入到杭州的方方面面。

（3）坚持"全域发展"，特色小镇建设成为新的增长点。杭州作为全国特色小镇的创建者和先行者，其特色小镇发展按照创新、协调、绿色、开放、共享的发展理念，聚焦信息经济、旅游、金融、高端装备制造等七大新兴产业，形成"产业、文化、旅游、社区功能"四位一体有机结合的创新创业发展平台。每个小镇都有自己的文化标识，镇内建筑蕴含丰富的文化内涵。它既不同于行政建制镇，也与各类产业园区有明显区别，是以创新为抓手，集产业、投资、创新、人才和服务等功能于一体的创业创新生态系统，是新型工业化、城镇化、信息化和绿色化融合发展的新形式。

综上所述，杭州旅游业在打造特色小镇，促进旅游业与城镇化、新型工业化和信息化方面的多元融合发展经验是最值得我们借鉴的。

（四）厦门旅游业发展分析

1. 厦门旅游业发展基础

厦门位于福建省东南端，西界漳州，北邻南安和晋江，东南与大小金门和大担岛隔海相望，是闽南地区的重要城市，与漳州、泉州合称厦漳泉闽南金三角经济区。2016年，全市土地面积1699.39平方千米，其中厦门本岛土地面积

157.76 平方千米（含鼓浪屿）；海域面积约 390 平方千米。表 3-7 给出了厦门市旅游业资源禀赋方面的相关情况。

表 3-7　厦门旅游业资源情况

自然资源	地形地貌	厦门的地形由西北向东南倾斜。西北部多中低山，其中位于同安与安溪交界处的云顶山海拔 1175.2 米，为全市最高峰
	综合自然旅游地	厦门拥有多个国家级风景名胜区——国家 5A 级景区鼓浪屿、著名佛教圣地南普陀、北辰山、梵天寺及金光湖原始森林景区等
	海洋资源	厦门海域海岸线蜿蜒曲折，全长 234 千米，其中 12 米以上深水岸线约 43 千米，适宜建港的深水岸线约 27 千米。岛屿包括厦门岛、鼓浪屿及和同安、集美、海沧、翔安等区周边众多小岛屿，海域面积有 300 多平方千米
人文资源	名胜古迹	厦门共有 7 处全国重点文物保护单位。包括胡里山炮台、陈化成墓、厦门破狱斗争旧址、鼓浪屿近代建筑群、集美学村和厦门大学早期建筑。同时还拥有福建省第二次代表大会会址等 97 处革命遗址
节庆会展资源	节庆活动	中秋博饼文化节、闽台民俗文化节、朱子文化节等独具闽南特色的活动
	展会	2017 年金砖国家峰会之后，又相继举办海峡旅游博览会和国际休闲博览会以及"法国尼斯嘉年华"等高端展会，98 厦洽会也已经成为厦门的一张名片
景区资源	A 级景区	截至 2017 年底，全市已有 3A 级以上景区 18 处，其中 5A 级景区 1 处、4A 级景区 11 处、3A 级景区 6 处
	重点景区	5A 级景区鼓浪屿，4A 级景区胡里山炮台、环岛路、厦门大学等
旅游服务资源	酒店、宾馆	共有星级饭店 61 家，其中三星级 21 家、四星级 22 家、五星级 18 家
	旅行社	2017 年末，拥有旅行社 3767 家，比 2008 年增加 134 家

数据来源：厦门市统计年鉴

从表 3-7 可以看出，厦门作为沿海重要旅游城市，海洋旅游资源丰富，海岛旅游特色明显，但景区资源和酒店资源相对不足。

2. 厦门旅游业发展状况分析

从图 3-4 可以看出，近年来厦门旅游业一直处于稳步上升发展阶段，虽然旅游业收入总量一直位于 1200 亿以下，但旅游业总收入占 GDP 比重却能够一直保持在 18%~26% 的高水平区间，也能连年保持持续上升的趋势，说明近年来厦门市旅游业是经济发展的重要支柱产业，而且旅游业发展速度一直超过全市经济发展速度。

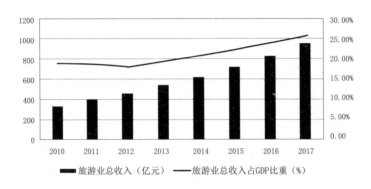

图 3-4　厦门市旅游业总收入占 GDP 比例情况（亿元）

数据来源：厦门市统计年鉴

据统计，2017 年厦门共接待国内外游客 7830.52 万人次，同比增长 15.66%，旅游总收入 1168.52 亿元人民币，同比增长 20.68%。其中接待国内游客 7444.20 万人次，同比增长 16.09%，占接待总人数的 95.07%；接待入境游客 386.32 万人次，同比增长 7.97%，占接待总人数的 4.93%。国内旅游收入 951.09 亿元人民币，同比增长 20.65%，占总收入的 81.39%；入境旅游创汇 32.21 亿美元，外汇同比增长 16.32%。

由表 3-8 可以看出，厦门旅游业总收入尽管总量小于杭州，但是增速一直与杭州持平，发展势头良好，但厦门旅游业的星级酒店数量与其他同类城市相比存在明显差距。

表 3-8 厦门旅游业有关情况

年度	旅游总收入（亿元）	旅游总收入同比增长率（%）	国际旅客到达人数（万人）	总旅客到达人数（万人）	总旅客到达人数同比增长率（%）	星级饭店数（个）	宾馆房间使用率（%）
2009	325.43	17.96	136.01	2524.85	13.56	43	—
2010	383.89	18.12	162.82	3026.09	19.85	45	—
2011	453.44	19.06	189.49	3522.94	16.42	48	—
2012	539.88	15.02	230.02	4124.43	17.07	61	—
2013	620.95	16.29	240.74	4663.85	13.08	70	—
2014	722.09	15.22	266.82	5337.86	14.45	68	57.79
2015	832.90	16.38	317	6036	13.08	56	59.07
2016	968.26	17.96	357.81	6770.16	12.16	61	57.62
2017	1168.52	20.68	386.32	7444.20	16.9	62	58.67

数据来源：厦门市统计年鉴　　注："—"表示数据缺失。

3. 厦门旅游业发展经验总结

（1）核心景区旅游全域化发展成效凸显。鼓浪屿一直是厦门的代表性旅游景区，品质不断提升。近年来，厦门利用重点旅游项目引导人流由核心区向岛外扩散，诚毅科技探索中心、灵玲马戏城、老院子、方特梦幻王国等岛外新景区人气持续增长。厦门尼斯国际嘉年华、思明、湖里区城市穿越、中国（集美）AEMI 世界气球艺术节、海沧乐活节、保生慈济文化旅游节、同安旅游温泉节、翔安香山赏花节等各区旅游节庆活动精彩不断，旅游客流不断由岛内核心区域向岛外扩散，鼓浪屿等主要旅游景区的承载压力得以缓解。

（2）放大"金砖效应"，实施国际化发展战略。2017年"金砖峰会"对厦门旅游提升国际化水平是一个重要机遇，厦门围绕"打好金砖牌，讲好金砖故事"，一是重新梳理定位更加符合"两高"的厦门旅游口号和LOGO，打造厦门旅游 VI 形象识别新体系，积极开拓俄罗斯等金砖国家旅游市场，出台航线和包机奖励政策，争取 144 小时过境政策等。这些举措对吸引国际游客效果明显。 二是借联盟平台助力开展旅游国际营销。借助"厦门全域推广联盟""中国海上丝绸之路旅游城市推广联盟""旅游城市新媒体联盟"等开展跨平台国际营销，厦门在国际上的知名度明显提升。

（五）宁波旅游业发展分析

1.宁波旅游业发展基础

宁波地处东南沿海，位于中国大陆海岸线中段，长江三角洲南翼，东有舟山群岛为天然屏障，北濒杭州湾，西接绍兴市的嵊州、新昌、上虞，南临三门湾，并与台州的三门、天台相连。宁波市陆域总面积 9816 平方千米，其中市区面积为 2461 平方千米。全市海域总面积为 8232.9 平方千米，岸线总长为 1594.4 千米，约占全省海岸线的 24%。全市共有大小岛屿 614 个，面积 262.9 平方千米。表 3-9 给出了宁波旅游业资源禀赋方面的相关情况。

表 3-9　宁波旅游业资源情况

自然资源	地形地貌	宁波地势西南高，东北低。地貌分为山脉、丘陵、盆地和平原。宁波市山脉面积占陆域的 24.9%，丘陵占 25.2%，盆地占 8.1%，平原占 40.3%
	综合自然旅游地	宁波拥多个国家级风景名胜区——国家 5A 级景区奉化溪口景区，河姆渡遗址、保国寺、东钱湖等
	海洋、水利资源	全市海域总面积为 8232.9 平方千米，岸线总长为 1594.4 千米，约占全省海岸线的 24%。全市共有大小岛屿 614 个，面积 262.9 平方千米。宁波是浙江省八大水系之一，河流有余姚江、奉化江、甬江
人文资源	名胜古迹	宁波拥有众多文化古迹，除了闻名两岸三地的溪口镇外，自然风光还有松兰山、九峰山、九龙湖、五龙潭、南溪温泉、野鹤湫旅游风景区、浙东大峡谷等也是宁波有名的生态旅游景点
节庆会展资源	节庆活动	松兰山风筝节、宁海湾旅游文化节、宁海桥头胡（东吕）杜鹃花节、余姚杨梅节等
	展会	宁波国际旅游展、宁波服装节等。2017 年全市举办各类会展项目 312 个，比上年增加 2 个。其中举办展览会 190 个，增加 2 个，展览总面积达 210 万平方米，增长 0.5%。展览面积 2 万平方米以上的大型展会数量达 20 个

续表

景区资源	A 级景区	2017 年全市 A 级景区达到 52 处，比去年增加 3 处，其中 5A 景区 1 处，4A 景区 32 处，新增 1 处，3A 及以下景区 19 处，新增 2 处
	重点景区	5A 级景区奉化溪口景区，4A 级景区东钱湖、五龙潭风景名胜区、保国寺等
旅游服务资源	酒店、宾馆	共有 122 家星级饭店和 388 家非星级饭店
	旅行社	2017 年末，拥有旅行社 3767 家，比 2008 年增加 134 家

数据来源：宁波市统计年鉴

从表 3-9 可以看出，宁波作为沿海重要旅游城市，其各类旅游资源相对比较丰富，景区资源和酒店资源均处于同类城市前列。

2. 宁波旅游业发展状况分析

从图 3-5 可以看出，近年来宁波的旅游业一直处于稳步上升发展阶段，旅游业收入总量已经达到 1700 亿元，而且旅游业总收入占 GDP 比重能够一直保持在 14%～18% 的较高水平区间，也能连年保持持续上升的趋势。这也证明了近年来宁波旅游业发展速度一直超过全市经济发展速度。

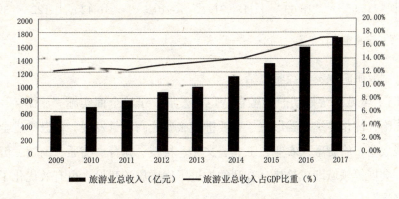

图 3-5　宁波市旅游业总收入占 GDP 比例情况（亿元）

数据来源：宁波市统计年鉴

据统计，2017年全市接待国内游客10910.25万人次，同比增长18.61%；旅游总收入1715.95亿元，同比增长18.63%。接待入境游客约186.91万人次，同比增长7.73%，实现外汇收入9.90亿美元，同比增长7.88%。

由表3-10可以看出，宁波旅游业总收入增速在2010年达到顶峰后逐年下降，但从2012年开始又重新回到较快上升阶段，游客到达人数发展趋势也是相同，国际游客数量近年来增长较为稳定，星级酒店资源也相对较为丰富。

表3-10　宁波旅游业有关情况

年度	旅游总收入（亿元）	旅游总收入同比增长率（%）	国际旅客到达人数（万人）	总旅客到达人数（万人）	总旅客到达人数同比增长率（%）	星级饭店数（个）	宾馆房间使用率（%）
2009	530.91	17.96	80.05	4042.05	13.56	43	—
2010	651.50	22.71	95.17	4719.17	16.75	54	—
2011	753.93	15.72	107.39	5288.19	12.06	76	—
2012	867.12	15.01	116.21	5864.51	10.90	87	—
2013	959.23	10.62	127.34	6353.22	8.33	98	—
2014	1068.10	11.35	139.68	7014.32	10.41	108	57.79
2015	1233.30	15.47	157.52	8077.52	15.16	114	59.07
2016	1446.44	17.28	173.49	9371.87	16.02	120	57.62
2017	1715.95	18.63	186.91	10910.3	16.42	122	59.87

数据来源：宁波市统计年鉴　　注："—"表示数据缺失。

3. 宁波旅游业发展经验总结

（1）全域旅游推动产业融合特色化发展。宁波全面实施"旅游+"深度融合战略，优化传统旅游形态，有效推进旅游业高质量发展。积极推进全域旅游发展战略，旅游融入农业、工业、文化、科技、体育、交通、商贸、健康、教育、会展等领域渐成趋势，有利的推进了优质旅游建设，也有效优化了区域"大经济"。

（2）"旅游+"综合带动效应逐渐显现。宁波以"旅游+"和"+旅游"为形式，为广大游客提供休闲、旅游、健身等丰富精彩的活动，数量众多，影响广泛，极大的提升了本地居民出游热情。4月松兰山举办风筝节、宁海湾旅游文化节、宁海桥头胡（东吕）杜鹃花节，6月宁海六一"儿童节"专旅活动，"余姚杨梅中国红"余姚杨梅节等节庆活动充分整合当地旅游资源，有效形成精力向旅游集中、政策向旅游倾斜、要素向旅游集聚的发展机制。

综上所述，宁波市的旅游业＋农业、文化、科技等方面的多元融合发展模式是最值得我们借鉴的。

二、各城市旅游业发展比较分析与经验启示

本节主要从城市发展旅游业的资源基础、旅游业总收入及其占 GDP 的比例、国际游客比例等维度对上海、深圳、杭州、青岛、宁波以及厦门等六个城市进行综合对比分析，总结各自优势与差距，以期通过比较分析青岛旅游业与其他城市相比存在的问题，找出青岛旅游业需要向其他城市学习的经验做法。

（一）景区资源分布对比分析

表 3-11 给出了六个城市景区资源对比情况：

表 3-11　各城市景区资源对比（单位：个）

年份＼城市	上海	深圳	杭州	青岛	宁波	厦门
2008	46	16	26	15	13	9
2009	50	17	29	16	16	12
2010	61	23	33	26	22	13
2011	74	29	37	33	23	14
2012	82	30	40	35	26	15
2013	88	30	42	38	29	15
2014	89	31	50	47	32	17
2015	98	33	54	59	39	19
2016	97	36	70	76	50	20
2017	99	37	91	101	52	22

从景区资源来看，上海的景区资源虽然较丰富；但增长却是落后于杭州和青岛；而厦门、深圳在景区资源方面则明显落后于其他城市，厦门的景区数量仅仅是青岛的五分之一；青岛近年来在景区资源建设上取得的进步最大，

2017 年 3A 级以上景区数量居六个城市之首。结合表 3–12 旅游总收入分析可以看出：在景区资源远远落后于青岛的情况下，深圳的旅游总收入在 2016 年前一直和青岛持平，青岛在 2017 年才开始赶超；厦门在景区数量仅占青岛五分之一的情况下，旅游收入却占到了青岛的四分之三；而宁波在景区数量仅占青岛一半的情况下，旅游收入却在近 10 年来一直超过青岛。这说明青岛的旅游资源利用效率方面还有很大的潜力可以挖掘。

　　单纯从上海的数据来看，在景区资源并不占绝对优势的情况下，上海的旅游业总收入却是远远领先于其他城市，这一点与上海旅游业大项目的拉动作用和上海会展业的发达是分不开的，作为"上合峰会"举办地的青岛，应该借助峰会的影响将会展业的发展作为旅游业发展的重要抓手。

（二）旅游总收入对比分析

　　表 3–12 为各市旅游总收入及其所占本市全年生产总值的比重。

表 3-12　旅游总收入对比（单位：亿元）

城市＼年度	杭州旅游总收入	深圳旅游总收入	上海旅游总收入	青岛旅游总收入	厦门旅游总收入	宁波旅游总收入
2008	707.2	517.83	1925.87	420.28	289.35	498.77
2009	803.1	544.24	2074.8	489.10	325.43	530.91
2010	1025.7	628.30	3400	580.04	383.89	651.50
2011	1191.0	737.21	3231.15	681.39	453.44	753.93
2012	1392.3	839.76	3650.55	807.58	539.88	867.12
2013	1603.7	961.12	2968	937.2	620.95	959.23
2014	1886.33	1091.65	3415.96	1061.1	722.09	1068.10
2015	2200.7	1244.80	3505.24	1270.0	832	1233.30
2016	2571.84	1368.66	3820	1438.7	968.26	1446.44
2017	3041.34	1485.46	4485	1640.1	1168.52	1715.95

从表 3-12 可以看出：上海旅游业总收入名列前茅，杭州仅次于上海；青岛和深圳、宁波基本处于同一水平，厦门最低。青岛虽然在近两年实现赶超略高于深圳，但与上海、杭州相比差距明显，甚至这两年都被宁波赶超。

图 3-6 给出了各市旅游业总产值占 GDP 的比重。

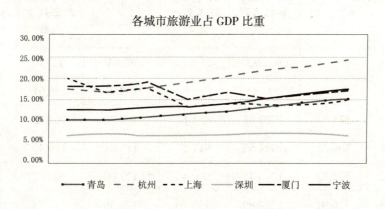

图 3-6　各市旅游业总收入占 GDP 比重（%）

数据来源：作者整理

如上图 3-6 所示，整体来看，旅游业总收入占 GDP 比重也是杭州最高，厦门次之，宁波和青岛较为接近但总保持一定差距，深圳最低。上图中厦门和上海旅游业总收入占 GDP 的比重近年来呈现下降趋势，深圳这一比重近年来基本持平，而杭州、宁波和青岛这一比重自 2010 年以后出现较为明显的上升趋势。比较来看，无论是从占比还是增长率看，杭州的旅游业发展趋势在六个城市中是最好的，其次是宁波和厦门，青岛还是处于相对落后水平，这与青岛的旅游城市定位和所拥有的景区资源不甚匹配。因此，青岛应该将杭州作为自己旅游业发展的标杆城市。

（三）国际游客对比分析

由下表 3-13 可以看出，深圳国际游客到达人数最多，上海次之，杭州和厦门虽然是第三和第四，但在总量上和年度同比增长率上也远远超过青岛，宁波的入境游客人数，甚至近几年已经赶超了青岛，青岛的旅游业国际化水平和其他五个城市相比还有较大的差距，旅游业国际化发展是青岛旅游业面临的一个重大课题。

表 3-13　国际游客人数对比（单位：万人）

城市 年度	杭州国际游客达到人数	深圳国际游客达到人数	上海国际游客到达人数	青岛国际游客到达人数	厦门国际游客到达人数	宁波国际游客到达人数
2008	—	967.22	—	80.05	123.4	—
2009	—	998.43	—	100.07	136.01	80.05
2010	275.71	1020.61	851.12	108.05	162.82	95.17
2011	306.31	1044.55	817.57	115.64	189.49	107.39
2012	331.12	1206.43	800.40	127.00	230.02	116.21
2013	316.01	1214.89	757.40	128.30	240.74	127.34
2014	326.13	1182.18	791.30	128.1	266.82	139.68
2015	341.56	1218.70	800.16	133.8	317	157.52
2016	363.22	1711.18	854.37	141.1	357.81	173.49
2017	402.23	1207	873	144.4	386.32	186.91

注："—"表示数据缺失

（四）各城市主要经验与启示

上海、深圳、杭州、厦门、宁波五市旅游业发展之所以成绩斐然，主要得益于这些城市旅游业发展创新路径中创新的理念、创新的思路、创新的战略、创新的举措，前述已进行了归纳整理，在这里不再重述。值得青岛学习借鉴的主要经验与启示概括如下。

表 3-14　五城市旅游业发展经验与启示

城市	经验与启示
上海	1. 着力建设具有全球影响力的世界著名旅游城市； 2. 着力构建大旅游产业体系，打造"处处是景，时时宜游"的都市型全域旅游新模式； 3. 着力让游客"乐游上海"，打造"精彩上海、品质之旅"城市旅游新形象； 4. 着力增强旅游投资新动能，强化旅游核心竞争力。
深圳	1. 注重弘扬改革创新精神，激发强劲的内在活力； 2. 注重旅游与文化深度融合，促进文旅产业互利共荣； 3. 注重"互联网＋旅游"，促使智慧旅游与智慧城市同频共振。
杭州	1. 坚持从"旅游城市"向"城市旅游"转变，从"市区旅游"到"大杭州旅游格局"转变； 2. 坚持"国际导向"，实施国际化发展战略； 3. 坚持"全域发展"，特色小镇建设成为新的增长点。
宁波	1. 全域旅游推动产业融合特色化发展； 2. "旅游＋"综合带动效应逐渐显现。
厦门	1. 核心景区带动，旅游全域化发展成效凸显； 2. 放大"金砖峰会"效应，实施国际化战略实现转型。

从上表 3-14 可以看出，各个城市在旅游业创新发展方面各具特色，但也有共通之处，最值得青岛学习借鉴的经验概括起来主要有以下几点：一是坚持实施"旅游＋"为核心的融合发展战略；二是坚持走全面、协调、可持续的旅游业发展之路；三是坚持注重旅游业高品质高质量发展；四是坚持国际化目标定位，建设具有全球影响力的世界著名旅游城市。这些经验做法，为青岛旅游业未来发展策略建议的提出提供了重要参考依据。

三、本章小结

依托近年来上海、深圳、杭州、厦门、宁波、青岛等城市旅游业方面的有关数据，本章首先对国内各个城市旅游业发展进行了描述性统计分析，发现各个城市的旅游业在资源禀赋、产业规模、发展经验等各方面均有其不同特点。

（1）从景区资源来看，上海的景区资源明显占有优势；但上海的景区资源的增长却是落后于杭州和青岛；而深圳、厦门在景区资源方面则明显落后于其他城市；青岛近年来在景区资源建设上面取得的进步最大。在景区资源远远落后于青岛的情况下，深圳的旅游总收入在 2016 年前一直和青岛持平，青岛在 2017 年才开始赶超；厦门在景区数量仅占青岛的五分之一的情况下，旅游收入却占到了青岛的四分之三；而宁波在景区数量仅占青岛一半的情况下，旅游收入却在近 10 年来一直高于青岛。这说明青岛的旅游资源利用效率方面还有很大的潜力可以挖掘。

单纯从上海的数据来看，在景区资源并不占绝对优势的情况下，上海的旅游业总收入却是远远领先于其他城市，这一点与上海旅游业大项目的拉动作用和上海会展业的发达是分不开的，作为"上合峰会"举办地的青岛，应该借助峰会的影响将会展业的发展作为旅游业发展的重要抓手。

（2）从旅游业产业规模看，上海旅游业总收入名列前茅，杭州仅次于上海；青岛和深圳、宁波基本处于同一水平，厦门最低。青岛虽然在近两年实现赶超略高于深圳，但与上海、杭州相比差距明显，甚至这两年被宁波赶超。

（3）从旅游业对 GDP 贡献来看，旅游业总收入占 GDP 比重也是杭州最高，厦门次之，宁波和青岛较为接近但总体保持一定差距，深圳最低。上图中厦门和上海旅游业总收入占 GDP 的比重近年来呈现下降趋势，深圳这一比重近年来基本持平，而杭州、宁波和青岛这一比重自 2010 年以后出现较为明显的上升趋势。比较来看，无论是从占比还是增长率看，杭州的旅游业发展趋势在六个城市中是最好的，其次是宁波和厦门，青岛还是处于相对落后水平，这与青岛的旅游城市定位和所拥有的景区资源不甚匹配。因此，青岛市应该将杭州作为自己旅游业发展的标杆城市。

（4）从旅游业国际化来看，深圳是国际游客到达人数最多的城市，上海次之，杭州和厦门虽然是第三、第四，但在总量上和年度同比增长率上也远远超过青岛，宁波的入境游客人数甚至近几年已经赶超了青岛，青岛的旅游业国际化水平和其他五个城市相比还有着比较大的差距，旅游业国际化发展是青岛旅游业面临的一个重大课题。

提升旅游业国际化发展水平是青岛下一步旅游业发展中必须要解决的重

要课题。

（5）从旅游业发展经验来看：各个城市在旅游业发展方面都有着各自的优势和特色，比如上海旅游业＋产业、旅游业＋文化等多元融合发展方面的经验还是最值得借鉴的；深圳在国际化和旅游业发展过程中的改革创新精神及注重旅游与文化深度融合发展的经验是最值得借鉴的；其他还有杭州的全域旅游、旅游国际化战略以及通过特色小镇建设实现旅游业多元融合发展；宁波的旅游业与农业、工业、科技等方面的多元融合发展"旅游＋"；厦门的核心带动、放大"金砖峰会"效应等。总起来看，各个城市在旅游业创新发展方面各具特色，但也有共通之处，最值得青岛学习借鉴的经验概括起来主要有以下几点：一是坚持实施"旅游＋"为核心的融合发展战略；二是坚持走全面、协调、可持续的旅游业发展之路；三是坚持注重旅游业高品质高质量发展；四是坚持国际化目标定位，建设具有全球影响力的世界著名旅游城市。这些经验做法，对青岛旅游业未来发展策略建议的提出提供了重要参考依据。

第四章 青岛旅游业发展现状与影响因素研究

旅游业的发展受自然资源与人文资源禀赋、旅游基础设施、交通基础设施、经济发展水平、政策环境、文化发展程度等多方面的影响，在进行青岛旅游业融合发展的研究中，需要从内部、外部两个层面对青岛旅游业发展现状、存在的问题以及相关影响要素进行判别分析与诊断，为青岛旅游业创新发展提供数据基础与现实依据。

按照上述的研究目的，本章的研究逻辑为：首先从资源禀赋、基础设施、市场规模、产业关联、政策特征对青岛旅游业发展现状进行系统分析，总结提炼青岛旅游业发展特征与问题；在对青岛旅游业发展历程与发展现状进行分析的基础上，基于经济与非经济的视角，剖析青岛旅游业发展的影响因素，识别影响青岛旅游业发展的关键性要素及其作用机理，为后续青岛旅游业发展多元融合与评价研究以及预测与系统仿真研究提供理论依据。

本章基于 1998~2017 年《青岛统计年鉴》《青岛市社会经济发展统计公报》和《青岛市政府工作报告》等资料获取相关数据，对青岛旅游业发展现状进行统计分析，运用灰色关联分析法建立相应指标体系，计算灰色绝对关联度，分析青岛旅游业的发展与经济因素和非经济因素的关联程度，提炼影响青岛旅游业发展的主要因素，为第五章耦合模型指标体系的建立、融合相关因素的提取奠定基础。

一、青岛旅游业发展现状分析

青岛旅游资源得天独厚，融汇齐鲁文化与欧亚海洋文化，素以"红瓦绿树、碧海蓝天"鲜明特色而独具魅力。改革开放以来，旅游业迅速兴起，基础设施日趋完善，游客数量与旅游收入快速增长，1998 年即被列入首批中国优秀旅游城市。2017 年，青岛接待游客总计达到 8808 万人次，实现旅游总收入 1653 亿元，旅游业在国民经济中的地位不断攀升。近年来，"一带一路"与"上合峰会"推动青岛旅游业进入了新一轮重大战略机遇期，青岛旅游战略管理者抢抓机遇，急需调整战略布局，优化政策环境，以推动青岛旅游业革故鼎新。本章从资源禀赋、基础设施、客流构成、收入效益、政策环境五个方面对青岛旅游业发展的现状进行了分析，为青岛旅游业创新发展研究奠定坚实的基础，为后续政策建议的提出提供理论支撑。

（一）旅游资源禀赋

青岛旅游资源数量丰富，种类齐全，有着众多的自然旅游资源和人文旅游资源。青岛市已登记旅游资源单体总数为 3617 个，其中自然旅游资源单体和人文旅游资源单体数量分别是 1117 个和 2500 个，占比分别为 30.88% 和 69.12%。

1. 旅游自然资源特征

青岛旅游自然资源特点在于滨海旅游资源丰富，青岛因海而生、向海而兴，滨海旅游资源丰富、优势突出，沿海海域、海岸、海滩、海湾、海岛得天独厚。根据国家标准《旅游资源分类、调查与评价》方法，可将青岛自然旅游资源分为 4 主类、12 亚类、15 种基本类型。

表 4-1　青岛主要自然旅游资源一览表

主类	亚类	基本类型	代表性资源名称
地文景观	综合自然旅游地	山丘旅游地	崂山、浮山、青岛山、观象山、小鱼山、信号山、榉林山、太平山、大泽山、大珠山、小珠山等
	沉积与构造	断层	灵山岛地质断裂带、崂山八仙墩等
		褶曲	灵山岛沉积岩褶曲等
	地质地貌过程形迹	岸滩	汇泉海滩、栈桥滩、八大关滩、浮山湾滩；崂山王戈庄滩、流清河滩、仰口滩、泉心湾滩；即墨黄埠沙滩；薛家岛金沙滩、银沙滩、月牙湾沙滩；灵山湾大港口滩、里岛沙滩、龙湾滩等
	自然变动遗产	火山与熔岩	太平角火山流纹岩；灵山岛火山流纹岩、火山砾岩群；竹岔岛火山流纹岩等

地文景观		海蚀地貌	崂山、大珠山、小珠山、鹤山、艾山、灵山岛海蚀地貌等
	岛礁	岛群	田横岛岛群、大小管岛岛群、大公岛、竹岔岛、灵山岛等
	岬角	岬角	团岛、汇泉角、太平角、燕儿岛、红岛、崂山头、鳌山、镇海岩、象头、绿岛嘴、钓鱼台、鱼鸣嘴等
水域风光	河流湖泊与沼泽	河流与沼泽	大沽河、胶莱河、胶河、风河、白马河、墨水河,胶州湾湿地、莱西湖湿地等
	地热与温泉	温泉	即墨温泉、藏马山温泉
	河口与海面	海湾	胶州湾、团岛湾、青岛湾、汇泉湾、太平湾、浮山湾、老龙湾、沙子口湾、流清湾、太清湾、鳌山湾、丁字湾、海西湾、前湾、唐岛湾、甘水湾、饮牛湾、灵山湾、古镇口湾、龙湾、琅琊台、棋子湾
		海水浴场	第一海水浴场、第二海水浴场、第三海水浴场、第六海水浴场、石老人海水浴场、仰口海水浴场、黄埠海水浴场、金沙滩海水浴场、灵山湾海水浴场等
生物景观	田园花卉地	田园花卉地	北宅樱桃谷、晓阳春有机茶园、慧海蓝莓园、夏庄田园、胶莱大白菜国家农业公园、玫瑰小镇、葡萄小镇、大沽河农耕体验中心等
天象	自然光现象	海市蜃楼现象多发地	青岛前海、崂山海滨、黄岛琅琊台
	天气与气候现象	避暑气候地	青岛海滨

数据来源：参考《旅游资源分类、调查与评价》方法（GB/T 18972—2003）及青岛市旅发委资料整理。

由上表可见，青岛滨海旅游资源丰富，最具特色的有以下五类。

（1）海域。青岛海域面积大于陆地且近海水域水质良好。近海水域面积13800平方千米，相对陆地面积超出2500平方千米。同时，由于区位、构造禀赋特殊，青岛不在地震带、火山区，近岸海域鲜有台风、风暴潮，适宜进行亲海旅游、休闲运动。2008年世界奥帆赛在青岛浮山湾成功举办之后，青岛便成为世界永久奥帆赛基地。

（2）海岸。青岛拥有海岸线（包括海岛岸线）的长度为816.98千米，旅游资源主要集中在基岩岬角岸、基岩砂砾质海岸，分布于前湾、大石头湾、团岛湾、浮山湾、沙子口湾、王哥庄湾、胶州湾西海岸、红岛南岸、崂山沿岸及女儿岛南岸，占整个岸线的40%，成为青岛天然旅游资源。

（3）海滩。青岛滩涂总面积375.35平方千米，旅游资源主要表现为沙质滩，分布在汇泉湾沿岸、崂山湾沿岸、灵山湾北岸、古镇口湾北岸、龙湾西南岸和王家滩湾北岸，已拥有十几片天然优质沙滩。

（4）海湾。青岛海岸线漫长曲折，四周岛屿环绕。山丘和海岸之间有许多形状各异的海湾。大小海湾49处，总面积1369.53平方千米，多为泥沙、岩礁底质，滩岸居多。最大的为胶州湾，现为446平方千米，湾内又有海西湾、黄岛前湾、红岛湾、女姑口、沧口湾等49个小海湾，自然资源丰富，停泊避风条件良好。

（5）海岛。青岛近海海域分布着大小岛屿62个，还有众多的礁石和暗礁等。岩性组成田横岛、徐福岛、小青岛、大公岛、小管岛、大管岛、小石岛、大石岛、女儿岛、老公岛、兔子岛、狮子岛、竹岔岛和麦岛、赤岛、唐岛、牛岛等，强烈的海水侵蚀及风化剥蚀塑造了景观各异的岛屿地貌。10个海岛有固定居民，其中最大岛屿灵山岛距最近的陆地大珠山5.3海里，陆地面积7.66平方，最高海拔513.6米，为国家级自然保护区。

2. 旅游人文资源特征

青岛是国家历史文化名城、中国道教发祥地，7000年以前就有人类的生存和繁衍，文化旅游资源丰富多彩。根据《旅游资源分类、调查与评价》标准，对青岛的人文旅游资源进行了划分，分为4主类、9亚类、21种基本类型（详见青岛主要人文旅游资源一览表）。

表4-2　青岛主要人文旅游资源一览表

遗址遗迹	遗址遗迹	历史事件发生地	琅琊台徐福出海处、即墨田单破燕处、田横岛五百义士殉难处
		军事遗址古战场	齐吴海战、宋金海战古战场、青岛山炮台遗址、齐长城烽火台、鱼山德军炮台

建筑与设施	综合人文旅游地	教学科研实验场所	中国海洋大学、青岛大学、中科院海洋所、国家海洋局一所、中科院黄海所、国土部海地所
		康体游乐休闲度假地	奥帆基地、银海游艇俱乐部、石老人度假区、方特梦幻王国、田横岛、凤凰岛、琅琊台
		园林游憩区域	世博园、中山公园、鲁迅公园、小鱼山公园、小青岛公园、百果山森林公园、西海岸生态观光园
		建设工程、生产地	万达东方影都、青岛海底遂道、轨道交通
		动物与植物展示地	青岛水族馆、青岛海底世界、海豚表演馆、淡水馆、海洋生物馆
		景物观赏点	电视观光塔、栈桥、小青岛、小鱼山、信号山、观象山、观海山、青岛山
	单体活动场所	展示演示场馆	上合青岛峰会会馆、中国海军博物馆、青岛海产博物馆、青岛啤酒博物馆、青岛德国总督楼旧址博物馆、青岛德国监狱旧址博物馆
	景观建筑与附属建筑	楼阁	八大关、迎宾馆、水兵俱乐部、栈桥回澜阁、小鱼山揽潮阁
		广场	汇泉广场、五四广场、音乐广场
	宗教	场所	圣米埃尔教堂、江苏路基督教堂、湛山寺、华严寺、太清宫、上清宫等
	交通建筑	港口、渡口与码头	青岛邮轮港、黄海油港、前湾港、青岛小港、胶南积米崖港、即墨柴岛港、女岛港、青岛轮渡码头、薛家岛轮渡码头、黄岛轮渡码头、董家口码头、田横岛码头、灵山岛码头、竹岔岛码头、斋堂岛码头、大管岛码头、小管岛码头
		道桥	滨海观光步行道、跨海大桥
旅游商品	商品	菜品饮食	代表菜：肉末海参、崂山菇炖鸡、原壳鲍鱼、家常烧牙片鱼、大虾烧白菜、油爆海螺、黄鱼炖豆腐、香酥鸡、酸辣鱼丸、炸蛎黄
		传统手工艺品	贝雕工艺品、草编工艺品、崂山石、机绣花边制品
		土特产	崂山绿茶、金钩海米、干海产品

续表

人文活动	人事	人物	徐福、田横、章高元、康有为、闻一多、蔡元培、梁实秋、沈从文、洪深、王统照、萧军、萧红、臧克家、舒同
		事件	齐吴海战、越王勾践迁都琅琊、徐福出海寻仙药、秦始皇三次东巡琅琊台、田横岛五百义士殉难、宋金海战、青岛建置、德国军队侵占青岛、第一次世界大战青岛战役
	民俗节庆	民俗文化	胶州大秧歌、茂腔、青岛萝卜会、海云庵糖球会、天后宫民俗庙会、青岛樱花会、红岛蛤蜊节
		旅游节庆	青岛国际啤酒节、青岛海洋节、青岛国际时装周、上合组织国家电影节、平度大泽山葡萄节、金沙滩旅游文化节、即墨田横祭海节等

参考数据：参考《旅游资源分类、调查与评价》方法（GB/T 18972—2003）及青岛市旅发委资料整理。

由上表可见，青岛人文景观较为丰富，主要可从以下六个方面进行梳理：

（1）建筑风情。青岛是我国唯一经历了两次世界大战战火洗礼的城市，曲折而特殊的历史积淀，形成了中西文化交汇、山海城相拥相融、万国特色建筑集群和"红瓦绿树、碧海蓝天"的城市风貌。在青岛旅游资源总计 3617 个单体中，占比最大的资源主类为建设与设施类，计 1938 个，占全部资源总量的 53.58%。至今，青岛市区西部仍是"红瓦绿树，碧海蓝天"的历史风貌保护区，许多欧洲风格建筑和现代名人故居被保留下来。欧亚风情、中西合璧，异域建筑种类繁多，造就了岛城独特的"东方瑞士"气质。

（2）文学艺术。青岛现有影剧院 54 处、艺术表演团体 11 个、图书馆 16 处、博物馆 8 处。在五千年华夏文明史中，青岛扮演了独特的角色，从原始社会的北辛文化、大汶口文化、龙山文化到岳石文化，有着丰富久远的文化内涵。自战国之琅琊古港，经唐宋之板桥镇，以至清末德占时期之青岛港，青岛历来为中外海运交通之要津，中、欧、日、韩文化于此交流汇聚，形成了青岛别具一格的文化特质。而至今保护完好的文化名人梁实秋故居、闻一多故居、老舍故居、沈从文故居，还有王献唐、王统照、童第周、黄公渚、洪深等文艺巨匠的遗迹，都镌刻了青岛文学艺术之繁盛。同时，青岛地区沿续了许多内涵深厚的风尚习俗和特点明显的民间非物质文化遗产资源，其中胶州大秧歌和茂腔被列为首批国家级非物质文化遗产名录，青岛海云庵糖球会、天后宫新正庙会、崂山民间故事、即墨秃尾巴老李的传说、田横祭海节等 14 个项目被列为首批省级非物质文化遗产名录；即墨柳腔和莱西吕剧、平度与黄岛区的年画和莱西的剪纸等最具代表性的民间文化资源被列为 1 十大类 27 项首批青岛市级非物质文化遗产。

（3）文物遗迹。早期的东夷族先民，创造了青岛地区最早的人类文明，留下了丰富的历史文物古迹。其中有全国重点文物保护单位六处：即墨故城遗址（东周）、齐长城遗址（东周）、天柱山摩崖石刻（东汉—北朝）、德国总督府旧址（1903—1906 年）、德国总督官邸旧址（1905—1908 年）、八大关建筑群（清、民国）。还有众多省级文物保护单位，以及众多的博物馆，既是青岛历史发展的见证，又是发展旅游事业的宝贵资源。

（4）节庆会展。青岛是 2008 北京奥运会和第 13 届残奥会帆船比赛举办城市，赛事基地奥帆中心得以保留并不断完善提升，赛事活动不断，成为一道靓丽的风景。青岛不仅是帆船之都、影视之城，还是世界啤酒之城、国际海洋名城，每年七八月份都会举办国际啤酒节、国际海洋节。青岛还是"中国品牌之都"，拥有海尔、海信、青啤等世界级国际名牌产品，许多工商业企业和商务会展与旅游相结合而变身为新兴旅游资源。

（5）民族宗教。除汉族外，青岛还有满、回、朝鲜、壮、蒙古族等少数民族，属少数民族散杂居地区。青岛有佛教、道教、伊斯兰教、天主教、基督教五大宗教。建有寺庙 5 座、道观 15 座、教堂 10 座、清真寺 1 座，其中圣弥厄尔天主教堂、江苏路基督教堂、湛山寺、华严寺、太清宫、上清宫已成为独具特色的重要旅游资源。

（6）科技教育。青岛是国际海洋科研教育中心，驻有中国海洋大学、中国石油大学（华东校区）、山东大学（青岛校区）、中科院海洋所等知名高校和科研院所，这些科研教育机构成为高品质的重要人文旅游资源。

3. 旅游资源空间分布

青岛旅游资源空间分布不均衡是明显短板。青岛 3617 个旅游资源单体中，优良级资源为 1368 个，占全部资源的 37.82%。这一部分优良级旅游资源在地域上主要分布于市南区、崂山区、黄岛区的沿海一线地带，这一地带汇集了海岛沙滩等自然资源，同时也是遗址遗迹等人文资源的主要聚集区，其中仅市南区优良资源单体量达 586 个，占全部优良资源的 42.84%。如表 4-3 所示。

表 4-3　青岛各区市游资源单体数量分布统计表

区市	旅游资源单体数量（个）	占旅游资源单体数量比率（%）	优良级旅游资源单体数量（个）	占优良级旅游资源单体数量比率（%）
市南区	896	24.77	586	42.84
市北区	313	8.65	139	10.16
崂山区	664	18.36	222	16.23
李沧区	60	1.66	27	1.97
城阳区	224	6.19	11	0.80
黄岛区	407	11.25	144	10.53
即墨区	406	11.22	79	5.93
胶州市	106	2.93	18	1.32
平度市	465	12.86	130	9.50
莱西市	76	2.10	12	0.88
合计	3617	100.00	1368	100.00

资料来源：青岛市旅发委。

4. 旅游景区特征

旅游景区既是主要旅游载体，也是旅游业发展的重要支撑。青岛现有 A 级旅游景区共 123 处，其中 5A 级旅游景区 1 处，4A 级旅游景区 24 处，3A 级旅游景区 76 处，2A 级旅游景区 21 处，1A 级旅游景区 1 处。

（1）青岛 A 级旅游景区地理分布。青岛目前唯一 5A 级旅游景区——崂山风景名胜区。24 处 4A 级旅游景区，除平度店子镇杨家村的茶山风景区外，23 处位于沿海地区，占 96%。其中，市南区 4 处、市北区 2 处、李沧区 2 处、崂山区 3 处、黄岛区 8 处、城阳区 2 处、即墨区 1 处、胶州市 1 处、平度市 1 处。76 处 3A 级旅游景区，63 处位于沿海地区，占 83%。21 处 2A 级旅游景区，

14处位于沿海地区，占67%。其中，市南区2处、李沧区1处、崂山区1处、黄岛区8处、即墨区1处、胶州市1处、莱西市7处。唯一1处1A级旅游景区——灵山风景区，位于即墨区灵山镇，如表4-4所示。

表4-4 青岛A级景区区位分布一览表 （单位：处）

区位 / 景区	5A	4A	3A	2A	1A	合计
市南区	0	4	8	2	0	14
市北区	0	2	6	0	0	8
李沧区	0	2	3	1	0	6
崂山区	1	3	10	1	0	15
城阳区	0	2	8	0	0	10
黄岛区	0	8	7	8	0	23
即墨区	0	1	13	1	1	16
胶州市	0	1	8	1	0	10
平度市	0	1	6	0	0	7
莱西市	0	0	7	7	0	14
合计	1	24	76	21	1	123

（2）青岛A级旅游景区资源属性。青岛现有123处A级旅游景区中，自然景观类旅游景区共64处，占比52%；人文景观类旅游景区共59处，占比48%。青岛目前唯一5A级旅游景区——崂山风景名胜区属自然类景区；24处4A级旅游景区中，自然景观类旅游景区和人文景观类旅游景区各12处，平分秋色；76处3A级旅游景区中，39处自然景观类旅游景区，37处人文景观类旅游景区，分别占51%、49%；21处2A级旅游景区中，11处自然景观类旅游景区，10处人文景观类旅游景区，分别占52%、48%；唯一1A级旅游景区——灵山风景区，属自然景观类旅游景区。

（3）青岛A级旅游景区缺陷。与青岛丰厚的旅游资源相比，青岛现有123处A级旅游景区中，自然景观类旅游景区共64处，仅占自然景观类旅游资源单体1117个的5.9%，59处人文景观类旅游景区仅占人文景观类旅游资源单体2500个的2.4%。这一方面说明，青岛丰厚的旅游资源待开发潜力巨大，前景广阔；另一方面说明，青岛丰厚的旅游资源优势绝大部分并没有有效转化为产业优势，认识发掘明显不足，尤其是人文景观类旅游资源开发转化差距更大，做好旅游与文化融合发展的文章需要下更大气力。另外，青岛A级旅游景区目前大多集中在沿海一线，布局不甚平衡，说明内陆广大的乡村旅游资源与景区（点）培育与开发亟待加强。

（二）旅游基础设施

交通、酒店及旅行社等基础设施是辅助服务旅游业发育发展的必要条件，也是衡量一个地区旅游业综合竞争力的基础性要素。青岛旅游业基础设施总体特征是：持续提升、配套优良、能级较高、空间广阔，具备旅游业向统筹发展、更大发展、创新发展、高质量发展的支持支撑能力，当然也有需要拉长的短板。

1.青岛旅游交通体系

近年来，青岛立足国家东部沿海重要中心城市、"一带一路"新亚欧大陆桥经济走廊主要节点城市和东北亚海上合作战略支点的城市定位，致力建设现代化国际大都市这一总目标，空港、海港、铁路、公路四大骨干与城市交通系统紧密衔接，构成的综合交通网路，成为全国42个综合交通枢纽城市之一，对旅游业发展的支撑和带动作用越来越强。2017年，青岛客运总量（不含市内轨道交通、公交、出租和私家车运营量）13643.3万人次，其中海运旅客215万人次、公路客运4534万人次、铁路客运量6573.2万人次、空运旅客2321.1万人次，分别占比1.58%、33.23%、48.18%、17.01%。

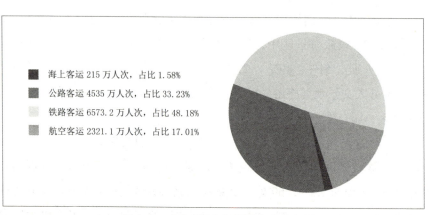

■ 海上客运 215 万人次，占比 1.58%
■ 公路客运 4535 万人次，占比 33.23%
■ 铁路客运 6573.2 万人次，占比 48.18%
■ 航空客运 2321.1 万人次，占比 17.01%

图 4-1　青岛 2017 年客运构成特征图

（1）海运。青岛是全国沿海综合运输体系的重要枢纽。青岛沿海共有21处客运码头，2017年，海运旅客215万人次。青岛港已成为世界第八大港，其前湾港区自动化装卸日益完善，董家口港区建成亿吨港区，2017年港口、集装箱吞吐量分别完成5.1亿吨、1831万标箱，均位居全国沿海港口第5位。为适应旅游业发展需要，青岛港老港区打造成为青岛国际邮轮母港。2017年，青岛邮轮母港共计运营邮轮95个航次，接待出入境游客10.9万人次，分别比上年增长21%、27%，居上海、天津、广州、厦门、深圳之后，排名全国第6位。

（2）陆运。城际交通运行大幅提速，市域一小时旅游圈基本形成。建成胶州湾隧道、胶州湾大桥、青龙高速等公路新改建项目。至2017年底，公路通车总里程16151千米，其中高速公路里程达到818千米，国省道和一级公路里程分别达到3035.2千米和1123.2千米。高速和国省道里程分别居副省级城市第3位、第2位。建成海青铁路、铁路青岛北客站、青荣城际铁路等铁路项目；济青高铁、青连铁路、潍莱高铁等重大铁路项目年内开通运营，铁路总里程已达403千米，从青岛到北京、上海将分别由原来动车5小时、7小时缩短至2小时、4小时。市域内实施公共交通优先发展战略，至2017年底，中心城区拥有常规公交车8677标台，万人公交车辆保有量24.3标台；公交线路和线网总长度分别是370条和2220千米；公共交通日均客运量和机动化出行分担率分别达到272.9万人次和53%；规划轨道交通线路18条（含2条支线），3号线于2016年全线开通运营，2号线东段于2017年开通运营，青岛迎来轨道交通时代。

（3）空运。青岛机场国内空中快线与国际中远程航线辐射带动效应日益增强。青岛机场与国内81个机场通航，已拥有国内航线157条；拥有国际航线27条，形成了面向日韩、连接东南业、通达欧美澳的航线网络布局。2017年，机场旅客吞吐量同比增长13.19%。日韩门户机场地位凸显，日韩航班已形成较为成熟稳固的快线化运营模式，发展成为国内至日韩地区的空中主通道之一，2017年，韩国旅客吞吐量全国排名第二，日本旅客吞吐量全国排名第六。洲际网络发展显著，青岛机场已开通了直达法兰克福、旧金山、墨尔本、温哥华、莫斯科、悉尼、伦敦、洛杉矶等8条洲际直航航线，位居全国副省级城市第4位。为满足旅客出行对航空选择日益增长的需求，青岛市2015年启动了新机场青岛胶东国际机场建设，工程概算381.75亿元，2019年投入运营，设计运行等级为4F最高等级，可起降空客A380、波音747-800等目前最大机型，可满足年旅客吞吐量6000万人次的需求。

（4）短板。全国性综合交通枢纽功能不强，港口、铁路、公路集疏运体系仍不完善；航空洲际航线、客源市场相对不成熟，开发难度较大，运营能力有待提高；区域交通网络不够完善，难以有效发挥区域龙头带动辐射作用；济青通道能力几近饱和，青－烟－威日通道能力相对薄弱；铁路客运站布局集中在东岸城区，北岸和西岸城区缺少大型客运站；国省道路网部分路段交通拥挤，农村公路技术等级不高，公路信息化发展较慢；城市公共交通特别是轨道交通发展滞后，尚难以有效支撑打造宜居宜业的现代化国际大都市，亟待进一步完善提升。

2.青岛旅游接待设施

酒店是旅游业发展的重要基础，旅行社则是旅游业服务供给系统的中心，都是一个地区旅游业综合竞争力的支撑性要素。纵观近年来青岛酒店及旅行社等基础设施不断发展，规模持续扩大，尤其是服务水平不断提升。

（1）近年来青岛星级酒店数量在减少、质量在提升。据统计，截至2017年底，青岛地区共有酒店873家，比2008年增加161家；其中，星级酒店104家，比2008年总量减少39家；三星级酒店64家，比2008年减少7家；二星级酒店4家，比2008年减少45家；但其中五星级酒店增加4家，已达到10家；四星级酒店增加9家，已达26家。从接待能力看，截至2017年底，青岛星级酒店拥有客房总数23161间，反而比2008年增加5330间。

表4-5　青岛星级酒店量变一览表

星级 年份	五星级 （家）	四星级 （家）	三星级 （家）	二星级及 以下(家)	酒店总数 （家）	客房总数 （间）
2008	6	17	71	49	143	17831
2017	10	26	64	4	104	23161

另外，各个区市的星级酒店情况由各自的经济发展水平所决定。市南区作为行政、旅游、商贸中心，拥有数量最多的星级酒店。就五星酒店而言，10家五星级酒店中 5 家在市南，市北区仅 1 家、崂山区与城阳区各 2 家；青岛市区与下辖市相比有明显优势。

表 4-6　青岛星级酒店分布情况一览表（单位：家）

	五星级	四星级	三星级	二星级	一星级	合计
市南区	5	10	14	1	0	30
市北区	1	0	7	1	0	9
李沧区	0	1	4	0	0	5
崂山区	2	1	4	0	0	7
城阳区	2	4	5	0	0	1
黄岛区	0	6	14	0	0	0
即墨区	0	1	4	0	0	5
胶州市	0	1	5	1	0	7
平度市	0	1	5	0	0	7
莱西市	0	1	2	0	0	3
合计	10	26	64	4	0	0

（2）近年来青岛旅行社发展呈现国际化、小型化、两极化特征。据统计，截至 2017 年底，青岛地区共有旅行社 504 家，比 2008 年增加 192 家，增长61.5%；其中经营出境旅游业务的国际旅行社 52 家，比 2008 年增加 29 家，增长 126.1%；经营入境和国内旅游业务的旅行社 452 家，比 2008 年增加 153 家，增长 51.2%。

经营出境旅游业务的旅行社日益规模化、集团化、国际连锁化，青岛已有7 家经营出境旅游业务的旅行社进入全国百强旅行社行列，有 8 家被评定为国家 5A 级旅行社、11 家被评定为国家 4A 级旅行社、42 家被评定为国家 3A 级旅行社。而经营国内旅游业务的旅行社特别是近年来新注册的旅行社更多呈现小型化特征，这与近年来旅游者越来越大众化、平民化、散客化，旅游目的越来越随机化、自由化、特色化，选择服务方式越来越网络化、自助化、个性化等旅游新趋势有极强的关联性。

（3）青岛酒店及旅行社等最大短板在于适应旅游业发展新趋势有缺位。

青岛星级酒店中二星级和三星级占总数量比例为80.8%，四星级和五星级占比为18.5%，一星级占比为0.7%。由此可见，青岛面对低消费群体的酒店供给不足，难以满足全部消费群体的需求。青岛旅行社发展虽已呈现国际化、小型化两极化特征，但对旅游市场的细分化、旅游产品供给的精品化、旅游服务供给的精细化尚有欠缺，规模、实力、竞争力都需要激励和加强。

（三）旅游市场规模分析

近些年，我国正处于城市化快速发展时期，随着综合国力持续增强、国民收入水平不断提升，民众消费需求的大众化、多样化为旅游业繁荣创造了新的契机。2017年，青岛全年共接待国内外游客8816.5万人次，是2008年的2.54倍，10年年均增长10.10%。客流特征主要表现为以下几个方面。

1.青岛旅游客源地特征

以国境为标准划分，青岛客源地市场可以划分成国内客源市场以及国外客源市场。青岛国内客源市场占主导。2017年，青岛全年共接待国内游客8672.1万人次，占总量的98.36%；国外游客144.4万人次，仅占总量的1.64%；且国内游客、国外游客分别是2008年的2.56倍、1.8倍，十年年均增长分别为10.28%、2.93%。这说明，近些年青岛国内旅游的内需型增长更加稳健。另据细分市场资料表明，来青旅游的国内客源，过去主要来自山东省内和周边地区，现已扩大覆盖至全境。2017年来青国内客流占比1%以上的省区市达到21个；在省外游客中，排名前六位的依次是北京、江苏、辽宁、浙江、上海和广东。由此可见，青岛主要客源地为沿海经济发达省份。

表4-7 2008-2017年青岛游客流量一览表

年份 份额	总量		国内游客		入境游客	
	数额（万人次）	比上年增减（%）	数额（万人次）	比上年增减（%）	数额（万人次）	比上年增减（%）
2008	3469.58	3.1	3389.53	4.0	80.05	−26.4
2009	4003.47	15.4	3903.40	15.2	100.07	24.9

2010	4504.7	12.5	4396.65	12.6	108.05	8.0
2011	5071.75	12.6	4956.11	12.7	115.64	7.0
2012	5717.5	12.6	5590.5	12.8	127.00	9.8
2013	6289.6	10.0	6161.3	10.2	128.30	1.0
2014	6843.9	8.8	6715.9	8.9	128.1	−0.16
2015	7455.8	8.9	7322.0	9.0	133.8	4.5
2016	8081.1	7.1	7940.1	8.4	141.1	5.4
2017	8816.5	9.1	8672.1	9.2	144.4	4.1

表 4-8　2017 年青岛国内游客客源地分布一览表

客源地	百分比	客源地	百分比
山东	35.37	湖北	1.62
北京	7.12	湖南	1.48
江苏	6.51	江西	1.45
辽宁	5.63	福建	1.15
浙江	5.52	云南	1.03
上海	4.55	甘肃	0.73
广东	4.0	广西	0.70
黑龙江	2.94	重庆	0.64
河北	2.73	青海	0.64
吉林	2.62	贵州	0.47
天津	2.39	海南	0.45
陕西	1.99	内蒙古	0.38
河南	1.90	新疆	0.23
四川	1.88	宁夏	0.15
安徽	1.86	西藏	0.09
山西	1.80		

在入境客源市场中，日本和韩国一直是青岛主要的国外客源市场，现已扩大至美、俄、德、英、法等国。

2.青岛细分旅游市场特征

青岛游客目的以"观光/游览"为主，"休闲/度假"者越来越多。2017年，青岛国内游客（含本地一日游）中，"观光／游览"的游客占比为 37.13%，"休闲／度假"的游客占比为 29.67%。另有 14.56% 的游客以"商务旅行"为目的，11.11% 的游客是为了"探亲访友"，以"文化／体育／科技交流""购物""会议"为目的国内游客分别占到 2.30%、1.80% 和 1.46%，其他 1.97%。其中"休闲／度假"为目的的游客 2573.01 万人次，比 2008 年增加 1712.39 万人次，占比增加 4.28%。

3.青岛旅游客流季节特征

青岛旅游客流以夏季为主，节假日明显聚集。2017 年，青岛一、二、三、四季度分别接待国内外游客 1271.4 万人次、2309 万人次、3322.4 万人次、1913.5 万人次，4 至 9 月份共接待国内外游客 5631.4 万人次，占全年总量的 63.9%。2017 年，"国庆"和"中秋"双节并联，8 天假日青岛共接待游客 790 万人次，日均 98.75 万人次，并在 10 月 3 日迎来客流小高峰，多达 108 万人次，是全年平均日客流量 24.1 万人次的近 5 倍，如图 4-2 所示。

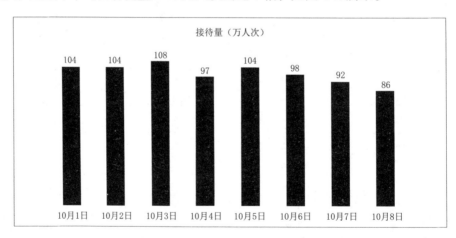

图 4-2　2017 国庆中秋期间来青旅游客流日变图

4.青岛旅游客流短板

青岛旅游客流最明显的短板是入境游客占比较低。前述已表明，2017 年来青入境游客仅占总量的 1.64%，比上海、北京、深圳、杭州等城市有较大差距，与青岛丰厚的旅游资源、已经迈入现代化国际大都市行列的地位也不相称，应充分发挥并不断扩大"上合峰会"的带动效应，切实办好世界旅游城市青岛峰会，加大国际营销力度，推动青岛旅游业高质量发展。

（四）旅游产业关联分析

近年来，青岛旅游业发展势头强劲，作为国民经济的新增长点在整个经济社会发展中的作用日益显现，已成为国民经济的重要支柱产业、第三产业的主力军，旅游收入保持着较高的年均增长率。2017 年，青岛旅游业总收入达1640.1 亿元，是 2008 年的 3.9 倍，十年年均增长 15.14%。

1. 青岛旅游业增速情况

2017 年，青岛实现国内生产总值 11037.28 亿元，是 2008 年的 2.5 倍，十年年均增长 11.29%；其中第三产业增加值 6110.10 亿元，是 2008 年的 3.1 倍，十年年均增长 14.13%。旅游业收入增速分别比国民经济收入、第三产业增加值高出 3.85 个百分点和 1.01 个百分点，如图 4-3 所示。

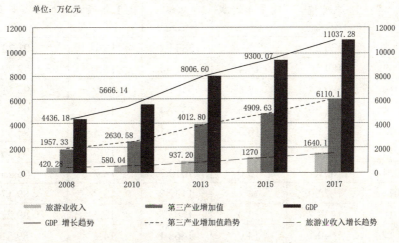

图 4-3　青岛旅游业与第三产业国民经济收入增长示意图

2. 青岛旅游业产业地位

2017 年，青岛旅游业总收入占全市第三产业增加值的比重为 26.84%，比 2008 年的 21.47% 高出 5.37 个百分点；占全市国内生产总值的比重为14.86%，比 2008 年时的 9.47% 高出 5.39 个百分点，如表 4-9 所示。

表4-9　青岛旅游业与第三产业、国民经济收入关联表

	2008	2009	2010	2011	2012	2013	2014	2015	2016	2017
旅游业收入占第三产业增加值比重（%）	21.47	22.13	22.05	21.57	22.59	23.36	23.86	25.87	26.26	26.84
旅游业收入占GDP比重（%）	9.47	10.00	10.23	10.30	11.06	11.71	12.21	13.66	14.37	14.86

3. 青岛旅游业收入结构分析

2017 年，青岛旅游业总收入中国内游客消费收入达 1468.1 亿元，占旅游业总收入的 89.51%；是 2008 年的 3.8 倍，十年年均增长 15.41%，逐年持续稳定快速增长，如表 4-10 所示。

表4-10　青岛旅游业国内游客消费收入一览表

年份	总收入		国内收入		国内收入占总收入的比重（%）
	绝对值（亿元）	比上年增减（%）	总额（亿元）	比上年增减（%）	
2008	420.28	5	385.52	10.1	91.73
2009	489.10	16.4	451.40	17.1	92.29
2010	580.04	18.6	540.07	19.6	93.11
2011	681.39	17.5	637.34	18.0	93.56
2012	807.58	18.5	755.51	18.5	93.55
2013	937.2	16.1	886.1	17.3	94.55
2014	1061.1	15.0	1010.7	15.7	95.25
2015	1270.0	14.1	1132.5	13.8	89.17
2016	1438.7	13.3	1283.6	13.3	89.22
2017	1640.1	14.0	1468.1	14.4	89.51

青岛旅游业收入构成中入境游客消费收入占比低且不稳定是最明显的短板。2017 年，青岛旅游业总收入中入境游客消费收入 10.2 亿美元，占旅游业总收入的 10.49%；是 2008 年的 2 倍，十年年均增长 4.21%，增速低于国内游客消费 11 个百分点，且不同年份有波动、不稳定，2008 年、2014 年出现负增长（附表）。

表4-11　青岛旅游业入境游客消费收入一览表

份额 年份	入境游客消费收入 （亿元）	比上年增减（％）	占总收入的比重（％）
2008	5	−25.9	8.27
2009	5.52	10.3	7.71
2010	6.01	8.9	6.89
2011	6.89	14.7	6.44
2012	8.25	19.6	6.45
2013	8.3	0.1	5.45
2014	8.2	−1.2	4.75
2015	9.18	11.6	10.83
2016	9.8	5.4	10.78
2017	10.2	4.1	10.49

（五）旅游业发展基本策略

旅游业发展与国际大环境、国家宏观政策、地方具体政策措施都有很强的关联度，由于从国家到地方不同时期往往都会采取不同的策略，形成旅游业发展阶段性特征。本书重点截取2008年以来至2017年十年间，即新一轮国际金融危机爆发以来，全球经济结构性调整、恢复性增长、区域竞争更加激烈的大背景下，对青岛旅游业发展策略特征进行了具体分析归纳，主要有以下几个方面。

1.战略规划逐步转型提升

2008年、2009年，青岛旅游业主要目标是"担当全市保增长重任"，积极应对国际金融危机，旅游业逐渐恢复性增长。此后，青岛结合"十二五"、"十三五"规划，制订实施旅游业发展战略规划，2010年确立"大旅游产业"发展战略定位；2011年提出"建设国际海滨休闲度假名城"的发展目标；2012年提出"打造国际化旅游目的地城市"的发展目标；2013年进一步提出按照"全方位、全要素、全时空打造国际化旅游目的地城市"的目标要求；2014年坚持以改革促发展、以转型促升级、以创新促提升；2015年开始由"旅游城市"向"城市旅游"跨越；2016年适应新常态、深化旅游综合改革以及加快旅游产业转型升级；2017年以建设现代化国际大都市为总目标，紧抓创

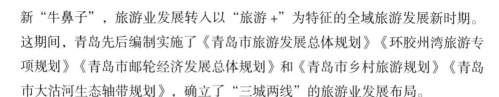

新"牛鼻子",旅游业发展转入以"旅游+"为特征的全域旅游发展新时期。这期间,青岛先后编制实施了《青岛市旅游发展总体规划》《环胶州湾旅游专项规划》《青岛市邮轮经济发展总体规划》和《青岛市乡村旅游规划》《青岛市大沽河生态轴带规划》,确立了"三城两线"的旅游业发展布局。

2. 制度性政策逐步完善

2011年,《青岛市旅游条例》颁布施行,标志着青岛地方性旅游法律体系建立。同时,青岛制定实施了《旅游标准化工作发展专项规划》。2012年,青岛旅游标准化试点创建成效显著,被命名为首批"全国旅游标准化示范城市"。2013年4月3日,青岛市委、市政府召开了高规格的全市加快旅游业发展大会,制定出台了《关于加快旅游业率先科学发展若干政策的意见》和《海洋旅游发展纲要(2013—2016)》,着重从破解瓶颈制约、促进高端发展、坚持创新驱动、注重服务保障四个方面加大了旅游业发展政策资金扶持力度,突出了政策措施的针对性和可操作性。随后,还制发了《关于加快促进乡村旅游发展的意见》,进一步强化政策配套,推动乡村旅游转型升级。2015年,青岛印发了《关于加快海洋休闲旅游改革创新发展的意见》,提出了青岛旅游业创新发展的指导性意见。同时,为进一步拉动旅游投资和消费,印发了《关于贯彻落实国办发〔2015〕62号文件进一步促进旅游投资和消费的实施意见》和《关于加快发展旅游公共服务的实施意见》。同年,青岛成为72小时过境免签城市,进一步成为国际化旅游目的地。2016年,青岛制定印发了《国家级旅游业改革创新先行区建设实施方案》《青岛市建设中国邮轮旅游发展试验区实施方案》,组建了市旅游集团。2017年以来,按照我国新发展理念和更加注重效益的高质量发展新要求,青岛下发了《关于改革完善旅游发展工作体制机制的通知》,决定撤销市旅游局,组建市旅发委,健全完善了市旅游领导小组及办公室议事规则和协调配合机制,强化了综合、协调、指导、督办职能,并推动建立上下承接贯通的体制机制。

3. 投资新建一批重点旅游项目

2009年,青岛确定了51个总投资623亿元的重点旅游项目,其中,宝龙广场、万达广场、红酒坊、劈柴院风情街等19个项目当年完工。2010年,重点推进了总投资896亿元的72个旅游大项目，其中胶州少海南湖、百丽广场、银海净雅酒店、葡萄酒博物馆、平度茶山景区等12个项目当年竣工。2011年，共确定重点旅游大项目77个，总投资1280亿元。其中港中旅海泉湾一期、华强文化科技园一期、国际温泉会展度假城、青岛民俗馆、宝龙喜来登酒店、栈桥奥特莱斯广场、熙景温泉酒店、海都酒店、凯宾斯基、玉皇山滑雪场等19个项目当年投入使用。2012年，总投资400亿元，全力推进了81个旅游大项目建设，施工建设了"千万平米旅游休闲度假及会展设施"，今典红树林度假会展、百果山片区综合开发、小珠山综合开发、四季酒店、玉皇山滑雪场、海军博物馆、石老人生态旅游健身区等16个项目竣工并投入使用；邮轮母港启动区等18个项目开工建设。2013年，共梳理确定旅游大项目139个，计划总投资2800亿元，青岛国际邮轮母港码头主体工程正式通过验收，金沙滩希尔顿酒店等12个项目主体竣工。2014年，继续推进既定的139个重点旅游项目，当年完成投资113.44亿元。2015年，推进总规划投资额3千亿元的共计80个旅游项目建设，邮轮母港正式运营，青岛进入邮轮时代。2016年，青岛针对发展"蓝、高、新"产业创立10亿元的旅游产业发展基金。截至2017年底，80个旅游重点项目中的58个项目实现开工建设，投资额已达1628亿元。

4.注重旅游公共服务体系建设

青岛是国家智慧城市先行区，2017年电信业务总量255亿元，快递业务量3.11亿件，固定宽带互联网用户369.3万户，3G/4G移动用户790.1万户，3A级以上旅游景区和酒店已实现了WLAN全覆盖。从2009年开始，青岛旅游主管部门就启动了"互联网＋旅游"现代信息服务系统建设，聘请专家经过多次调研论证，制订实施了集旅游指挥调度、投诉、应急处置、市场营销、商务预定以及信息咨询、采集与动态发布等功能于一体的旅游信息服务系统建设方案，着力推进基于互联网等现代信息技术、以智慧管理、智慧营销、智慧服务为内容的旅游公共服务体系。几年来，逐年投入，设立旅游服务热线"12301"接听热线电话方便广大市民和游客，具备提供中、英、日、韩4种语言的旅游信息咨询和投诉转接服务能力，创新建立了"青岛一日游"超市运作模式，完成了"智游青岛"移动客户端开发、"青岛旅游微信公众号"后台功能升级、

"青岛旅游执法 e 通"建设，设置高速公路旅游导向牌共计 368 块，完善了由 1 处主中心、17 处分中心、37 家咨询中心、230 块电子触摸屏构成的旅游集散服务体系。全面推进景区厕所革命，新建改造旅游厕所 703 座，不断改善了旅游环境。围绕旅游业高质量发展，组织开展了"文明旅游，从自我做起"活动，集中开展了本地旅游消费市场秩序整治活动，建立实施了出境文明旅游督导、回访制度，编制出台了《青岛市导游服务规范》《青岛市主题酒店评定标准》，对旅游从业人员和酒店行业加强规范管理，构建旅游行业安全责任网络体系，营造共享健康文明安全幸福旅游的良好社会氛围。

5. 开展一系列推介营销活动

在主题策划方面，青岛设计推出了城市旅游主题形象 LOGO，创办了《爱旅游》杂志，开展了《故事青岛》旅游纪录片创制，编辑出版《追梦青岛》旅游宣传书、邀请知名漫画作者绘制出版《手绘青岛》、定制《漫步青岛》特色旅游地图全球发放；先后推出了"爱旅游·爱青岛""奥帆之都·多彩青岛""红瓦绿树、碧海蓝天·追梦青岛"等主题促销活动。在国内市场开拓过程中，赴西北、东北、西南、华中、长三角等五大市场 35 个城市开展了专题推介活动；在国际市场，组织开展了针对韩国、日本、俄罗斯等大型推介会，参加了美、加、澳等 10 余场国际知名旅游博览会，与日本、韩国和"一带一路" 19 个国家、69 个城市旅游机构签署了旅游友好合作协议。借助媒体力量扩大影响，在中央电视台、中国旅游报、财经日报、人民网、乐途旅游网、凤凰卫视、韩国 KTX 杂志、香港翡翠、台湾东森等主流媒体连续投放青岛旅游形象广告和旅游产品宣传片，与百度、谷歌、携程等签署战略合作协议，并完成青岛旅游海外自媒体整体上线，利用青岛旅游信息网、官方微博、微信、短信平台等开展综合营销。不断创新营销手段，借助"青岛号"帆船环球航行，加强与沿线国家互联互通与旅游合作；还将青岛"旅游一卡通"、旅游惠民月范围扩大至全国，首款城市旅游类手游"掌游青岛"开放公测，进一步展示了青岛城市魅力。以会推介提升城市旅游竞争力，先后举办了世界园艺博览会、世界休体大会、世界摄影大会、世界休闲高峰论坛、亚太旅游博览会和中国新媒体旅游营销青岛峰会、全国工业旅游创新大会等。2018 年 6 月 8 日至 10 日，"上海合作组织青岛峰会"在浮山湾青岛世界帆船基地的国际会议中心成功举行，极大提升了青岛国际影响力和美誉度，带动效应极为显著，峰会后青岛旅游热潮滚滚而来。2018年9月"世界旅游城市联合会2018香山旅游峰会"在青岛召开。

6.青岛旅游业发展策略不足之处

青岛旅游业发展策略不足之处主要在于，总体的旅游发展规划缺乏促进旅游业与经济、文化、生态、城市化等各方面多元融合发展的政策措施，推动旅游业突破现阶段发展瓶颈、实现转型升级的系统动力学研究应用不够，旅游人才队伍建设也不够有力，总的来看，近年来，青岛旅游业主管部门和各个层面付出了极大努力，发展策略有许多可取之处，成效显著。但目前青岛旅游业态中多年不变的传统项目居多，仍缺少像杭州西湖、深圳华侨城、上海迪士尼等有世界影响力的大项目，在服务体系、宣传营销、体制机制方面也都还有可改进之处。尤其是旅游市场的竞争根本在于人才的竞争，培养一批优秀的具有现代理论和实际操作技能的专门人才势在必行。现在，青岛的旅游人才总量不足，尤其从事旅游区域规划、高端项目策划组织、系统工程设计等方面的专业人才更是稀少，从策略层面加大人才的培养力度，会起到纲举目张的作用，有助于增强青岛旅游业的综合竞争力，特别是有助于为开拓入境旅游市场发展创造内生新动能。另外，旅游旺季前海一线拥堵较重、"天价虾、天价蟹"现象时有发生，暴露出城市管理方面的缺失，应深入研究分析，制定更加科学的发展策略。

二、青岛旅游业发展经济影响要素分析

（一）理论分析

1.理论研究

旅游影响因素的研究是旅游业发展研究的核心内容之一，同时也是国内外旅游产业研究中的重要领域。

（1）国内理论研究。随着旅游业对经济发展的带动作用的不断提高，旅游业的发展可以有效地促进区域经济的发展。中国许多学者对影响旅游经济增长的各种因素进行了大量研究，试图为探索如何有效发展旅游经济提供依据。

国内在旅游产业发展影响因素研究方面主要运用定性方法构建模型来分

析。从旅游系统的空间结构来看，影响旅游业发展的因素主要为旅游资源、交通情况、住宿情况、旅游基础设施和支持设施。从旅游质量管理的角度入手，旅游资源管理水平和旅游服务质量是影响区域旅游质量的主要因素。引导我国旅游业发展的因素从社会层面分类的角度入手主要包括三个方面：需求、投入及其他因素，其中资本、劳动及知识、制度因素是投入的主要内容。另外人力资源、物资、交通状况、技术服务水平以及投入程度则是根据区域旅游产业相关内容分析影响旅游经济发展的五个影响因素。需求、政府、个人、政治经济因素则是从宏观的角度入手去研究影响旅游业发展的因素。根据计量模型来分析，影响旅游业发展的主要因素是旅游收入、人均国民收入、旅游资源量、旅游相关行业就业人员等。从旅游资源状况入手，主要因素是旅游资源饱和度、经济发展状况、旅游服务设施、旅游经济贡献程度等。总体来说，区域旅游产业的持续发展是极其复杂的演变过程，影响城市旅游产业发展的主要因素是内部持续发展和外部政策的支持。同时国内学者提出旅游资源饱和度、旅游流入地经济状况、区域经济政治因素等是影响区域旅游经济发展水平的关键因素。从客源地情况入手，同时客源地人口规模、收入水平、旅游资源状况等也是主要影响因素。同时，按照旅游目的地的研究标准，旅游地点的选择、当地价格水平、消费者取向、广告宣传等影响因素近年来的影响力也逐步上升。结合我国国情，通过系统性分析和归纳，目前大致有两种分类方法是国内学者普遍认同的，分类如下。

①按宏微观的标准可将影响因素分为社会因素和个人因素。其中社会因素又分为人口因素、经济因素、社会文化因素、政治法律因素、旅游供给因素、特殊事件；个人因素主要包括个人可支配收入、可自由支配时间、旅游成本、旅游人员的旅游动机、旅行偏好以及消费意识等因素。

②按旅游者流向可将影响因素大致分为客源地因素、目的地因素、媒介因素。客源地因素又分为人口特征、客源地经济发展水平、消费行为习惯、文化观念、民族性格、政治体制；目的地因素又分为旅游地经济情况、汇率、旅游地旅游产品价格、旅游资源质量、区域旅游供给状况、配套设施的完善程度、安全、特殊事件等因素；媒介因素分为距离与交通和营销手段及强度因素。

表 4-12　宏观、微观影响因素分类

影响因素	一级指标	二级指标	选择依据
经济社会因素	人口因素	数量	牛亚菲（1996）赵振斌（2008）
		性别	
		年龄	
		职业	
		教育程度	
	经济因素	经济发展状况	牛亚菲（1996）李晓琴（2006）
		汇率	
		产品价格	
		替代价格	
		营销手段	
	社会文化因素	文化观念	苏勤（2004）马耀峰（2006）
		民族认同	
		消费习惯	
	政治法律因素	国家制度	唐志明、杨安华、梁宏志（2006）
		国家对旅游业的重视程度	
		假期体制	
		安全	
	旅游供给因素	旅游资源的质量	牛亚菲（1996）白凯（2006）
		交通	
		基础配套设施	
	特殊事件	金融危机、大型体育盛事、恐怖主义等	张广瑞（1998）赵狄（2009）
个人因素	个人可支配收入		卞显红（2003）李晓琴（2006）
	休闲时间		
	旅游消费占比		
	旅游动机		
	心理偏好		

表 4-13　旅游流分类的影响因素

影响因素	一级指标	二级指标	选择依据
客源地	人口特征	数量	牛亚菲（1996）赵振斌（2008）
		性别	
		年龄	
		职业	
		教育程度	
	收入水平		李晓琴（2006）
	消费习惯		王艳平（2005）马耀峰（2006）
	文化观念		
	民族认同		
	政治体制		唐志明、杨安华、梁宏志（2006）
目的地	旅游地经济发展状况		卞显红（2003）
	汇率		
	旅游地产品价格		
	竞争地产品价格		
	旅游资源质量		吴天香（2009）
	基础设施的完善程度		
	安全保障		
	特殊事件		
媒介	交通		刘蕊（2011）刘扬（2012）
	营销宣传手段及强度		

（2）国外理论研究。国外在运用模型分析影响因素时，其研究对象主要是经济因素。国外学者发现经济对旅游决策是一个重要影响因素，其中旅游产品价格、客源国的经济水平、竞争旅游目的地的旅游费用等是影响旅游业发展的重要因素。国外学者建立了客流量的仿真模型，结果证明了对旅游产业的发展起到主要作用的是人均可支配收人和人均消费性支出。从宏观角度来说，旅游要素投入、基础设施、服务设施、经济发展水平和旅游资源也是重要影响因素。国外专家提出区域旅游业赖以发展的优先条件是旅游基础设施，旅游交通

的便利程度跟其他因素相比地位很重要，并提出影响旅游经济发展的关键要素是区域旅游资源状况、旅游需求及政府对旅游行业的支持力度。外国专家根据旅游系统的空间结构理论，提出影响地区旅游系统的主要要素分别为旅游资源、交通情况、接待能力、基础支持设施。依据旅游质量管理的理论，学者认为游客流入地旅游质量管理和旅游接待能力是影响区域旅游质量水平的重要因素。从宏观的角度来看，需求因素、政府因素、个人因素、经济和政治因素等是影响旅游经济发展的最主要影响因素。从区域旅游发展来看，地区文化和旅游资源是较为关键的影响因素。

　　国外对影响旅游产业发展的因素有较为一致的看法，以经济因素为基础，把经济因素、非经济因素和特殊事件列为影响区域旅游发展的主要影响因素。其中影响因素分为经济因素、非经济因素和特殊事件。经济因素又分为收入、价格、闲暇时间、营销以及人口因素；非经济因素又分为消费取向、消费者行为、政治因素、文化社会等其他因素；特殊事件主要以国际盛事、暴力事件、恐怖主义、金融危机等大型事件为主。

表 4-14　国外对旅游影响因素的分类

影响因素	一级指标	二级指标	选择依据
经济因素	收入	客源地收入	塞夫金（Sevgin）（1998）穆尼奥斯（Munoz）（2007）
		个人可支配收入	
	价格	竞争地经济发展水平	
		汇率	
		路费	
	闲暇时间		
	营销		
	人口因素		
非经济因素	消费取向		Pearce（1985）
	消费者行为		
	政治		Knopf、厄里（1989）
	其他因素		
特殊事件	国际盛事、暴力事件、金融危机等		Sonmenz（1998）

综上所述，国外研究者分别从供需方、微观和宏观等不同角度、不同范围分析了旅游产业对经济发展的影响因素。由于国外市场经济起步较早，发展较为迅速，因此着重分析了游客需求因素对经济发展的影响。同时利用实证研究、仿真模拟等定量模型进行深度研究和分析。相较于国外，国内学者对旅游产业与经济关系发展的研究较少，并且多以引用外国研究结果作为研究初期的导向。但由于我国经济的不断发展，国内相关研究成果和阶段进展较快，不仅对影响旅游产业发展的内部因素进行了深入研究，还充分考虑了政策、文化等外部环境。目前国内学者主要将灰色关联模型方法、投入产出模型法、因子分析方法等应用到基于统计数据的实证研究。但同时，国内学者的研究大多没有研究旅游经济发展的复杂程度和动态变化，也没有从因素相关性程度对旅游经济的影响因素进行关联性考虑，采取定性的研究方法的学者较多，缺乏对关键因素识别研究。

2.经济因素分析

旅游业作为青岛市经济发展的战略性支柱产业，带动了青岛市的经济发展。一方面，旅游产业的发展可以带动其他产业的发展，为其他产业的发展提供支撑，实现产业之间的联动发展，特别是服务业与旅游业的相互协调发展，促进了产业结构升级。另一方面，青岛发展完善了城市基础设施、推动了交通设施方面的建设，为旅游业提供了接待、集散、娱乐、商业等方面的设施和服务，为旅游产业的发展提供了坚实的基础。本章将从经济发展的五个因素：GDP、人均GDP、第三产业产值、社会消费品零售总额和社会固定资产投资额，分别讨论每种因素与青岛旅游业发展的关联程度，分析影响青岛旅游业发展的主要经济因素。

（二）数据处理与模型构建

1.灰色关联法

灰色关联分析是作为衡量不同因素之间发展趋势的相似程度的一种方法，也称为灰色关联度。如果两个因素在研究过程中变化呈现一致趋势，两者同步变化程度较高，即认为二者关联程度较高；反之，则较低。本章以青岛市旅游绩效为参考序列、旅游绩效影响因素为比较序列，计算灰色关联度，比较不同因素对旅游产业影响程度。

灰色关联分析的五个步骤：

第一步，建立原始序列。

选择参考序列，记作：

$$X_0 = (x_0(1), x_0(2), x_0(3), \cdots, x_0(k))$$

选择比较序列，记作：

$$X_i = (x_i(1), x_i(2), x_i(3), \cdots, x_i(k))$$

其中，k 表示时间，且 $k = 1, 2, 3, \cdots$；i 表示不同因素，且 $i = 1, 2, 3, \cdots$。

第二步，对原始序列进行归一处理，本书采用初值法进行数据处理

$$X_i(k') = x_i(k) / x_i(1)，其中 i = 1, 2, 3, \cdots。$$

第三步，求差序列、最大差和最小差。

差序列：

$$\Delta_i = (\Delta_i(1), \Delta_i(2), \Delta_i(3), \cdots, \Delta_i(k))$$

其中，$\Delta_i = \left| x_0(k') - x_i(k') \right|$

最大差为：$M = Max_i Max_k \Delta_i(k)$

最小差值为 $m = Min_i Min_k \Delta_i(k)$

第四步，计算灰色关联系数。

$$L_{0i}^k = \frac{\Delta Min + \Delta \rho Max}{\Delta_i + \rho \Delta Max} \quad （式 4-1）$$

L_{0i}^k 表示灰色关联系数，本章选取 ρ 的数值是 0.5（ρ 为分辨系数）。

第五步，计算灰色关联度。

$$R_{0i} = \frac{1}{n} \sum_{k=1}^{n} L \quad （式 4-2）$$

R_{0i} 表示第 i 个比较序列与参考序列的灰色关联度。

2. 指标体系建立

影响青岛旅游业发展的因素涉及到经济、社会、文化等多个方面，本章具体研究青岛旅游业与经济因素、非经济因素的关联程度。在遵循科学性、客观性、完备性以及数据的可获得性等构建指标体系的原则下，参考以往学者研究成果，构建青岛旅游产业与经济因素、非经济因素三个系统的指标体系。旅游产业系统作为参考序列，具体包括旅游总收入、国内旅游收入、国际旅游收入、国内旅游人次和国际旅游人次五个指标；以经济因素和非经济因素作为比较序列，经济因素包括 GDP、人均 GDP、第三产业产值、社会消费品零售总额和社会固定资产投资额五个指标；非经济因素又分为城市发展规模、交通服务、城市环境、文化教育和医疗卫生五个方面，其中城市发展规模包括城镇化率和城市居住人口这两个指标；交通服务包括城市公共交通线路总长和出租车数这两个指标；城市环境包括市区空气质量优良率、城市人均公园绿地面积和建成区绿化覆盖率这三个指标；文化教育包括文化机构总数和普通高等学校在校学生数这两个指标；卫生医疗包括卫生机构数和医生人数这两个指标。这些指标数据均来源于 1998~2017 年《青岛市统计年鉴》《青岛市社会经济发展统计公报》和《青岛市政府工作报告》。

3. 指标选取

表 4-15　经济因素指标分类

影响因素	指标	选取依据
经济因素	GDP	苏建军（2014） 吴利（2010）
	人均 GDP	
	第三产业产值	
	社会消费品零售总额	
	社会固定资产投资额	

衡量一个产业主要从以下指标入手：产业规模、素质、结构状况、资本状况、人才状况以及劳动生产率。结合前者理论成果，本章在综合考虑青岛旅游业数据可获得性的情况下，选择旅游总收入、国内旅游收入、国际旅游收入、国内旅游人次和国际旅游人次这五个指标作为旅游产业的主要指标变量。

同时，技术水平、人力资本、劳动力数量和资金投入都会影响经济增长状况，本章选取的指标为 GDP、人均 GDP、第三产业产值、社会消费品零售总额和社会固定资产投资额五个指标。

4. 数据处理与灰色关联度计算

本章采用青岛市 1998～2016 年的经济与旅游数据。数据来源于1998～2017 年《青岛市统计年鉴》。用所有旅游产业和经济增长的其他指标的值除以 1998 年的值，得到旅游产业与经济增长与序列的初值项。运用上述灰色关联法，并运用公式（1）（2）计算各旅游产业指标与相关因素间的关联度，结果如表 4-16 所示。

表 4-16　经济因素各指标灰色关联度计算结果

比较序列 参考序列	GDP	人均 GDP	第三产业 产值	社会消费品 零售总额	社会固定 资产投资
旅游总收入	0.7814	0.7387	0.8917	0.9094	0.7088
国内旅游收入	0.8955	0.9313	0.8443	0.8367	0.7365
国际旅游收入	0.7707	0.7326	0.8603	0.8745	0.7375
国内旅游人次	0.9122	0.9454	0.8614	0.8525	0.7457
国际旅游人次	0.8993	0.9455	0.8346	0.8272	0.7110

（三）结果分析与讨论

1. 旅游业与经济增长的关联性阐释

（1）从旅游业总收入角度进行分析，由表 4-16 可以看出，经济因素中的五个·级指标与旅游总收入的关联度差异较大，关联度在 0.71～0.91 的范围内波动。社会消费品零售总额的关联度较强，为 0.9094。社会固定资产投资的关联度最弱，为 0.7088。以旅游产业总收入为参考序列的灰色关联度依次为：社会消费品零售总额＞第三产业产值＞GDP＞人均 GDP＞社会固定资产投资。青岛旅游业总收入与社会消费品零售总额有较为明显的关联性，说明青岛旅游产业对当地经济发展的贡献率较大，这是因为青岛旅游产业增加了青岛市的客流量，刺激了对商品和服务的需求，拉动了青岛市社会商品购买力，刺激了零售市场的规模的扩大，提高了青岛市零售市场和餐饮市场的收入，在青岛市经济的发展中扮演着重要角色。青岛旅游业总收入与第三产业产值的灰色关联度排在第二，这是由于旅游业的发展吸引了大量游客涌入青岛，增加了对当地旅游服务的需求量，促使青岛不断完善和发展服务设施和服务项目，进而带动了青岛市第三产业的发展，同时开拓了第三产业的市场范围，第三产业产值与青岛旅游总收入之间是相互促进的关系。青岛旅游业总收入与 GDP 以及人均 GDP 关联度次之，这说明在旅游流入地，GDP 越高代表旅游设施和服务接待能力就越好，吸引的游客就越多，反过来旅游收入的增加又能提升接待地居民整体生活水平，并同时通过加强基础设施建设，又进一步推动了青岛市总体经济的增长。青岛旅游产业与社会固定资产投资的相关度在五个指标中最小，说明以固定资产投资来带动经济发展的效应相对较小。因此，从青岛旅游业总收入的角度来说，社会消费品零售总额、第三产业产值以及 GDP 和旅游总收入的关联性较大，社会固定资产投资与旅游产业总收入的相关度较小，这说明旅游业作为支柱产业对青岛整体经济的发展具有很强的带动作用，同时也提高了青岛居民物质文化生活水平。今后青岛应该侧重旅游服务业的完善与扩充，进一步提高青岛旅游业的服务接待能力，增加青岛的旅游吸引力，致力将青岛打造成为国际一流海滨度假旅游目的地城市。

（2）从国内旅游收入的角度进行分析，根据表 4-16 可以看出，经济因素中的五个一级指标与国内旅游总收入的关联度差异较大，关联度在 0.74~0.93 的范围内波动，其中人均 GDP 的关联度较强，为 0.9313。社会固定资产投资的关联度较弱，为 0.7365。以国际旅游收入为参考序列的灰色关联度依次为：人均 GDP ＞ GDP ＞第三产业值＞社会消费品零售总额＞社会固定资产投资。青岛市国内旅游收入人均 GDP 和 GDP 关联度较强，这是因为近年来青岛旅游业发展迅猛，旅游收入为青岛市的经济发展提供了重要的资金支持，也提升了青岛居民的生活和消费水平，并同时通过加强基础设施建设，又进一步推动了青岛市总体经济的增长，所以青岛市国内旅游收入与青岛市 GDP 和人均 GDP 的关联度较强。由于青岛市的客流量主要来自于国内，所以国内游客的大量涌入对青岛市服务业水平的提升以及零售市场份额的增大具有较强的带动作用，因此，青岛国内旅游总收入与第三产业产值以及社会消费品零售总额的灰色关联度仅次于 GDP，但都强于社会固定资产投资的关联度。这说明青岛应该加大发展旅游产业的力度，进一步发挥青岛以旅游业为支柱产业的品牌效应，同时加大对 GDP 水平较高区、市的旅游宣传力度，吸引更多具有较大购买力的游客，同时注重带动第三产业和零售业的发展，将青岛的旅游品牌对本地经济发展的带动作用发挥到最大价值。

（3）从国际旅游收入的角度进行分析，根据表 4-16 可以看出，经济因素中的五个一级指标与国际旅游总收入的关联度差异相对较小，关联度在 0.73~0.87 的范围内波动，其中社会消费品零售总额的关联度较强，为 0.8745。人均 GDP 的关联度较弱，为 0.7326。以国际旅游收入为参考序列的灰色关联度依次为：社会消费品零售总额＞第三产业产值＞GDP＞社会固定资产投资＞人均 GDP。青岛作为国际旅游城市，成功的举办了 2014 年世界园艺博览会和 2018 年"上合峰会"，在吸引了大批国内游客的同时也使得大量国外游客涌入青岛。青岛国际旅游收入的相关灰色关联顺序与青岛旅游总收入的关联顺序基本一致，唯一不同的是，对于国际旅游收入来说，人均 GDP 的关联度要小于社会固定资产投资的关联度。表明国际旅游收入对青岛市人均 GDP 的影响程度较小，这说明青岛市的客源地主要来自于国内城市，国外游客消费对当地经济贡献率较小。因此，青岛未来旅游业发展应该将重心继续放在吸引国内游客上面，同时，扩大青岛的国际旅游影响力，将突破点放在吸引更多国外游客，增加国际旅游消费上，促进青岛整体经济的转型升级与高质量发展。

（4）从国内旅游人次的角度进行分析，根据表 4-16 可以看出，经济因素中的五个一级指标与国内旅游人次的关联度差异相对较大，关联度在 0.75~0.95 的范围内波动，其中人均 GDP 的关联度较强，为 0.9454。社会固定资产投资的关联度较弱，为 0.7457。以国内旅游者人次为参考序列的灰色关联度依次为：人均 GDP＞GDP＞第三产业值＞社会消费品零售总额＞社会固定资产投资。国内旅游人次的相关关联度顺序与国内旅游总收入的关联度顺序基本一致。这是因为青岛市国内旅游者人次与国内旅游收入呈现正相关关系，表明青岛旅游业发展迅速，国内旅游市场需求消费旺盛，旅游产业发展较为成熟，提升了青岛居民的生活和消费水平，由旅游产业的国内市场带动的青岛市经济的增长效果较为明显，反过来经济的发展也为青岛旅游业提供了重要的资金支持。这意味着青岛市需要继续将旅游产业作为青岛市经济发展的支柱型产业，侧重于国内旅游市场，吸引更多的国内游客，增加国内旅游人次，依靠旅游产业来带动青岛经济的发展。

（5）从国际旅游人次的角度进行分析，根据表4-16可以看出，经济因素中的五个一级指标与国际旅游人次的关联度差异较大，关联度在0.71~0.95的范围内波动，其中人均GDP的关联度较强，为0.9455。社会固定资产投资的关联度较弱，为0.7110。以国际旅游人次为参考序列的灰色关联度依次为：人均GDP＞GDP＞第三产业值＞社会消费品零售总额＞社会固定资产投资。国际旅游人次的灰色关联顺序与国内旅游人次顺序基本一致，说明国际和国内旅游人次对经济因素中五个一级指标影响方式相同。其中国际旅游人次与人均GDP、GDP以及第三产业产值的关联性较强，表明青岛国际旅游发展模式较为成熟，国际旅游市场需求消费的潜力较大，同时在青岛举办的园博会、"上合峰会"等国际活动增加了国际游客的客流量，这意味着青岛旅游业与国际接轨的趋势较为明显。因此，青岛在巩固扩大国内旅游市场的同时，应积极开拓国际旅游市场，提高国际知名度，使国际旅游市场对青岛市经济的增长产生更大的促进作用。

2. 旅游业与经济增长的优势分析

（1）表4-16可以看出，横向指标中各系统特征关联度数值呈现以下特征：国内旅游人次＞国际旅游人次＞国内旅游收入＞旅游总收入＞国际旅游收入，即国内旅游人次为最优特征，国际旅游人次、国内旅游收入、旅游总收入次之，国际旅游收入相比之下为最劣特征。表明当前青岛市国内外旅游人数总规模对青岛市经济发展影响较为明显，国内外旅游市场对青岛旅游产品的需求较为旺盛，刺激了青岛市旅游产品的消费，同时带动了其他产业的发展，加速了青岛市整体经济的增长。从收入的角度来看，国内旅游收入对经济的影响较大，国际旅游收入的影响相对较低，这是因为青岛市旅游发展主要针对的是国内市场，国内游客旅游消费占主体地位。同时，由于消费理念和消费结构的差异，使得国外游客消费收入带来的经济效益相对较小，因此国外游客的旅游消费对青岛市经济的促进效果相对较弱。这意味着青岛市应该加大国内外旅游宣传的力度，吸引更多的国内外旅游游客，同时针对不同的消费群体推出差异性的旅游产品，增加旅游消费，从而带动青岛整体经济的发展。

（2）表4-16可以看出，纵向列向量中各列相关因素关联度数值满足：社会消费品零售总额＞第三产业产值＞GDP＞人均GDP＞社会固定资产投资，即社会消费品零售总额为最优相关因素，第三产业产值、GDP、人均GDP次之，社会固定资产投资为最劣因素。说明影响青岛旅游业快速发展的最重要因素是社会消费品零售总额，因为社会消费品零售总额反映的是居民和社会的消费品零售额，能反映居民物质文化生活水平的提高情况，地区商品购买力程度以及零售市场的规模状况。青岛市社会消费零售额越高，表明青岛市经济发展状况越好，相应的旅游设施和接待能力也越好，旅游吸引力也会越高，旅游产业发展状况也会越好。第三产业产值主要反映的是青岛市旅游服务业的状况，第三产业产值越高，说明青岛市旅游服务能力越好，旅游容纳能力和旅游吸引力更高，对旅游产业的带动效应更大。GDP是代表一个地区经济发展水平的重要指标，其数值决定着旅游者收入水平状况，如果当地居民可支配的钱越多，旅游需求愿望也会随之上升，旅游人数规模就会不断扩大；在游客流入地，GDP的数值能代表当地旅游服务能力，数值越高，旅游服务能力越好，就会吸引更多人来旅游。社会固定资产投资相比之下为最劣特征，这是由于优良的生态环境和风景是青岛旅游的特色和优势，同时也是青岛经济社会发展的重要基础资源，因此社会固定资产投资虽然对青岛市整体经济发展有较大促进作用，但对青岛旅游业的拉动作用相对较小。这意味着青岛在社会固定资产投资布局中应突出加大投入产出效率较高的旅游业投入，依靠旅游业来拉动零售市场和第三产业的发展，刺激并带动未来青岛经济增长。

三、青岛旅游业发展非经济影响要素分析

（一）理论分析

非经济因素方面主要又细分为城市发展规模、交通服务、城市环境、文化教育和卫生医疗五类。城市发展规模包括城镇化率和城市居住人口两项指标，

青岛作为海滨城市，主要是休闲旅游类型，城市发展状况对于青岛旅游业会产生一定影响。交通服务主要包括城市公共交通线路总长和出租车数两项指标，交通服务对于旅游城市来说十分重要，交通的便利性会大大促进旅游业的发展。城市环境包括空气质量优良率、城市人均公园绿地面积和建成区绿化覆盖率，良好的城市环境会给游客留下良好的印象，提高游客再次过来旅游的概率。文化教育包括文化机构总数和普通高等学校在校学生数两项指标，文化教育作为一个城市的内涵，对于旅游业也产生一定的影响。卫生医疗方面主要包括卫生机构数和医生人数两项指标。本节将通过这些指标来分析非经济因素对青岛旅游业发展的影响。

（二）数据处理与模型构建

1. 指标选取

表 4-17 非经济因素指标分类

影响因素	一级指标	二级指标	选取依据
非经济因素	城市发展规模 高杨（2016）	城镇化率	高杨（2016）
		城市居住人口	高杨（2016）
	交通服务 梁艺桦（2006）	城市公共交通线路总长	梁艺桦（2006）
		出租车数	梁艺桦（2006）
	城市环境 陈雅丽（2009）	空气质量优良率	陈雅丽（2009）
		城市人均公园绿地面积	陈雅丽（2009）
		建成区绿化覆盖率	陈雅丽（2009）
	文化教育 晋迪（2017）	文化机构总数	晋迪（2017）
		普通高等学校在校学生数	晋迪（2017）
	卫生医疗 陈雅丽（2009）	卫生机构数	陈雅丽（2009）
		医生人数	陈雅丽（2009）

查阅参考相关文献以及之前学者研究结论，结合数据的可获得性，我们将非经济因素主要分为城市发展规模、交通服务、城市环境、文化教育和卫生医疗五个一级指标，在这五个一级指标中，又分为11个二级指标。这些指标基本上囊括了全部非经济因素。另外，旅游产业指标变量还是旅游总收入、国内旅游收入、国际旅游收入、国内旅游人次和国际旅游人次这五个指标，下面还

用到了旅游人次总数。

2. 数据处理与灰色关联度计算

指标数据来源于1998~2017年《青岛市统计年鉴》和1998~2017年《青岛市国民经济发展公报》。指标数据单位不同，首先进行无量纲化处理，具体采用初值法。然后运用上述灰色关联法，并运用公式（1）（2）计算各旅游产业指标与非经济因素一级指标和二级指标间的关联度，结果如表4-18、表4-19、表4-20所示。

表4-18　非经济因素一级指标与青岛旅游总收入的灰色关联度计算结果

一级指标	排名	关联度
城市发展规模	3	0.6793
交通服务	2	0.6794
城市环境	1	0.6876
文化教育	4	0.6755
卫生医疗	5	0.6738

表4-19　非经济因素一级指标与青岛旅游总人次的灰色关联度计算结果

一级指标	排名	关联度
城市发展规模	1	0.5938
交通服务	3	0.5514
城市环境	2	0.5616
文化教育	5	0.5447
卫生医疗	4	0.5503

表4-20　非经济因素二级指标与青岛旅游产业各个指标的灰色关联度计算结果

比例序列 参考序列	旅游 总收入	国内 旅游收入	国际 旅游收入	国内 旅游人次	国际 旅游人次
城镇化率	0.6902	0.6900	0.5910	0.6475	0.5593
城市居住人口	0.6683	0.6682	0.6487	0.6560	0.6277
城市公共交通 总长	0.6751	0.6815	0.5736	0.6184	0.5427

出租车数	0.6837	0.6895	0.5910	0.6466	0.6466
市区空气质量优良率	0.6802	0.6861	0.5883	0.6406	0.5592
城市人均公园绿地面积	0.6848	0.6905	0.5954	0.6504	0.5648
建成区绿化覆盖率	0.6977	0.7030	0.6006	0.6776	0.5596
文化机构总数	0.6832	0.6889	0.5935	0.6454	0.5658
普通高等学校在校学生数	0.6678	0.6850	0.5203	0.5230	0.5230
卫生机构数	0.6707	0.6780	0.5734	0.6454	0.5630
医生人数	0.6769	0.6833	0.5709	0.6262	0.6262

（三）结果分析与讨论

1. 旅游业与非经济因素一级指标的关联性阐释

从旅游收入角度进行分析，根据表4-18可以看出，非经济因素中的五个一级指标与旅游收入的关联度都很接近，关联度在0.67～0.69的范围内波动。城市环境的关联度最大，为0.6876。卫生医疗的关联度最小，为0.6738。对应的指标影响因子排序是：城市环境因素＞交通服务因素＞城市发展规模因素＞文化教育因素＞卫生医疗因素。城市环境因素与青岛旅游收入的灰色关联度最大，这主要是因为游客在出游时一般考虑旅游目的地的空气环境质量、休闲程度或者是文化底蕴内涵。青岛作为海滨旅游城市，独特的城市风貌、丰富的自然景观、良好的空气质量与环境状况是吸引游客极为重要的因素，游客只有来到旅游目的地才会有各方面消费的需求，才会对旅游目的地带来旅游收入。交通服务因素与青岛旅游收入的灰色关联度为0.6794，交通服务因素按照经验来说，对城市的旅游业的发展有着比较重要的影响，因为人们选择一个旅游目的地时通常都会考虑交通便利性，因为出门旅游的交通费一般占旅游预算很大的比重。对于青岛而言，地理位置具有特殊性，飞机、火车和海运都比较发达，而且从20世纪六七十年代就已经是我国著名的海滨旅游城市，这在一定程度上增强了交通服务因素对于青岛旅游收入的影响。城市发展规模因素与青岛旅游收入的灰色关联度为 0.6793，仅仅比交通服务与青岛旅游收入的灰色关联度小万分之一点，考虑到误差影响，可以认为城市发展规模与交通服务对旅游收入的影响基本相同。城市发展规模与交通服务之间也具有一定的关系，城市发展规模越大，交通服务能力也会随之增强。另外，城市发展规模涉及到城市发展的好坏以及城市知名度等方面，一个城市发展规模大，说明投资力度大，基础设施等方面建设完善；城市的知名度也会随着城市发展规模的扩大而扩大，城市知名度扩大了，旅游吸引力会随之增强，旅游收入也会提高。文化教育因素、卫生医疗因素与青岛旅游收入的灰色关联度为 0.6755、0.6738，文化教育因素与卫生医疗因素对于青岛旅游收入的影响程度较小，主要是因为青岛是一座副省级海滨城市，文化教育资源相对较少，文化内涵方面没有曲阜、济南、泰安等地深厚，游客来到青岛旅游多数是为了感受青岛的海洋风光，度假休闲。卫生医疗方面，青岛市卫生医疗资源相比较于济南较少，而且对于旅游产业本身涉及到的卫生医疗方面较少，因此与旅游收入的关联度最小，但卫生医疗作为旅游服务接待能力的体现，是不可缺少的一部分，应予重视。

从旅游人次角度进行分析，根据表 4-19 可以看出，非经济因素的五个一级指标与旅游人次的关联度也是比较接近，在 0.54～0.60 范围内波动，但相比与旅游收入的关联度要小。而且对应的指标影响因子排序也与旅游收入关联度大小排序完全不同：城市发展规模因素＞城市环境因素＞交通服务因素＞卫生医疗因素＞文化教育因素。针对旅游收入、旅游人次与各个一级指标的灰色关联度大小不同问题，主要是因为旅游收入包括国内旅游收入和国际旅游收入、旅游人次包括国内旅游人次和国际旅游人次，总体而言，国内游客在青岛旅游时间相比较于国外游客较短，花费方面受居民收入的制约也比较多，国外游客的花费因为旅游时间较长，要比国内游客的花费高。正是因为牵涉到国际旅游人次，所以城市发展规模因素排列在第一位，灰色关联度为 0.5938。城市发展规模涉及到城市的知名度，城市发展规模大，城市知名度也会随之提高，青岛与日本、韩国等国隔海相望，日韩等地的国际游客对青岛的了解也会随知名度提高而增加，从而产生旅游意愿。灰色关联度排在第二的是城市环境因素，正是因为青岛的空气质量好以及海洋生态保护、开发、利用得好，主打休闲度假游品牌，所以吸引了大量国内外游客。交通服务因素、卫生医疗因素和文化教育因素排在 3~5 位，灰色关联度依次为 0.5514、0.5503 和 0.5447，具体影响原因与对旅游收入的影响原因大体相同，但需要注意的是，国外游客对中国文化的了解程度不够，并且具有文化差异，加之青岛的文旅发展较为薄弱，旅游方面以休闲度假游为主，所以文化教育因素对国际旅游人次的影响也相应较小。国外游客对于医疗健康方面的关注度较高，因此卫生医疗因素的灰色关联度比文化教育因素的灰色关联度要大。

对于未来青岛旅游业发展来说，提高旅游收入以及增加旅游人次，要从以下几个方面入手：第一，进一步做好对城市环境资源的合理开发、利用和保护，加强对城市环境的治理，这是青岛旅游业发展的根本，只有海滩和城市环境越

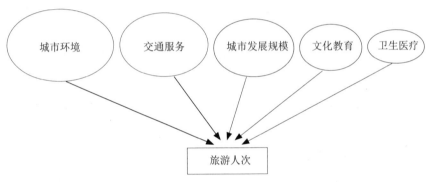

图 4-4　青岛旅游收入与非经济因素一级指标的灰色关联度

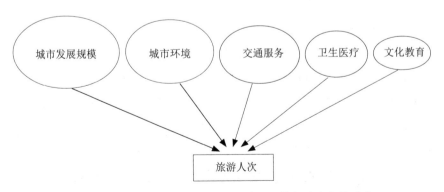

图 4-5　青岛旅游人次与非经济因素一级指标的灰色关联度

注：图中椭圆大小对应着关联强弱，椭圆越大，关联度越强

来越干净、整洁，才会吸引越来越多游客到访，提高旅游收入。第二，进一步提升青岛交通服务能力，这里的交通服务能力主要涉及青岛市内的交通服务，优化市内公交路线，增加青岛旅游专线以及旅游高峰期的公交班次，提升市内交通的便利程度；加大对地铁的建设力度；加快航空专线、高铁、高速公路网建设，致力东北亚区域性交通枢纽城市建设。第三，提升青岛城市品质与综合竞争力，调整并优化产业结构，合理利用青岛旅游资源所带来的优势，扩大青岛旅游城市的宣传，进而提升青岛城市国际知名度。

2. 旅游业与非经济因素二级指标的关联性阐释

非经济因素的五项一级指标包括的十一项二级指标与青岛旅游总收入、国内旅游收入、国际旅游收入、国内旅游人次和国际旅游人次进行了灰色关联度分析。对于这些非经济因素二级指标，都是通过筛选得出的较为典型因素，较为微观和细化，通过这些二级指标的关联度反映一级指标的重要程度和影响程度，进而对青岛旅游产业发展做出评价和建议。根据得出的结果，从城镇化率和城市居住人口两个因素来看，城镇化率与旅游总收入、国内旅游收入的灰色关联度比城市居住人口与旅游总收入、国内旅游收入的灰色关联度要高，城镇化率是一个衡量社会经济发展的综合指标，不仅能够反映城市化进程，还能够衡量一个城市的经济发展程度，因此与旅游收入、国内旅游收入的关联度较高，而国际旅游收入、国内旅游人次、国际旅游人次与城市居住人口因素的灰色关联度高一些，城市居住人口作为衡量城市大小的一个重要因素，与城市知名度等关联度很强，也是影响旅游人次的重要因素；从城市公共交通线路总长和出租车数两个因素来看，城市公共交通线路总长与五项主要指标的灰色关联度全部低于出租车数，这主要是因为对于来青岛的游客来说，便利性以及时间成本更为重要。此外，乘坐出租车还可以向司机咨询旅游线路问题和旅游景点位置等，因此出租车数因素与五项主要指标的灰色关联度都大于城市公共交通线路总长因素。从市区空气质量优良率、城市人均公园绿地面积和建成区绿化覆盖率三个因素来看，与五项主要指标的灰色关联度大小排序是：建成区绿化覆盖率＞城市人均公园绿地面积＞市区空气质量优良率，这里需要注意，建成区绿化覆盖率与国际旅游人次的灰色关联度比城市人均公园绿地面积要小 0.005 个点，可以视为数据误差，不予考虑。从文化机构总数与普通高等学校在校学生数两个因素来看，文化机构总数与五项主要指标的灰色关联度都比普通高校在校学生数要高，主要是由于文化机构总数代表了一个城市的文化内涵，游客也比较喜欢参观文化方面的景点，普通高等在校学生数仅仅能够衡量青岛市的教育水平以及对于大学生的吸引程度，虽然普通高等学校在校人数对于各项产业的发展都起到促进作用，但是在旅游产业方面的影响程度还是小于文化资源因素。从卫生机构数和医生人数两个因素来看，医生人数与旅游总收入、国内旅游收入和国际旅游人次指标的灰色关联度大于卫生机构与旅游总收入、国内旅游收入和国际旅游人次指标的灰色关联度，在国际旅游收入和国内旅游人次方面，医生人数指标的灰色关联度要小于卫生机构数，这主要由于医生人数代表接待生病人数的能力，也是旅游服务接待能力的体现，而卫生机构数不仅包括医院，还包括一些卫生防疫检测机构、血液机构等。

四、本章小结

本章通过对青岛旅游业资源禀赋、基础设施、市场规模、产业关联、政策环境五个方面特征的具体分析，较为全面地揭示了青岛旅游业发展的基础条件、基本状况、突出优势、明显短板；同时，基本理清了近十年即新一轮国际金融危机爆发以来，全球经济结构性调整、恢复性增长、区域竞争更加激烈的大背景下，青岛旅游业转型升级的大致脉络和过程，总结了经验，也指出了不足，并给出了一些初步建议，为后续深入研究打下了基础。

青岛旅游资源数量众多，类型齐全，山水兼备，自然旅游资源与人文旅游资源交相辉映，且古代现代皆有，东西方文化荟萃。青岛自然旅游资源中滨海旅游资源得天独厚，优势旅游资源主要集中在海岸一线。沿海一线海域、海岸、海滩、海湾、海岛相映成趣，美丽如画，滨海旅游资源异常丰富、精彩纷呈。这是青岛旅游业发展的最大优势。青岛是国家历史文化名城、中国道教发祥地，7000 年以前就有人类生存和繁衍，人文旅游资源丰富多彩。青岛主要旅游景区层级结构呈"橄榄"形，自然景观类与人文景观类基本上各占半壁江山，A级旅游景区目前最大短板是数量偏少。青岛旅游资源配置不均衡、人文旅游资源发掘不充分是明显短板。

青岛基本构建成了"海、陆、空"三位一体的综合交通体系，目前最大短板是旅游旺季前海一线拥堵现象时有发生。近年来青岛酒店及旅行社等基础服务设施规模持续扩大，服务水平不断提升；星级酒店数量在减少，质量在提升；旅行社发展呈现国际化、小型化、两极化特征；酒店及旅行社等基础服务设施最大短板在于适应旅游业发展新趋势有缺位。

青岛旅游以国内客源市场为主。青岛游客目的以"观光／游览"为主，"休闲／度假"者越来越多。青岛旅游客流以夏季为主，节假日明显聚集。青岛旅游客流最明显的短板是入境游客占比太低。

近年来，青岛旅游业发展势头强劲，作为国民经济的新增长点在整个经济社会发展中的作用日益显现，已成为国民经济的重要支柱产业、第三产业的主力军，旅游收入保持着较高的年均增长率。青岛旅游业收入增速高于第三产业和整体国民经济收入速度。青岛旅游业收入在第三产业和整体国民经济收入中占比越来越高。青岛旅游业收入构成中国内游客消费占绝对比重。青岛旅游业收入构成中入境游客消费收入占比低是最明显短板。

旅游业发展特征与国际大环境、国家宏观政策、地方具体政策措施都有很强的关联度，由于从国家到地方不同时期往往都会采取不同的策略，形成旅游业发展阶段性特征。2008年至2017年十年间，即新一轮国际金融危机暴发以来，在全球经济结构性调整、恢复性增长、区域竞争更加激烈的大背景下，青岛旅游业发展策略特征主要有以下几个方面：一是战略规划逐步转型提升；二是制度性政策逐步完善；三是投资新建了一批重点旅游项目；四是注重旅游公共服务体系建设；五是开展了一系列推介营销活动。

总的来看，近年来，青岛旅游业主管部门和各个层面付出极大努力，发展策略有许多可取之处，成效是显著的。但发展中传统旅游项目居多、旅游缺少世界现代版旅游大项目。资源配置不平衡，人文旅游资源发掘不充分，入境游客消费收入占比低；旅游旺季前海一线拥堵较重，"天价虾、天价蟹"现象时有发生，暴露出城市管理方面的缺失。应深入研究分析，制定更加科学的策略，以创新为动力，强化政策引导，优化环境秩序，加快转型升级，推动青岛旅游业进入高质量发展新时代。

在对青岛旅游业发展历程与发展现状进行分析的基础上，剖析了青岛旅游业发展的影响因素，主要分为经济因素和非经济因素。针对经济因素选取了GDP、人均GDP、第三产业产值、社会消费品零售总额和社会固定资产投资额五项指标，非经济因素又分为城市发展规模、交通服务、城市环境、文化教育和卫生医疗五项指标以及十一项二级指标，利用灰色关联度法，计算出这些指标与旅游总收入、国内旅游收入、国际旅游收入、国内旅游人次和国际旅游人次的灰色关联度，以此作为依据进行分析。

经济因素方面，第三产业发展程度和居民整体消费水平会较大影响青岛旅游业的发展。具体来说，从旅游总收入和国内旅游收入方面看，社会消费品零售总额、第三产业产值和GDP的关联度较大；从国际旅游收入、国内旅游人次和国际旅游人次方面看，灰色关联度大小顺序排列依次是人均GDP、GDP、第三产业值、社会消费品零售总额、社会固定资产投资。

非经济因素方面，城市发展规模、交通服务、城市环境、文化教育、卫生医疗因素会影响青岛旅游业的发展，从旅游收入的角度分析，灰色关联度大小排序为城市环境因素＞交通服务因素＞城市发展规模因素＞文化教育因素＞卫生医疗因素；从旅游人次的角度分析，灰色关联度大小排序为城市发展规模因素＞城市环境因素＞交通服务因素＞卫生医疗因素＞文化教育因素，造成两个结果的差异的原因主要是国际旅游收入和国际旅游人次这两个方面的影响。

对于青岛旅游业的发展，从经济方面来看，应优化产业结构，着力加大世界级、创意性、现代版、旅游大项目开发力度。提升与旅游相关的服务业在经济发展中所占的比重，其次，通过旅游相关消费拉动经济增长；从非经济方面来看，要加强对青岛城市环境资源的保护，合理开发和利用相关资源，进一步提升城市环境质量，同时要提升城市公共交通便利能力，增加旅游专线公交线路，并要加大力度宣传青岛旅游城市形象和特色优势，进一步提升城市国际知名度和影响力。

第五章
青岛旅游业发展多元融合与潜力评价研究

　　本书以青岛旅游业创新发展研究为题,在第四章的论述中已对青岛旅游业发展现状与影响因素进行了分析。通过经济要素与非经济要素的分析可以看出,旅游业作为资源节约型和环境友好型产业,产业基础比较宽、综合性比较强,并与城市化进程、生态环境、文化等方面联系紧密,这为本章多元融合与潜力评价研究中指标体系的确立奠定了基础。为了揭示青岛旅游业发展与经济社会发展的融合程度,本章将从青岛旅游业发展的宏观视角,运用耦合模型,建立相应指标体系和发展指数,构建耦合协调度模型,测算出青岛旅游业与城市化进程、经济、文化和生态环境的综合发展指数以及相关耦合协调等级,以此来分析和评价青岛旅游业发展多元融合的情况,其中指标体系的建立是基于第四章影响因素分析。在多元融合的基础上,为了揭示青岛旅游业在多元融合发展进程中所具有的发展特征,由多元融合的宏观分析转为对青岛旅游业发展的微观与中观要素分析,基于第四章的影响因素与数理统计分析,构建了青岛旅游业发展潜力评价指标体系与评价模型,从青岛旅游业的发展效率、发展质量与竞争力三个方面对青岛旅游业发展潜力进行评价研究,发掘影响青岛旅游业发展效率、发展质量与竞争力的要素,优化青岛旅游业发展的资源布局。由于在评价过程中,发展效率、发展质量与竞争力评价的侧重点存在一定差异,所选用的评价方法根据评价目标的差异也进行了合理的调整。

一、旅游业多元融合理论与系统框架

(一)理论介绍

　　耦合这一概念出自于物理学,具体指两个或两个以上的运动形式或系统通过各种相互作用而彼此之间产生互相影响的现象。当不同系统之间或者每个系统内部要素之间能够和谐共存，相互协调并互相促进发展，则表明不同系统之间存在良性耦合的关系；反之，则是不良耦合的关系。如何对不同系统之间或者系统内部要素之间互相影响、相互协调关系程度进行评价，则需要用到耦合度这一指标。若两个或两个以上系统或者是系统内部要素之间互相关联、协调一致、共同配合发展，则表明不同系统之间或系统内部要素之间存在互相影响、相互协调、良性循环的关系。对于不同系统之间或者系统内部要素之间在发展过程中互相协调、共同促进发展的程度则利用耦合协调度这一指标来度量，耦合协调度可以反映不同系统之间或系统内部要素之间由无序走向有序的趋势。耦合度与耦合协调度并不相同，主要区别在于耦合度反映的是系统之间或者系统内部不同要素之间相互作用、互相关联的程度，耦合协调度主要反映在良性耦合前提下，不同系统之间或者系统内部不同要素之间协调发展状况好坏程度。

旅游业的发展不仅涉及到经济、文化发展，城市化进程的推进，还涉及到生态环境的开发、利用和保护。旅游这一活动或者说是现象，当建立在以城市为载体的基础之上时，一个城市的城市化进程和城市化水平对旅游业的发展起到十分重要的作用，同时旅游这一活动也会促进城市化进程。旅游业作为经济发展的一项重要产业，尤其是对于青岛这种旅游资源丰富的城市而言，旅游业作为经济发展的支柱产业，对其他产业的发展带动性明显，而其他产业的发展也会在一定程度上促进旅游业的发展。旅游这一活动不仅涉及到自然资源，而且还会涉及文化资源的开发和利用。青岛作为海滨城市，夏季是旅游旺季，青岛啤酒节作为旅游业发展的产物，也是一种文化发展的产物，这也说明了旅游业的发展和文化的发展相互关联、相互促进、协调发展。如果说城市是旅游活动的载体，那么生态环境就是旅游活动的基础和根本，青岛的旅游业之所以能够得到蓬勃发展，主要得益于青岛临海而生，生态环境资源丰富这一天然优势。丰富的生态环境资源给了青岛旅游业发展的资本，而旅游业的发展也促进了青岛开发、保护和利用丰富的海洋生态环境。从以上这些方面来看，青岛旅游业与城市化进程、经济、文化和生态环境构成了复杂的发展系统。旅游业发展作为这一系统中的核心子系统联结着城市化进程子系统、经济发展子系统、文化发展子系统和生态环境子系统。这五个子系统之间相互联结、相互促进、共同发展，形成耦合的协调现象。接下来，我们具体对城市化进程融合、经济发展融合、文化发展融合、生态环境融合进行分别分析，探讨旅游业多元融合发展中的耦合协调现象。

1. 城市化进程融合

青岛旅游业的发展与城市化进程相互联结、相互促进、融合发展，具有显著的耦合性特征。这种耦合性特征具体表现在：一方面，旅游业带动青岛其他产业发展，完善了城市服务体系的建设，增强了城市的对外开放程度，解决了一部分农村剩余劳动力的就业，推动了经济城市化进程、人口城市化进程和地域城市化进程。另一方面，青岛旅游业的发展需要城市作为基础和保障，城市化水平的提高不仅关系到政府主导的城市基础设施的完善和交通便利程度的提高，而且还涉及青岛在餐饮、住宿、娱乐、商业等服务设施体系的完善和升级。在这里还需要提到的就是城市化进程会提高人口素质，人口素质直接关系到游客对于城市的印象，这对于提升城市形象具有十分重要的意义，一个良好的城市印象会增加游客的人数和到访次数。

2. 经济发展融合

旅游业作为青岛经济发展的支柱产业，带动了青岛的经济发展。作为资源节约型和环境友好型产业，旅游业涉及面比较宽，产业综合性以及关联性都比较强。一方面，旅游业的发展可以带动其他产业的发展，为其他产业的发展提供支撑，实现产业之间的联动发展，特别是服务业与旅游业的相互协调发展，促进了产业结构升级。另一方面，青岛经济的发展完善了城市基础设施、推动了交通设施方面的建设，为旅游业提供了接待、集散、娱乐、商业等方面的设施和服务，为旅游业的发展提供了坚实的基础。

3. 文化发展融合

文化发展在一定程度上与旅游业的发展紧密联系。对于有些旅游目的地来说，正是由于拥有自古以来传承下来的独特文化资源才使得旅游业发展起来。山东曲阜就是一个典型的代表，曲阜是孔子的故里，拥有孔府、孔庙和孔林等旅游景点，这些景点都是依托文化资源发展起来的。近些年来，随着人民生活水平的提高，文化产业发展迅速，文化产业发展的趋势就是与旅游业相互结合，共同促进。对于青岛来说，丰富的自然资源是旅游业发展的优势，休闲度假游已经为青岛旅游业发展打下良好的基础，虽然人文旅游发展较为缓慢，旅游产品的整体文化内涵不够深刻和突出，游客的文化体验较差，但这正说明了青岛人文旅游资源未得到充分的开发和利用。因此，这也构成了青岛旅游业发展和文化发展新的方向。开发利用青岛的文化资源，结合旅游业资源探索青岛文化旅游发展的新路径，构建青岛文化旅游资源开发的新模式，为青岛旅游发展找到新的发展方向，这对提升青岛旅游业发展水平和青岛文化发展水平都具有十分重要的意义。

4.生态环境融合

青岛是我国重点旅游城市，优良的生态环境是青岛旅游业发展十分重要的优势之一。随着青岛将旅游业作为经济发展的支柱型产业，旅游经济的规模会进一步的扩张，旅游业也会面临升级调整，如何使青岛旅游业的发展与生态环境的保护相互协调，在保护生态环境的前提下，进一步提高青岛游客接待能力，促进青岛旅游业发展，这对于青岛旅游业的发展和生态环境的保护是一项艰巨的任务。在发展青岛旅游业的同时，注重与生态环境的有机融合，解决好经济发展、产业发展和资源保护之间的关系，对于青岛实现保护生态环境与优化旅游业发展，实现旅游业和生态环境融合发展具有重大意义。

（二）系统框架

青岛旅游业发展与城市化进程、经济发展、文化发展和生态环境存在着耦合协调现象。为了深入分析研究青岛旅游业发展系统与城市化进程系统、经济发展系统、文化发展系统和生态环境系统的耦合关系，笔者通过查阅和借鉴相关资料与文献，构建出反映系统结构特征的相关指标体系和能够反映旅游业发展系统与城市化进程系统、经济发展系统、文化发展系统和生态环境系统之间协同效应的耦合评价模型，进行定量分析不同子系统之间的耦合度，进而判断旅游业发展与城市化进程、经济发展、文化发展和生态环境耦合协调度及其影响制约因素。

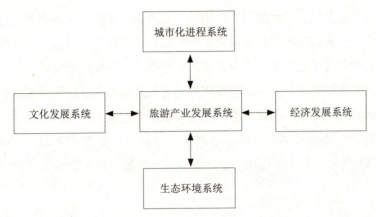

图 5-1 青岛旅游业发展与城市化进程、经济发展、文化发展和生态环境系统

二、青岛旅游业多元融合数据处理与模型构建

（一）指标体系建立

青岛旅游业的发展涉及到经济、社会、文化和生态环境等多个方面，梁艺桦（2006）、程晓丽（2012）、孙根年（2014）、苏建军（2014）和翁钢民（2015）等均从这几个角度对旅游业的发展进行了分析和研究。本章具体研究青岛旅游业与城市化进程、经济、文化和生态环境的融合发展。在遵循科学性、客观性、完备性以及数据的可获得性等构建指标体系的原则下，参考以往学者研究成果，构建青岛旅游业与城市化进程、经济发展、文化发展和生态环境五个系统的指标体系。旅游业系统作为核心系统，具体包括旅游总收入、国内旅游收入、国际旅游收入、国内旅游人次和国际旅游人次五个指标，梁艺桦（2006）分析旅游业发展影响因子时选取了这些指标。城市化进程系统包括城镇化率、城市居住人口、城市公共交通线路总长、出租车数和公共厕所数五个指标，王永刚（2012）在研究上海城市化进程对旅游发展的影响时选取了类似的指标。经济发展系统包括 GDP、人均 GDP、第三产业产值、社会消费品零售总额和社会固定资产投资额五个指标，梁艺桦（2006）、王永刚（2012）、程晓丽（2012）、孙根年（2014）和苏建军（2014）在研究旅游业发展与经济发展的关系时均选取了这些指标。文化发展系统包括文化事业机构数、文化事业从业人数、文物事业机构数、文物事业从业人数、剧团数、剧团从业人数、剧团演出收入、文

化机构总数和文化产业增加值九个指标，程晓丽（2012）在研究安徽省旅游业发展与文化产业影响关系时选取了类似指标。生态环境系统包括工业废水排放总量、工业废气排放总量、工业固体废物产生量、建成区绿化覆盖率、城市人均公园绿地面积、市区区域环境噪声平均等级声效和市区空气质量优良率七个指标，翁钢民（2015）选取了类似指标对我国旅游业与生态环境的协调发展进行了研究。具体指标体系如图5-2所示。这些指标数据均来源于1998~2017年《青岛统计年鉴》《青岛社会经济发展统计公报》和《青岛政府工作报告》。

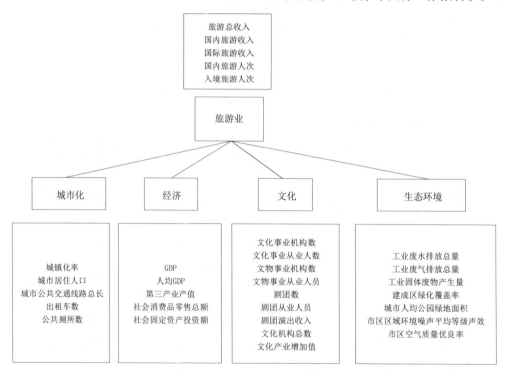

图5-2　青岛旅游业与城市化、经济、文化、生态环境的指标体系

（二）耦合模型构建

耦合方法来源于物理学，运用耦合法对问题进行研究主要有以下几个步骤。

1. 对指标进行规范化和标准化处理

为了消除指标数据测度级不同和指标数据量纲不同造成的影响，对指标进行无量纲化处理，具体公式为：

$$v_{ij} = \frac{v_{ij} - \min(x_{ij})}{\max(x_{ij}) - \min(x_{ij})} \quad （式 5-1）$$

公式 5-1 中，v_{ij} 是第 i 个系统中的第 j 个指标，x_{ij} 是指标、$\max(x_{ij})$ 是指标数据中的最大值、$\min(x_{ij})$ 是指标数据中的最小值。在这里需要注意，对数据进行标准化处理会出现一些数据为 0 的情况，所以在数据为 0 时，对该类数据加上最接近处理后的这类数据最小值的正数，例如：0.001、0.0001，避免之后建立模型出现部分数据或指数无意义的情况。

2. 运用熵权法确定指标权重并构建相关指数

熵权法能够避免由于主观因素造成的误差，选取熵权法确定权重更为科学。具体步骤为：

$$p_{ij} = \frac{V_{ij}}{\sum\limits_{j=1}^{m} V_{ij}} \quad （式 5-2）$$

计算第 j 个系统中的第 j 个指标所占比重 p_{ij}；

$$q_j = -\frac{1}{\ln m} \sum\limits_{j=1}^{m} p_{ij} \ln p_{ij} \quad （式 5-3）$$

计算第 j 个指标的熵值 q_j；

根据公式 $\beta_j = 1 - q_i$（式 5-4），计算差异度 β_j；

运用公式 $\omega_j = \frac{\beta_i}{\sum\limits_{j=1}^{m} \beta_j}$（式 5-5），计算指标权重；

运用公式 $V_{i=1,2,\dots n} = \sum\limits_{j=1}^{m} \omega_{ij} v_{ij}$，$\sum\limits_{j=1}^{m} \omega_{ij} = 1$（式 5-6），计算综合评价指数 V_1、V_2、$\cdots$、V_n。

3.建立耦合协调度评价模型计算耦合度和耦合协调度

多系统的耦合度评价模型如下：$C_n = \left\{ \dfrac{\left(v_1 \times v_2 \times \ldots \times v_n \right)^{\frac{1}{2}}}{\Pi \left(v_i + v_j \right)} \right\}^{\frac{1}{2}}$，其中

C_n 表示耦合度，V_1、V_2,$\cdots$,V_n 代表综合评价指数。由于多系统的耦合度评价模型中不同的系统在各自的发展中可能存在差异，会出现各个系统的发展水平都偏低、耦合度低的情况，通过借鉴相关文献的处理方式，进一步优化该模型，构建多系统耦合协调度评价模型：$D = \left(C \times T \right)^{\frac{1}{2}}$，$T = av_1 + bv_2 + \cdots + fv_n$，$D$ 是系统间的耦合协调度，T 是系统间的综合评价指数，a、b、+...f 为待定系数且满足相加等于1，针对两系统，根据以往学者研究成果，我们认为 a=0.4，b=0.6。耦合协调度的等级划分如表 5-1 所示。

表 5-1 耦合协调度等级划分

序号	耦合协调度区间	耦合协调等级
1	0～0.1	极度失调
2	0.100001～0.2	严重失调
3	0.200001～0.3	中度失调
4	0.300001～0.4	轻度失调
5	0.400001～0.5	濒临失调
6	0.500001～0.6	勉强协调
7	0.600001～0.7	初级协调
8	0.700001～0.8	中级协调
9	0.800001～0.9	良好协调
10	0.900001～1	优质协调

通过耦合的定义可知，耦合是指两个（或两个以上）要素或者系统、运动形式通过特定的作用机制而相互影响的一种现象。耦合度则是系统或要素彼此相互作用影响的程度。协调是指两种或两种以上要素或者系统之间相互作用、相互影响，并达到和谐一致、良性循环的关系。耦合协调度是用于衡量系统之

间或系统内部要素之间在发展过程中互相作用达到和谐一致的程度，体现的是系统由无序走向有序的过程。通过理论分析可以得知，旅游业发展与经济社会要素间的互动机制符合系统耦合协调的定义与特征，为此可以用于耦合协调的方法量化分析青岛旅游业与城市化进程、经济发展、文化发展、生态环境的融合发展。

三、青岛旅游业多元融合发展特征分析

（一）青岛旅游业与城市化进程融合发展研究

1.模型结果分析

根据上述方法公式，构建的青岛旅游业发展与城市化进程的指标体系，计算得出青岛旅游业系统与城市化进程系统中各个指标权重，如表5-2所示。

表5-2　青岛旅游业系统和城市化进程系统各指标权重

系统	指标	权重
旅游业系统	旅游总收入（万元）	0.247533709
	国内旅游收入（万元）	0.257099316
	国际旅游收入（万元）	0.151624177
	国内旅游人次（万人）	0.200219384
	入境旅游人次（万人）	0.143523414
城市化进程系统	城镇化率（%）	0.106459918
	城市居住人口（万人）	0.479069182
	城市公共交通线路总长（千米）	0.132960105
	出租车数（辆）	0.114169826
	公共厕所数（个）	0.167340969

通过上文中对耦合方法的介绍，构建出青岛旅游业发展与城市化进程耦合协调度评价模型，计算出1998~2016年青岛旅游业系统与城市化进程系统综合评价指数V1、V2、耦合度、耦合协调度，根据耦合协调度划分耦合协调等级，据此评价1998~2016年青岛旅游业发展与城市化进程之间的融合发展协调关系。具体耦合评价结果如表5-3、图5-3所示。

表5-3 青岛旅游业系统与城市化进程系统综合发展指数、
耦合协调度和等级

年份	V1	V2	C	T	D	耦合协调等级
1998	0.001	0.229896105	0.065667	0.138338	0.095311	极度失调
1999	0.013998781	0.289755194	0.209671	0.179453	0.193974	严重失调
2000	0.035685869	0.269326961	0.321418	0.175871	0.237756	中度失调
2001	0.06394681	0.197150016	0.430037	0.143869	0.248735	中度失调
2002	0.10912048	0.128162262	0.498387	0.120546	0.245109	中度失调
2003	0.096223726	0.11387316	0.498233	0.106813	0.23069	中度失调
2004	0.175052788	0.138721386	0.496637	0.153254	0.275883	中度失调
2005	0.237128856	0.191450628	0.497152	0.209722	0.322899	轻度失调
2006	0.312051679	0.205114348	0.489194	0.247889	0.348233	轻度失调
2007	0.405110523	0.223789541	0.478768	0.296318	0.376653	轻度失调
2008	0.34571854	0.233068736	0.490438	0.278129	0.36933	轻度失调
2009	0.419235669	0.258224279	0.485673	0.322629	0.395844	轻度失调
2010	0.485175742	0.31341342	0.488298	0.382118	0.431958	濒临失调
2011	0.561376718	0.348530502	0.486128	0.433669	0.45915	濒临失调
2012	0.663353964	0.456985834	0.491444	0.539533	0.514928	勉强协调
2013	0.731411405	0.815389379	0.499263	0.781798	0.624758	初级协调
2014	0.795548395	0.846219944	0.499762	0.825951	0.642479	初级协调
2015	0.886978929	0.878460464	0.499994	0.881868	0.664025	初级协调
2016	1	0.951045908	0.499843	0.970628	0.696535	初级协调

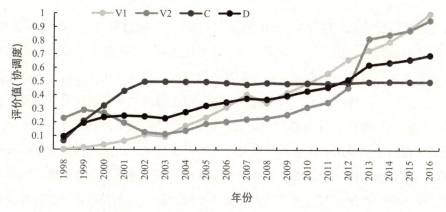

图5-3 青岛旅游业与城市化进程综合发展水平和耦合协调度

2.融合发展水平评价与分析

（1）综合发展指数的评价与分析。从表5-3和图5-3可以看出，1998~2016年青岛旅游业和城市化进程系统的综合发展指数V1、V2总体趋势均是逐渐升高。从城市化进程系统来看，城市化进程系统的综合发展指数在1999~2003年经历了一个下降的过程，2004~2011年一直平稳上升，2012~2016年加速上升。我们具体可以将青岛旅游业和城市化进程系统的综合发展分为三个阶段：1998~2003年是第一阶段，2004~2011年是第二阶段，2012~2016年是第三阶段。在第一阶段中，青岛经历了行政中心搬迁带动城市布局变化的过程，由于青岛南北发展存在的各种问题，青岛整体的发展向东扩张。在这五年中，虽然向东扩张的战略使得东部以前大片的农村地区地域上逐渐城市化，但是东部地区尚处于开发当中，配套设施不完善、交通不便利、生活环境较差都是问题。此时的旅游业发展受生活水平的制约以及社会环境的影响并未受到重视，综合发展指数也是处于较低水平，但作为1998年国家命名的首批中国优秀旅游城市，青岛的旅游业还是处于稳步发展的阶段。第二阶段，也就是2004~2011年，随着青岛成功完成向东扩张的战略，东部新城成功建成，成为青岛新的行政、金融和商业中心，地域上的青岛地区更广阔、人口上城市居住人口更多，配套设施方面也更加完善，北部高新区也开始发展，城市化进程综合发展指数在此期间一直处于上升阶段。旅游业发展指数在这一阶段也是逐渐上升，并且指数值一直高于城市化进程综合发展指数，一方面是因为青岛地理位置优越，与日本、韩国等国家隔海相望，而且具有丰富的旅游资源，不断吸引游客的来访。另一方面，青岛城市化进程的不断推进，使得青岛的建设越来越好，也进一步推动了青岛旅游业的发展。并且，在这段时间青岛成为北京奥运会唯一伙伴城市，大大提升了青岛旅游城市的知名度。第三阶段，在2012~2016年期间，青岛的发展规划开始向西拓展，2012年经国务院批复，撤销了青岛原黄岛区和胶南县级市设立了新的黄岛区，成为中国第九个国家级新区。围绕胶州湾进行发展，架构了东岸城区、西岸城区、北岸城区三城联动的"品字型"框架。与之前突破东部地区不同的是，这次发展建立在青岛经过了三十多年的发展基础之上，整体发展较为迅速，城市化进程综合发展指数也迅速升高，青岛旅游业发展在这一时期的空间变得更加广阔，旅游业综合发展指数连年提升。

（2）耦合协调度的评价与分析。从表5-3和图5-3可以看出，青岛旅游业系统和城市化进程系统耦合协调度逐渐升高，从1998年的0.095311到2016年的0.696535，耦合协调等级也从极度失调变化为初级协调，这表明两个系统之间的相互作用逐渐增强，两者耦合协调发展得越来越好，融合发展得越来越融洽。根据表5-3耦合协调等级的划分，可以看出在1998~2004年，青岛旅游业系统与城市化进程系统的耦合协调等级一直处于失调过度的阶段，这主要是由于当时青岛旅游业的发展没有跟上城市化进程的推进，两者之间的发展并没有产生过多的融合和联结。2005~2011年虽然两个系统之间仍存在失调现象，但情况有所好转，究其原因，一部分是因为对旅游业发展的重视，另一方面城市化进程在这一阶段有了明显的发展。旅游业系统和城市化进程系统之间开始有了融合协调发展的趋势。2012~2016年，旅游业系统与城市化进程系统耦合协调度不断提高，已经达到协调发展的等级。在这一时间段里，青岛获得了全国旅游城市游客满意度第一的称号，并获批了首批国家级旅游业改革创新先行区，这都表明青岛旅游业与城市化进程之间的发展相互融合、相互协调。这三个时间段与青岛旅游业系统和城市化进程系统的综合发展指数划分的时间段相吻合，也进一步说明了青岛旅游业与城市化进程融合发展的过程。

结合青岛旅游业系统和城市化进程系统综合发展指数和两者的耦合协

调度进行分析，可以看出，在 1998~2003 年这一时间段内，青岛旅游业系统综合发展指数一直落后于城市化进程系统综合发展指数，并且耦合协调度一直是失调过度的状态，我们可以将这一时期划分为旅游业发展滞后期。在 2004~2012 年期间，青岛旅游业综合发展指数大于城市化进程系统综合发展指数，并且耦合协调度从失调过度状态转变至勉强协调状态，这一时期我们可以认为是城市化进程发展滞后期。2013~2016 年，虽然城市化系统综合发展指数大于旅游业综合发展指数，但两者指数差距相比于前两个时期较小，耦合协调度也一直处于初级协调的状态，这一时期我们可以认为是青岛旅游业发展与城市化进程融合协调发展期。

（二）青岛旅游业与经济融合发展研究

1. 指标体系建立

根据上述方法公式，构建的青岛旅游业发展与经济发展的指标体系以及青岛相关数据，计算得出青岛旅游业系统与经济发展系统中各个指标权重，如表 5-4 所示。

通过上面中对耦合方法的介绍，构建出青岛旅游业发展与经济发展耦合协

表 5-4　青岛旅游业系统和经济发展系统各指标权重

系统	指标	权重
旅游业系统	旅游总收入（万元）	0.247533709
	国内旅游收入（万元）	0.257099316
	国际旅游收入（万元）	0.151624177
	国内旅游人次（万人）	0.200219384
	入境旅游人次（万人）	0.143523414
经济发展系统	GDP（亿元）	0.181753409
	人均 GDP（元）	0.170399964
	第三产业产值（亿元）	0.206605846
	社会消费品零售总额（万元）	0.213945081
	社会固定资产投资额（万元）	0.227295700

调度评价模型，计算出 1998~2016 年青岛旅游业系统与经济发展系统综合评价指数 V1、V3、耦合度、耦合协调度，根据耦合协调度划分耦合协调等级，据此评价 1998~2016 年青岛旅游业发展与经济发展之间的融合发展协调关系。具体耦合评价结果如表 5-5 和图 5-4 所示。

表 5-5　青岛旅游业系统与经济发展系统综合发展指数、
耦合协调度和等级

年份	V1	V3	C	T	D	等级
1998	0.001	0.00416938	0.395	0.002902	0.033855	极度失调
1999	0.013998781	0.009131289	0.488803	0.011078	0.073587	极度失调
2000	0.035685869	0.021876654	0.485399	0.0274	0.115326	严重失调
2001	0.06394681	0.036450568	0.480883	0.047449	0.151054	严重失调
2002	0.10912048	0.053923278	0.470476	0.076002	0.189096	严重失调
2003	0.096223726	0.082783247	0.498589	0.088159	0.209655	中度失调
2004	0.175052788	0.126201657	0.493382	0.145742	0.268154	中度失调
2005	0.237128856	0.176920094	0.494685	0.201004	0.315331	轻度失调
2006	0.312051679	0.213816281	0.491198	0.25311	0.352601	轻度失调
2007	0.405110523	0.262848882	0.488528	0.319754	0.395232	轻度失调
2008	0.34571854	0.328708881	0.499841	0.335513	0.409516	濒临失调
2009	0.419235669	0.385455264	0.499559	0.398967	0.446439	濒临失调
2010	0.485175742	0.464348315	0.49988	0.472679	0.486089	濒临失调
2011	0.561376718	0.5555291	0.499993	0.557868	0.528138	勉强协调
2012	0.663353964	0.637389864	0.4999	0.647776	0.569055	勉强协调
2013	0.731411405	0.728508999	0.499999	0.72967	0.604015	初级协调
2014	0.795548395	0.815530695	0.499962	0.807538	0.635404	初级协调
2015	0.886978929	0.900887151	0.499985	0.895324	0.669065	初级协调
2016	1	1	0.5	1	0.707107	中级协调

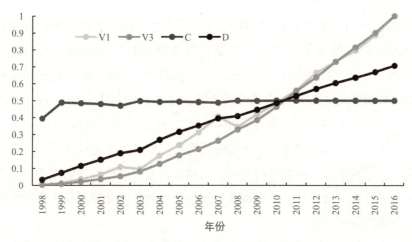

图5-4 青岛旅游业与经济综合发展水平和耦合协调度

2.融合发展水平评价与分析

（1）综合发展指数的评价与分析。通过表5-5和图5-4可知，青岛旅游业系统和经济发展系统综合发展指数在1998~2016年期间一直是向上的趋势，特别是经济发展综合发展指数连年提高，而旅游业系统综合发展指数在2002~2003年和2007~2008年还有短暂的下降，这主要是由于2003年全国发生了非典事件，受大环境影响以及人们对非典事件的恐慌，旅游业的发展遭到重创；2008年青岛作为北京奥运会唯一伙伴城市，承担着北京奥运会海上赛事的举办任务，2007~2008年上半年青岛一直在为北京奥运会的举办做最后的冲刺，一部分海边区域因为北京奥运会的原因占用了大量的旅游资源，而青岛的旅游业主要依靠于海洋资源，因此青岛的旅游业在这一时期受到了短暂的影响。青岛的经济发展从1998年到2016年一直处于高速发展的阶段，由于特殊的地理位置，青岛的对外贸易一直是经济发展的重点，近年来，旅游业也逐渐成为青岛经济发展的支柱产业，青岛经济发展还有一个先天的优势就是拥有丰富的海洋资源。政策的支持、地理位置的优势和丰富的海洋资源使得青岛的经济发展一直处于山东省的领先地位，经济发展系统的综合发展指数从1998年的0.00416938上升至2016年的1，可见青岛的经济发展增长迅速。

（2）耦合协调度的评价与分析。通过表5-5和图5-4可知，青岛旅游业系统和经济发展系统耦合协调度逐渐提高，1998年耦合协调度仅为0.033855，

2016 年耦合协调度上升至 0.707107。两个系统之间耦合协调发展趋势越来越明显，1998 年青岛旅游业系统和经济发展系统耦合协调等级是极度失调，2016 年两个系统之间的耦合协调等级已经达到中度协调，融合发展的效果越来越好。旅游业的发展对于青岛经济发展的推动作用是十分明显的，2008 年前后青岛的经济发展还是主要依靠第一、第二产业带动，而在 2016 年青岛的发展规划中已经明确旅游业将成为新时期青岛经济发展的支柱产业。从另一个角度来看，近四十年青岛的经济发展推动城市各方面基础设施的完善、生态环境得到合理开发、利用和保护、商业和娱乐业得到蓬勃发展都在一定程度上促进了青岛旅游业的发展。

结合青岛旅游业系统和经济发展系统综合发展指数、耦合协调度和耦合协调度等级来看，我们可以将青岛旅游业和经济融合发展划分为两个阶段：第一阶段是 1998~2007 年，第二阶段是 2008~2016 年。第一阶段中青岛旅游业和经济发展的融合程度较差，耦合协调等级一直处于失调状态，但需要注意的是这里的失调状态并不是说青岛旅游业与经济的发展没有融合，作为经济发展的一部分，旅游业的发展肯定会与经济发展产生相互联结的关系，只是融合发展程度和协调发展程度不够，这一阶段我们可以认为是青岛旅游业与经济发展融合不协调阶段。第二阶段中，最主要的节点是 2008 年，一方面在 2008 年青岛作为北京奥运会海上赛事的承办城市，旅游业发展得到促进，青岛旅游城市的知名度大大提升，另一方面 2008 年受到全球金融危机的影响，国家出台新的刺激经济增长的政策，青岛的经济发展迎来新的发展机遇期。经过 2008~2011 年这三年的转换恢复发展期，青岛旅游业系统和经济发展系统耦合协调度也从濒临失调状态提升至勉强协调状态，并在五年后提升至中级协调状态，由此将第二阶段认为是青岛旅游业与经济融合协调发展阶段。

（三）青岛旅游业与文化融合发展研究

1. 指标体系建立

根据上述方法公式，构建的青岛旅游业发展与文化产业发展的指标体系以及青岛相关数据，计算得出青岛旅游业系统与文化产业系统中各个指标权重，如表 5-6 所示。

表 5-6 青岛旅游业系统和文化发展系统各指标权重

系统	指标	权重
旅游业系统	旅游总收入（万元）	0.247533709
	国内旅游收入（万元）	0.257099316
	国际旅游收入（万元）	0.151624177
	国内旅游人次（万人）	0.200219384
	入境旅游人次（万人）	0.143523414
文化产业系统	文化事业机构数（个）	0.145636583
	文化事业从业人员（人）	0.144664195
	文物事业机构数（个）	0.072641371
	文物事业从业人员（人）	0.079005080
	剧团数（个）	0.128088106
	剧团从业人员（人）	0.145770730
	剧团演出收入（万元）	0.017338846
	文化机构总数（个）	0.145268499
	文化产业增加值（亿元）	0.121586998

通过上文中对耦合方法的介绍，构建出青岛旅游业发展与文化产业发展的耦合协调度评价模型，计算出 1998~2016 年青岛旅游业系统与文化产业发展系统综合评价指数 V1、V4、耦合度、耦合协调度，根据耦合协调度划分耦合协调等级，据此评价 1998~2016 年青岛旅游业发展与文化产业发展之间的融合发展协调关系。具体耦合评价结果如表 5–7、图 5–5 所示。

表 5-7 青岛旅游业系统与文化发展系统综合发展指数、
耦合协调度和等级

年份	V1	V4	C	T	D	等级
1998	0.001000	0.045862	0.006772	0.027917	0.013750	极度失调
1999	0.013999	0.045430	0.025218	0.032857	0.028785	极度失调
2000	0.035686	0.043557	0.039425	0.040409	0.039914	极度失调

续表

2001	0.063947	0.042260	0.051985	0.050935	0.051457	极度失调
2002	0.109120	0.040574	0.066539	0.067992	0.067262	极度失调
2003	0.096224	0.039578	0.061712	0.062236	0.061973	极度失调
2004	0.175053	0.038895	0.082515	0.093358	0.087769	极度失调
2005	0.237129	0.040475	0.097969	0.119137	0.108035	严重失调
2006	0.312052	0.041068	0.113205	0.149462	0.130076	严重失调
2007	0.405111	0.047599	0.138862	0.190603	0.162689	严重失调
2008	0.345719	0.044301	0.123757	0.164868	0.142841	严重失调
2009	0.419236	0.041148	0.131342	0.192383	0.158959	严重失调
2010	0.485176	0.042341	0.143327	0.219475	0.177360	严重失调
2011	0.561377	0.045703	0.160177	0.251972	0.200898	中度失调
2012	0.663354	0.043376	0.169627	0.291367	0.222314	中度失调
2013	0.731411	0.049082	0.189470	0.322014	0.247006	中度失调
2014	0.795548	0.058738	0.216168	0.353462	0.276419	中度失调
2015	0.886979	0.056576	0.224013	0.388737	0.295097	中度失调
2016	1.000000	0.078216	0.279671	0.446930	0.353544	轻度失调

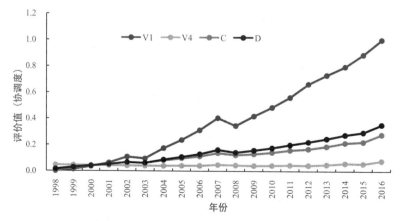

图 5-5 青岛旅游业与文化综合发展水平和耦合协调度

2. 融合发展水平评价与分析

（1）综合发展指数的评价与分析。从图 5-5 和表 5-7 可以看出，1998~2016 年青岛旅游业和文化产业系统的综合发展指数 V1、V4 总体趋势均是逐渐升高，但 V4 的数值明显低于 V1。从旅游业来看，虽然旅游业综合发展指数总体趋势不断上升，但旅游业系统综合发展指数在 2002~2003 年和 2007~2008 年还有短暂的下降，原因同样是受到 2003 年非典和 2008 年奥运会的影响。从文化产业系统来看，文化产业系统的综合发展指数在 1999~2014 年一直处于一个较低水平，且变化幅度不大，2015~2016 年处于逐渐上升的状态，但波幅依然较小，说明青岛地区文化产业发展水平整体不高，与文化产业发展先进的城市如北京、上海相比，还存在一些明显的差距，主要表现在以下方面。

第一，文化产业发展的总体规模相对较小。青岛文化产业的总量较小，尽管在青岛文化产业增加值占全市 GDP 比重居于山东省内领先地位，但从全国范围内看，青岛与其他许多城市的差距十分明显。

第二，文化产业发展的定位较为模糊并且产业结构不够清晰。相较于其他产业来看，青岛文化产业的发展总体定位不够明确，没有找到清晰的发展突破口，也没有打造出文化品牌，产业整体发展较为落后。正是由于没有找到正确的发展切入点和发展侧重点，所以青岛文化产业结构比较混乱。当前，国家致力于"一带一路"战略实施，青岛应借此机会推动海洋文化产业的发展，打造反映青岛海洋特色的文化品牌，以此作为青岛文化产业的目标，重新梳理文化产业发展结构，完成从传统意义上的以图书、影像等文化用品，以及服装、餐饮、印刷设备和相关产品为主的文化产业发展结构向网络文化、创意动漫、休闲娱乐、文化旅游、广告会展等高附加值为主的文化产业发展结构升级。

第三，缺乏文化产业高端人才。当前，对于文化产业的发展来说，极度缺乏高素质高水平的人才。青岛的文化企业规模都比较小，吸引不了高端人才，正是由于缺乏高端人才，所以文化创意产品较少而且不能够产生很大的影响力，导致文化产业发展整体水平较为落后。

第四，文化消费需求有待提高。虽然青岛的经济发展速度和水平都处于山东省的前列，但居民的文化消费需求并不是很高，大众较低的文化产业消费力也成为文化产业规模处于落后水平的原因之一。

（2）耦合协调度的评价与分析。从图5-5和表5-7可以看出，青岛旅游业系统和文化产业系统耦合协调度逐渐升高，从1998年的0.013750到2016年的0.353544，1998~2010年青岛旅游业与文化产业耦合度变化幅度较小，2010~2016年耦合度变化幅度较大，耦合协调等级从1998年极度失调变化为2016年轻度失调，这表明青岛两个系统之间的相互作用逐渐增强，两者耦合协调发展的越来越好，但旅游业与文化产业耦合协调度依然不尽人意，2016年的耦合协调度依然为等级较低的的轻度失调。根据表5-7耦合协调等级的划分，我们可以看出在1998~2004年，青岛旅游业系统与文化产业系统的耦合协调等级一直处于极度失调的阶段，这主要是由于当时青岛政府及人民对文化产业的发展没有加以重视，并没有给予大力扶持，再加上青岛旅游业一向以自然景观旅游为主，导致两者之间的发展并没有产生过多的融合和联结。2005~2010年虽然两个系统之间仍然是严重失调，但情况有所好转，究其原因，一部分是因为对旅游业发展的重视，另一方面文化产业在这一阶段有了明显的发展。旅游业系统和文化产业系统之间开始有了融合协调发展的趋势。2010~2015年，旅游业系统与文化产业系统耦合协调度提高到中度失调。自2011年以来，青岛相继引入了一批大型旅游项目，而这些大型项目大多涉及旅游与文化产业的融合，如西海岸的万达东方影都，城阳区的青岛华强文化科技产业园等。2015~2016年，旅游业系统与文化产业系统耦合协调度提高到轻度失调，这是因为在这段时间内，青岛共开工建设8处文化创意产业园，主要有市北区建筑创意产业园、李沧区的沧口老工业区文化创意产业园、凤凰岛文化创意产业园、城阳文化创意产业园等。青岛对这一模式的选择主要依赖于青岛独特的城市风貌和特色工业、特色文化资源，对其内涵进行挖掘，并注入创意设计。在政府政策的扶持下，青岛正努力形成具有青岛特色的较为完善的文化创意园区产业群。同时在这段时间内青岛获得了全国旅游城市游客满意度第一的称号，并获批了首批国家级旅游业改革创新先行区，这都表明青岛旅游业与文化产业之间的发展相互融合、相互协调。

结合青岛旅游业系统和文化产业系统综合发展指数和两者的耦合协调度进行分析，可以看出，在 1998~2000 年这一时间段内，青岛旅游业系统综合发展指数稍低于文化产业发展进程系统综合发展指数，并且耦合协调度一直是极度失调的状态，我们可以将这一时期划分为旅游业发展落后期。在 2000~2016 年期间，青岛旅游业综合发展指数大于文化产业系统综合发展指数，并且耦合协调度从极度失调状态转变至轻度失调状态，这一时期我们可以认为是文化产业发展落后期，但总体来看旅游业的发展要好于文化产业。长期以来，文化产业的发展水平较为落后，不能够与旅游业的发展产生相互融合、共同促进发展的效果。青岛一直是依托丰富的自然旅游资源来发展旅游业，注重打造休闲度假为主要特色的旅游地，对于旅游业与文化产业的相互结合并没有进行深入探索和发展，许多文化资源没有能够得到有效地、深层次地开发利用，也没有打造出具有特色的文化旅游产品。整体来看，青岛旅游业的发展较为单一，旅游产品种类较少，基本上都是休闲度假游一个类型，不能有效满足旅游市场日益增长的不同消费需求，这在很大程度上制约了青岛旅游业水平的提升。1998~2016 年青岛的文化旅游资源开发利用总体上存在以下问题。

第一，缺少文化旅游产品以及文化旅游品牌。青岛的文化旅游资源相对来说开发较为滞后，并且长期以来，青岛旅游业发展集中于山和海等自然资源方面，文化旅游产品种类单一，缺乏核心的文化旅游产品，更不用说形成知名的文化旅游品牌。要想成功地发展一个文化旅游区，则需要开发出一个或者更多的文化旅游核心产品并打造出一个或多个文化旅游品牌。

第二，文化旅游资源开发力度不足，文化旅游吸引力不够。在文化旅游资源开发方面，青岛的发展较为落后，旅游市场上文化旅游产品普遍缺乏吸引力。这主要因为：一方面，青岛缺乏文化内涵丰富的旅游资源，特别是一些具有历史渊源和意义的历史文化旅游资源；另一方面，一些具有开发价值的资源没有得到重视和利用，政府对于文化旅游资源的开发力度也不够，一些文化旅游资源开发的旅游产品缺乏内涵且知名度较小，游客的接受程度较低，产生了对青岛文化旅游的整体发展不利影响，并且在一定程度上阻碍了文化旅游的经济带动作用。

综上所述，青岛文化旅游并没有得到有效开发和利用，虽然近些年来出现一些文化旅游产品，比如每年一度的青岛啤酒节为青岛文化旅游业发展开了一个好头，但也应该清醒地意识到青岛文化旅游资源开发中仍存在不少问题，如政府对于文化旅游资源的开发不够重视，扶持力度不够，缺乏科学的规划和决策等。因此，在文化产业发展与旅游业发展相互融合的背景下，基于上述对文化旅游资源与旅游业发展的分析，青岛应着力强化对文化旅游资源的开发和利用，解决上述提到的问题，克服当前文化旅游资源开发存在的局限性，提高青岛文化旅游的整体水平，促进青岛旅游业和文化产业融合发展。

（四）青岛旅游业与生态环境融合发展研究

1. 指标体系建立

根据上述方法公式，构建的青岛旅游业发展与生态环境指标体系以及青岛相关数据，计算得出青岛旅游业系统与生态环境系统中各个指标权重，如表5-8所示。

表5-8 青岛旅游业系统和生态环境系统各指标权重

系统	指标	权重
旅游业系统	旅游总收入（万元）	0.247533709
	国内旅游收入（万元）	0.257099316
	国际旅游收入（万元）	0.151624177
	国内旅游人次（万人）	0.200219384
	入境旅游人次（万人）	0.143523414
生态环境系统	工业废水排放总量（万吨）	0.154668989
	工业废气排放总量（亿标立米）	0.105102069
	工业固体废物产生量（万吨）	0.154668989
	建成区绿化覆盖率（%）	0.122727738
	城市人均公园绿地面积（平方米）	0.153990654
	市区区域环境噪声平均等效声级（分贝）	0.154668989
	市区空气质量优良率（%）	0.154172573

通过前面对耦合方法的介绍，构建出青岛旅游业发展与生态环境的耦合协调度评价模型，计算出 1998~2016 年青岛旅游业系统与生态环境系统综合评价指数 V1、V5、耦合度、耦合协调度，根据耦合协调度划分耦合协调等级，据此评价 1998~2016 年青岛旅游业发展与生态环境之间的融合发展协调关系。具体耦合评价结果如表 5-9、图 5-6 所示。

表 5-9　青岛旅游业系统与生态环境系统综合发展指数、耦合协调度和等级

年份	V1	V5	C	T	D	等级
1998	0.001000	0.569176	0.023857	0.341906	0.090316	极度失调
1999	0.013999	0.569056	0.089253	0.347033	0.175994	严重失调
2000	0.035686	0.569053	0.142503	0.355706	0.225143	中度失调
2001	0.063947	0.528107	0.183768	0.342443	0.250859	中度失调
2002	0.109120	0.528636	0.240177	0.360830	0.294386	中度失调
2003	0.096224	0.526213	0.225020	0.354217	0.282323	中度失调
2004	0.175053	0.516981	0.300831	0.380210	0.338199	轻度失调
2005	0.237129	0.509857	0.347709	0.400765	0.373296	轻度失调
2006	0.312052	0.500419	0.395166	0.425072	0.409846	濒临协调
2007	0.405111	0.485830	0.443638	0.453542	0.448563	濒临协调
2008	0.345719	0.487577	0.410566	0.430834	0.420578	濒临协调
2009	0.419236	0.468773	0.443313	0.448958	0.446127	濒临协调
2010	0.485176	0.471726	0.478403	0.477106	0.477754	濒临协调
2011	0.561377	0.476280	0.517080	0.510318	0.513688	勉强协调
2012	0.663354	0.476606	0.562280	0.551305	0.556766	勉强协调
2013	0.731411	0.488063	0.597474	0.585402	0.591407	勉强协调
2014	0.795548	0.489728	0.624181	0.612056	0.618089	初级协调
2015	0.886979	0.484830	0.655770	0.645690	0.650710	初级协调
2016	1.000000	0.464070	0.681227	0.678442	0.679833	初级协调

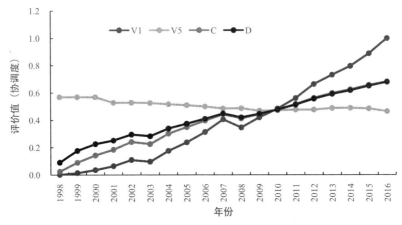

图 5-6　青岛旅游业与生态环境综合发展水平和耦合协调度

2.融合发展水平评价与分析

（1）综合发展指数的评价与分析。青岛位于我国东部沿海地区，地理位置优越，具有显著的海洋性气候特征和较为良好的生态环境净化能力。同时由于青岛各级政府坚持以人为本，不断加大对生态环境的监管和治理，大力支持青岛生态环境保护事业，青岛的生态环境质量近年来得到了不断地改善和提高。但由于多年来传统产业结构的影响，青岛旅游及生态资源消耗量不断增加，污染问题仍较为严重，预计当前及未来很长一段时间，生态环境问题仍然会成为阻碍青岛旅游经济发展和社会活动开展的重大问题。

根据表 5-9、图 5-6 可得出，旅游经济与生态环境发展的阶段性特征较为明显，其中旅游经济显现出更强的阶段性特征。同时，青岛的整体旅游经济发展具有波动性上涨特征，1998 年的数值是 0.001，2016 年的数值是 1.000，平均增幅比较大。从图中可知，在 1998~2016 年旅游经济波动期间，其中 2008 年旅游指数具有降幅较大的趋势，是一个明显的拐点，这可能是由于奥运会的举办和国际金融危机的爆发对青岛旅游经济的发展起到了负面影响，尤其是对入境旅游人次产生了较大影响。虽然青岛在 2008 年、2009 年旅游业由于受到国际特殊事件的影响遭遇滑铁卢，但青岛能迅速做出反应，出台相关政策，采取相关措施，自 2009 年以后旅游经济效益又继续持续增长，这也充分说明旅游业的弹性是较强的。总体来说，依靠其独特的滨海旅游特色以及受政治经济等支持的影响，青岛旅游经济总体呈现持续快速发展的状况。

生态环境发展水平由 1998 年的 0.569176，下降到 2016 年的 0.464070，生态环境指数呈下降趋势。但与旅游经济相比，生态环境指数的波动幅度较小。1998~2004 年，青岛生态环境人为破坏较小，旅游人数相对较少，生态环境综合指数相对处于较高水平，但也呈下降趋势。2005~2008 年，生态环境指数呈持续下降趋势，并在 2007 年达到 10 年间最低水平。此后，2008~2016 年间生态环境状况稳定且持续改善，虽然有小幅度波动，但达到了平稳状态。

（2）耦合协调度的评价与分析。由表 5-9 和图 5-6 可以看出，从 1998 年到 2007 年，旅游经济与生态环境之间的差距逐渐缩小，而耦合协调度的值在不断增大。2008 年，旅游经济经历了较大的衰退，与生态环境系统之间的差距拉大，相应的 D 值也有所下降。旅游经济和生态环境的耦合状况在 2009 年到 2012 年逐渐恢复。生态环境在 2013 年到 2016 年持续下降，同时旅游经济发展速度逐渐上升，整体差距缩小，D 值开始具有逐渐上升势头，旅游经济与生态环境形成较好的耦合关系。

青岛 1998~2016 年旅游经济与生态环境系统的耦合协调状况逐渐提升并且发展的越来越稳定。1998 年耦合协调度 D 是 0.090316，2016 年的耦合协调度 D 是 0.679833，虽然其中有波动，但上升势头较为显著。1998 年 D 小于 0.1，为极度失调，1999 年耦合程度为严重失调，2000~2003 年 D 小于 0.3，耦合程度属于中度失调，2005~2010 年耦合程度为濒临协调，2011~2013 年 D 处于 0.4~0.5 之间，为勉强协调的耦合等级，这是由于青岛采取了一系列的环境保护规划和整治措施，例如《2013-2015 年胶州湾流域污染综合整治方案》，严格监控各类企业的污水排放，改善了生态环境质量。从 2014 年开始到 2016 年耦合协调度 D 小幅波动稳定上升，系统之间的耦合关系迈向了初级协调阶段。2006~2014 年青岛生态环境效益由濒临协调发展为初级协调水平，主要原因是青岛政府加强了当地生态环境保护和整治，并大力建设森林公园、各级自然保护区、湿地等各类生态区域，市区建成区绿化覆盖率由 2004 年的 38.8% 上升到 2014 年的 44.7%，生态环境得到了较大改善。结果表明，虽然青岛生态环境与旅游协调发展水平较低，但二者的协调融合度具有良好势头。

V1 数值在 1998 年到 2010 年整体上小于 V5，虽然期间有波动，但生态环境在总体上处于领先地位，说明生态环境的发展状况较旅游业的发展水平来说相对较好。但在之后的 2011~2016 年，旅游经济的发展水平赶超生态环境发展水平，生态环境的预留空间在逐步减小，再加上城市化进程的不断推进，使得生态环境与经济发展之间的的矛盾逐渐突出。因此，青岛相关部门需要根据近几年来旅游与环境两者的变化状况，了解系统间耦合协调发展的规律，做出正确的反应，促进旅游经济与生态环境协调可持续发展。

四、青岛旅游业发展潜力评价

在多元融合的基础上，为了揭示青岛旅游业在多元融合发展进程中所具有的发展特征，由多元融合的宏观分析转为对青岛旅游业发展的微观与中观要素分析，基于第四章的影响因素与数理统计分析，构建了青岛旅游业发展潜力评价指标体系与评价模型，从青岛旅游业的发展效率、发展质量与竞争力三个方面对青岛旅游业发展潜力进行评价研究，发掘影响青岛旅游业发展效率、发展质量与竞争力的要素，优化青岛旅游业发展的资源布局。由于在评价过程中，发展效率、发展质量与竞争力评价的侧重点存在一定差异，所选用的评价方法根据评价目标的差异也进行了合理的调整。

（一）基于 DEA 模型的青岛旅游业发展效率评价

对效率的评价既有定性评价，也有定量评价。本节对青岛旅游业在发展过程中的效率情况进行了客观评价，以城市相关的公开数据为依据，运用 DEA 方法来进行定量评价，并对得到的结论进行分析。

1. 数据包络分析方法（Data Envelopment Analysis，DEA）

效率针对的是投入和产出之间的关系，在投入了一定的资源和生产要素之后，获得一定的成果和产出。而一般来说，单位投入带来的产出越多就说明效率越高。投入资源一般有三个方面，分别是土地、劳动力和资本。由于旅游业的特殊性，在研究关于旅游发展的效率时，对于土地因素的考虑相对较小，更多地关注劳动力和资本这两个方面。在已有的文献和研究中，专家学者已经对于旅游的定义有了一个明确的认识，从狭义的角度来说，就是涵盖了人们日常生活中的"食、住、行、游、购、娱"这六个方面。其中食、住和行这三个方面是旅游中的基本更是重点，而且在数据统计方面更加全面和具体；游、购和娱这三个方面也会用一些相关的统计年鉴中的数据来代表。

数据包络分析法（Data Envelopment Analysis，DEA）是用来衡量效率与否的一种非常经典和常用的方法。在进行 DEA 分析时，一般的考察内容是以"相对效率"概念为基础，进行评价和比较分析。模型测算主要是通过决策单元（Decision Making Unit，DMU）中的投入产出数据进行线性规划和计算，根据其得到的结果构造出数据包络线。最后衡量效率与否的方式是看模型中的单元是否能落到其边界上。如果落入，则意味着已经是效率的 DMU，此时效率值为 1；如果没有落入则说明是无效率 DMU，其效率值是低于 1 的。换言之，DEA 最后的目的是帮助测算投入的指标是否达到效率，而对于无效率决策单元，模型可以进一步的解答出通过增加或者降低投入量来达到效率，从而帮助其提高效率。

由于 DEA 投入指标和产出指标都可以不是单一的，所以十分适合分析像旅游业发展这种比较复杂，需要衡量多个投入指标，同时最后的考察指标也不唯一的现实问题。所以本节选择 DEA 模型，并以模型机理为框架，分别设计投入指标和输出指标，进行资源分配和配置效率情形的研究。

2. 数据来源及处理

研究选取了 2007~2016 年的年度数据。在指标的选择上，除了考虑前面说的根据旅游的内涵和定义来选择指标之外，也要考虑到数据的科学性和可获取性。由于直接的关于旅游业的数据统计口径大多不同，在青岛年鉴等公开数据中主要统计与旅游密切相关的餐饮、住宿、交通等方面的数据。这些数据一方面十分契合旅游业内涵，同时数据是可获取并真实客观的，所以可以作为衡量青岛旅游发展效率与否的指标。而且虽然旅游业的发展影响着城市的方方面面，同时也会被很多其他因素影响。但是在本节的研究中，主要看的是旅游业的发展水平，所以将指标更多地集中于餐饮、住宿、交通等方面。

基于以上的考虑，并参考国内外旅游业发展效率的相关研究所选择的投入产出指标的特点与性质，本节选取餐饮业单位数量、住宿单位数量、旅游环境质量、住宿和餐饮业城镇固定资产投资、住宿和餐饮业从业人数 5 个变量作为投入指标。另一方面，将旅游总收入、入境旅游总人次作为产出指标，构建了旅游业发展效率研究的相关概念框架（如表5-10）。文中全部指标的数据来源于青岛统计年鉴以及万德数据库，保证了本书数据的可靠性与科学性。

表5-10　旅游业发展效率投入产出指标设置及说明

类别	指标名称	单位	指标说明
投入指标	餐饮业单位数量	个	服务与接待的能力与规模情况
	住宿单位数量	个	
	旅游环境质量	无	
	住宿和餐饮业城镇固定资产投资	万元	
	住宿和餐饮业从业人数	人	
产出指标	旅游总收入	万元	旅游经济效益
	入境旅游总人次	人	旅游规模程度

在收集了原始数据之后，需要对其进行进一步的处理。由于DEA模型对于投入和产出两者之间不会建立直接的数学关系，而且数据在带入模型中时，主要进行的是线代模型计算，所以主要是将数据进行了标准化处理。

3.评价结果

借助从2007年到2016年的年度数据，以及DEA模型的测算得到最后青岛地区旅游发展效率的结果（如表5-11）。可以看出在一些年份，比如2009年、2010年以及2015年、2016年这段时间里，并没有处于DEA有效。这里2009年和2010年出现这种情况很大程度上是受到了2008年金融危机之后的一些波动影响导致的，对青岛旅游业发展带来了一些滞后的影响，使得效率水平波动下降。而2015年和2016年出现这种情况，主要是受"青岛大虾"事件带来的负面影响。可以看到，除了一些突发事件带来一定的问题外，青岛旅游业呈现较为积极健康的发展趋势，在出现问题的时候，政府层面能积极主动地处理，运用相应的办法努力止损，从中吸取经验教训，主动求变，亡羊补牢，使得旅游业发展效率即使存在一定的波动下降，也可以在短时间内止住颓势，没有让负面影响进一步的扩大。在 2010 年之后，青岛的旅游业发展又进入正轨，而在 2015 年发生"青岛大虾"事件后，2016 年市场的表现在效率值上也有了明显的起色。

表 5-11 青岛旅游效率测算结果

指标名称	2007	2008	2009	2010	2011	2012	2013	2014	2015	2016
综合效率	1	1	0.66	0.85	1	1	1	1	0.51	0.86
纯技术效率	1	1	0.65	0.85	1	1	1	1	0.65	0.97
规模效率	1	1	0.95	0.98	1	1	1	1	0.75	0.88

表 5-12 青岛旅游冗余测算结果

指标名称	2007	2008	2009	2010	2011	2012	2013	2014	2015	2016
餐饮冗余	0	0	2.33	3.54	0	0	0.40	0	0	0
住宿冗余	0	0	0	0	0	0	0	0	0.39	0
从业人员冗余	0	0	0	0	0	0	0	0	3.58	7.38
投资冗余	0	0	1.13	4.14	0	0	0	0	3.19	8.57

在对并没有达到效率的决策单元进行进一步的测算得到冗余结果可以看到，如果要达到效率对各个指标需要进一步的改动。青岛 2008 年、2011 年、2012 年和 2014 年在餐饮、住宿从业人员和资产投资指标上都是投入有效的，2013 年也仅仅是餐饮存在明显的冗余，这与之前的效率评价结果是一致的。而其他年份，都存在至少两项指标维度有明显的冗余现象。此外在住宿规模上的规划是比较科学合理的，大多是没有冗余的。而餐饮的冗余主要体现在 2009 年和 2010 年，近两年来，明显的冗余是从业人员和投资方面的。纵观十年，投资冗余在青岛旅游投入指标中最为严重。

目前来看，住宿和餐饮业是旅游业的主要组成部分和收入的重要渠道，这也是国内普遍存在的实际情况。特别是在改革开放之后，我国的餐饮业得到了长足的发展，对于青岛这种旅游热点城市来说，在这方面投入了更多的资源。但是我们也看到，青岛作为一个滨海城市，存在明显的旅游旺季和淡季。这就势必造成旅游资源需求随着季节不同带来明显差异。就结果来看住宿和餐饮业城镇固定资产投资冗余情况最为严重，造成大量的浪费。投资的冗余也会间接地加大在餐饮、宾馆和从业人员这三个指标上的冗余现象。所以就目前的结果来看，青岛还存在一定的投入要素冗余现象，需要根据自身的特点进行投入水平的调整，通过完善投资条件以及行业构架、凸显旅游特色行业、提高行业技术和员工职业素养等措施来增加产出，以最终达到提升地方旅游业发展效率的目的。

（二）基于因子分析的青岛旅游业发展质量评价

在上节旅游业发展效率测算基础上，本节进一步扩大研究的角度和纬度，增加考虑的指标，采用因子分析法，对青岛旅游业发展质量进行实证研究。在进行因子分析之前，首先就发展质量的影响因素进行一个整体评价，分析其中给产业发展带来重要影响的因素，并在此基础上，选择合适的指标进行因子分析，分析青岛旅游业发展质量存在的问题。

1. 旅游业发展质量的影响因素

产业的发展是一个漫长而复杂的过程，对于不同的城市来说既有许多共性的影响因素，同时也有很多个性的影响因素。对于旅游业来说，没有一个面面俱到的发展模式或者模板，而是需要全面并细致地分析，充分发挥优势，规避客观的短板，建立成熟规范的机制和制度，才能发展得长远而又富有生命力。

在对旅游业发展质量进行分析时，首先要将影响因素进行一个区分，政府因素、区位因素等属于外部因素，而旅游资源、产业结构等属于内部因素。

（1）外部环境分析。旅游业的发展和外部的环境息息相关。特别是旅游业会受到很多事件、政策影响，一些是利好的消息，有一些则会带来负面的效果。所以对于旅游业来说，外部环境也会对产业发展造成直接影响。在这其中主要的因素就包括如下几个。

①政府因素。政府作为政策发布等方面的发起和决定者，对于旅游业的影响是毋庸置疑的。政府对于旅游业发展的重视与否可以十分直接地体现在外部

环境是否有利于旅游业发展上。一般的来说，当行业发展尚不成熟，市场环境比较混乱且不具有规模的时候，政府的支持可以为行业提供许多便利，可以使得行业在一开始就具有一定的市场规模，有利于行业之后的发展。比如对于旅游业来说，一些地区的开发或者风景区的宣传在一开始没有什么知名度或者市场内的消费者还没有认可的时候，一般是很难起步的。但是政府的参与可以让旅游业迅速地度过一开始的艰难时期，可以完成旅游景区的建设以及一定的宣传，这对于旅游业的发展是至关重要的。

除了一开始政府支持的重要作用之外，在旅游业发展成熟之后政府也体现了很重要的作用。在市场规模不断扩大的时候，一般都急需要规章制度的完善和进一步发展才可以有效地监督市场，保障市场长期的健康发展，而政府就在其中充当了很重要的职能。政府的调控措施可以有效地调节市场，在一定程度上矫正市场存在的问题，提供市场未来发展的方向并制定相关的重要规章制度。这对于旅游业往高质量、高层次和多元化发展都是至关重要的。

②区位因素。区位因素是指旅游地区的地理位置。旅游区域地理位置对于当地旅游发展也是十分重要的。其中最直接的就是旅游地区是否符合消费者需要，是否迎合市场喜好。只有得到了市场认可，才可以迅速、长久发展。除了这点之外，旅游地区的交通情况也十分重要，如果旅游地区在交通上比较发达比较便利，同样可以更大程度地吸引游客来到这里参观游玩，同时也可以进一步的提高宣传作用。只有交通便利，才可以保障旅游地区规模化发展，促进旅游业进步从而达到一种良性循环。而且便利的交通也可以促进旅游地区配套需要的资源，比如食材、消费品等等，从而最大程度地满足人们需要。

③居民因素。在外部因素中，居民因素十分重要。居民因素主要体现在当地居民对于旅游业的态度和配合程度以及支持程度。因为旅游业不是独立的一种产业，当地居民也是旅游业的一种重要体现。在旅游过程中，人们除了在意自然风景，也关注人文风气，这就与当地居民息息相关。而且旅游业发展也会深深地影响着当地人。如果当地居民支持旅游业发展，那么就可以很大程度地促进旅游业发展。但是旅游业发展也会在一定程度上给当地环境带来一定压力，比如在人口上可能就会更加拥挤，而人口增加也会带来一定程度的环境污染。

这时当地居民的态度就需要尽可能地调整调和，而旅游相关部门也应该加大对环境方面的治理，将旅游区域尽可能地和当地居民生活区域有一定区分或者不要有过多的相互影响。

（2）内部因素分析。旅游业发展质量的内部影响因素主要有以下几点。

①资源因素。旅游资源是最为直接地作用于旅游业发展质量的重要内部因素。在这里，资源因素不是单单指旅游地区的自然风貌，而是对于消费者来说和旅游相关的所有内容，是一种综合性的因素。在旅游产业链上，各个部门分别完成其中游客在衣、食、住、行、购物和娱乐等方面的某一项内容，而结合起来就是整体的资源因素。资源因素直接地影响着旅游业发展质量，而旅游业发展质量也会直接反映到当地的旅游竞争力上面。现在各个地区旅游业都有了长足的发展，不再拘泥于过去粗放式、不可持续的发展方式，大家更多关注旅游质量。所以在资源因素上来考虑，旅游不是简单地靠山吃山、靠海吃海，而是要发掘自身优势、结合消费者的需求和喜好，整合自身资源因素，设计符合市场需要的旅游产品从而最大程度地吸引消费者，留住消费者，丰富消费者体验，带动旅游业发展。

②结构因素。结构因素就是旅游业的结构情况。结构合理与否对于旅游业的发展十分重要，而且也不是一成不变的。一些地区不顾及当地情况或者旅游地区自身特点，进行设施建设就可能造成资源浪费和不效率，比如耗费过多的土地建立一些和当地旅游特色不符的设施或者是一些设施建设过于集中，密度过大，这就导致消费者的需要无法得到很好的释放。在消费者被吸引之后，对地区各种资源的需求都会提高、比如用电、用水、住宿、餐饮、通信等。而在旅游结构配置上如果未将这些因素进行合理的调配，就不能很好地服务消费者，易造成消费者流失，同时也不利于城市良好形象树立，造成恶性循环。

③人力因素。旅游业是第三产业中重要的一部分，这就需要相关从业人员和消费者有着充分密切的接触。在接触过程中，从业人员的质量特别是内在素质和专业修养十分重要，如果从业人员可以很好的服务消费者，那么也可以为旅游地区带来很好的正面影响。

2. 指标选取及数据处理

基于以上考虑，在本节实证分析中，选取了从 2007 年到 2016 年里的 12 个指标，在保证数据可获取的前提下，有效地覆盖了在旅游发展质量讨论中重要的影响因素。指标包括：城市发展规模 X1、旅游综合收入 X2、卫生医疗水平 X3、环境质量优良度 X4、住宿和餐饮业增加值 X5、海外游客人数 X6、国内游客人数 X7、旅游人均花费 X8、住宿和餐饮业就业人数 X9、住宿和餐饮业就业人均收入 X10、交通发展水平 X11、政府财政投入 X12。

由于初始数据单位以及所代表的含义不同，相互之间存在一定量纲关系，不具有可比性。因此，首先运用 SPSS 软件对数据进行标准化处理，使其具有可比性。

检验变量是否符合因子分析法，需要对变量数据进行 KMO 和 Bartlett 球形检验。其中，KMO 检验用于比较变量之间的相关系数和偏相关系数。KMO 取值介于 0 和 1 之间，若 KMO 值越接近 1，表明变量之间的相关性越强，变量就越适合作因子分析；若 KMO 值越接近 0，表明变量之间的相关性越弱，变量就越不适合作因子分析。本节的数据在经过 KMO 和 Bartlett 球形检验后得到的结果如表 5-13 所示，两个检验结果均说明数据适合做因子分析。

表 5-13　变量的 KMO 值与 Bartlett's 检验

KMO 和 Bartlett's 检验		
KMO 度量	0.802	
Bartlett's 检验	Approax Chi-Square	128.231
	Sig	0.000

采用因子分析法时，首先要确定公因子的个数。计算过程借助 SPSS 软件，因子提取采用主成份分析法，旋转方法采用方差最大正交旋转法，最后发现前 3 个因子的特征值大于 1，累计方差贡献率为 81.324%。根据特征值大于 1，累计方差贡献率大于 80% 的原则，提取前 3 个因子作为公因子。

3.因子分析结果

确定公因子之后，可以进行因子分析并得到对应的结果。运用 SPSS 软件，根据回归法计算出因子得分系数矩阵，如下表所示。

表 5-14　成分得分系数矩阵

指标名称	成分		
	1	2	3
ZscoreX1	−0.044	0.281	0.025
ZscoreX2	0.155	0.053	0.036
ZscoreX3	0.134	0.052	0.159
ZscoreX4	0.035	0.139	0.417
ZscoreX5	0.069	0.374	−0.108
ZscoreX6	0.163	0.059	−0.192
ZscoreX7	0.132	0.043	0.136
ZscoreX8	−0.041	0.303	0.082
ZscoreX9	0.164	0.023	−0.113
ZscoreX10	0.103	−0.034	0.152
ZscoreX11	−0.046	−0.135	0.442
ZscoreX12	0.157	−0.046	−0.181

根据表 5-14 的因子得分系数矩阵，可以得出公因子的得分函数以及综合得分函数，如表 5-15 所示。

表 5-15　各因子得分

因子（成分）	2007	2008	2009	2010	2011	2012	2013	2014	2015	2016
F1	388	405	238	290	305	396	487	537	298	383
F2	129	130	81	99	98	133	171	177	103	111
F3	106	110	77	91	99	121	155	160	98	114
综合得分	279	289	209	224	241	268	341	380	202	261

通过表 5-15 可以看到，青岛的旅游业发展质量在 2007~2016 年十年间存在着比较大的差距。其中 2014 年的表现最有优秀，综合得分为 380，在这十年中是最高的；而 2009 年的得分为 209，是最低的。可以看出，青岛的旅游质量发展也是有起伏波动的。2008~2010 年这三年表现出一个 U 型，随后 2010~2014 年是一个稳定上升的时间段，在 2014~2016 年这三年又出现了一个 U 型。这也跟前文的分析是相契合的。

在因子分析中，公因子 F1 对旅游业发展的影响最大，而 F1 在统计计算时，主要对 F1 产生影响的大多是与旅游表现最为紧密的指标，比如旅游收入、游客人数等指标，这也说明在考虑旅游发展质量时，这些密切相关指标是最能表现青岛旅游业的晴雨表，可以根据 F1 来看每一年青岛旅游业发展的优劣。而 F2 与 F3 对旅游业发展质量的表现程度相对弱一些，这也说明与青岛旅游业发展相关的指标也在通过间接的方式起着影响发展的作用。

（三）基于因子分析的青岛旅游业发展竞争力评价

1. 旅游发展竞争力基本概念与理论基础

（1）旅游发展竞争力概念。竞争力是指一个行为主体与其他行为主体竞争相同资源的能力。随着研究的深入，竞争力的理论层出不穷。按照行为主体划分，竞争力可分为四个种类：国家竞争力、区域竞争力、产业竞争力、企业竞争力。按照这种划分方法本书涉及到的竞争力为区域竞争力。具体而言，区域竞争力指的是一个地区相比于其他地区所具有的吸引、控制和转化资源，并通过占领和控制市场以创造价值的能力。区域竞争力是一个地区经济、社会、科技、文化环境、人民素质等综合水平和能力的体现。

旅游竞争力是指旅游目的地充分利用机遇和自身政治、经济、社会、生态等资源，保持在旅游市场中的地位和份额，同时利用资源持续性开拓国内外旅游市场，这种持续发展的能力称为旅游竞争力（Hassan，2000）。随着第三产业和旅游业的发展，旅游逐渐成为国民经济中越来越重要的一个环节。研究旅游竞争力对于评价一个旅游城市旅游发展情况，帮助城市优化旅游资源配置，促进城市旅游资源可持续发展，扩大城市旅游发展空间具有重要的现实意义。

（2）旅游发展竞争力定义。根据已有的文献，我们可将城市旅游竞争力定义为"目的地在旅游生态环境、基础设施、发展现状等因素的综合作用下，与其他城市的竞争中所体现出来的相对比较优势"。青岛作为滨海城市，其旅游竞争力相比于传统的旅游城市竞争力有一些独特之处。

现代旅游相对于传统旅游更强调对环境的保护，这里的"环境"不仅仅指自然环境，还包括了社会环境和经济环境。同时，现代旅游强调可持续发展，注重"在保护的基础上发展"，注重"竞争力的可持续性"，可以概括为以下几个前提："维持一定旅游水平""不耗尽资源""不危害人类生存""不使自然生态系统崩溃"。旅游业是一个包含自然、经济、社会多方面的复合体系，在进行旅游竞争力量化时，需要根据现代旅游的特点进行综合研究。

2. 构建青岛旅游业发展竞争力评价指标体系

目前对城市旅游竞争力的研究尚未形成公认的评价指标体系。本书结合国内具体情况、根据国内外指标体系的优缺点以及数据的可获得性构建相对合理有效的城市旅游竞争力体系。

（1）方法选取。目前，城市旅游竞争力定量评价方法较多。国内研究以层次分析法居多，近年来因子分析和主成分分析应用较多，除此以外还有其他方法如下：偏离－份额分析、聚类分析、系统动力学、数据包络分析、波特钻石理论模型、增长率相乘法、因素分析法、生态位模型等方法。国外研究主要采用模糊罗氏模型、方差分析、偏离－份额分析、聚类与判别分析、因子分析、回归分析等。综上所述，本书运用因子分析法对研究对象进行定量分析。

（2）指标选取。根据以上关于城市旅游竞争力相关文献的回顾，选取城市旅游发展竞争力相关指标。从经济整体水平看，GDP反映城市经济总体综合发展水平，人均GDP反映一个城市相对于人口的经济发展水平。从产业视角看，旅游业隶属于第三产业，第三产业发展程度体现一个城市发展现状的竞争力水平。从旅游行业本身看，体现一个城市旅游业发展水平最直观的指标为旅游人数和旅游收入。从居民个体来看，城镇居民人均可支配收入能够反应城市居民对旅游支出的担负能力。基于以上指标分析，城市旅游竞争力评价指标体系构建如下所示。

表 5-16　城市旅游发展现状竞争力指标体系

城市旅游发展现状竞争力指标	含义
国内生产总值（亿元）	城市经济发展水平
第三产业增加值（亿元）	第三产业发展总体状况
第三产业占国民生产总值比重（%）	第三产业相比第一第二产业发展情况
城市入境游客（万人次）	城市对国际游客的吸引能力
城市国内游客（万人次）	城市对国内游客的吸引能力
国外旅游收入（万美元）	城市国际旅游规模和购买力水平
国内旅游收入（亿元）	城市国内旅游规模和购买力水平
旅游总收入（亿元）	城市旅游规模和购买力水平
人均国民生产总值（元）	经济发展水平
旅游总收入占国民生产总值比重（%）	旅游业在城市发展中重要性
旅游总收入占第三产业增加值比重（%）	旅游业发达程度
城镇居民人均可支配收入（元）	城市居民旅游能力水平

3. 青岛旅游发展现状竞争力因子分析

（1）数据处理。根据数据的可获得性，本节选取青岛 2009 ～ 2016 年发展现状竞争力指标数据，并选取了其他几个著名滨海城市与青岛进行横向对比，用于评估青岛发展竞争力水平。所选取的城市为：大连、广州、杭州、宁波、深圳、厦门。选取城市为旅游业相对发达的海滨城市，对青岛旅游发展有借鉴意义。数据如表 5-17 所示。

表 5-17a 2009 年城市旅游发展现状竞争力指标数据统计

城市旅游发展现状竞争力指标	2009 年各个城市数据						
	青岛	大连	广州	杭州	厦门	宁波	深圳
GDP（亿元）	4853.87	4349.51	9138.21	5087.55	1737.23	4334.33	8201.32
第三产业增加值（亿元）	2203.48	1908.81	5560.77	2473.52	895.71	1794.12	4367.55
第三产业增加值占GDP 比重（%）	0.45	0.44	0.61	0.49	0.52	0.41	0.53
入境游客（万人次）	100.07	60.02	689.40	230.40	128.19	80.05	896.37
国内游客（万人次）	3903.42	3412.00	3286.12	5093.70	1788.17	3962.00	1943.94
国际旅游收入（万美元）	55178.14	72748.00	362396.15	137995.00	90194.00	48650.00	276026.25
国内旅游收入（亿元）	451.42	430.50	746.50	708.90	241.10	497.30	355.70
旅游总收入（亿元）	489.12	480.75	996.83	804.22	303.40	530.91	546.37
人均 GDP（元）	57251.00	70781.00	79383.00	63333.00	68938.00	60070.00	84146.72
旅游总收入占GDP 比重（%）	0.10	0.11	0.11	0.16	0.17	0.12	0.07
旅游总收入占第三产业增加值比重（%）	0.22	0.25	0.18	0.33	0.34	0.30	0.13
城镇居民人均可支配收入（元）	22367.88	19014.00	27609.59	26864.00	26131.00	27368.00	29244.52

表 5-17b 2010 年城市旅游发展现状竞争力指标数据统计

城市旅游发展现状竞争力指标	2010 年各个城市数据						
	青岛	大连	广州	杭州	厦门	宁波	深圳
GDP（亿元）	5666.19	5158.16	10748.28	5949.17	2060.07	5181.00	9581.51
第三产业增加值（亿元）	2630.58	2188.57	6557.45	2896.69	1012.50	2105.13	5051.67
第三产业增加值占 GDP 比重（%）	0.46	0.42	0.61	0.49	0.49	0.41	0.53

续表

入境游客（万人次）	108.05	116.60	814.80	275.71	155.19	95.17	1020.61
国内游客（万人次）	4396.65	3777.10	3691.60	6304.90	2178.40	4624.00	2264.70
国际旅游收入（万美元）	60103.50	80386.00	468858.30	169008.40	108552.30	59066.30	318057.80
国内旅游收入（亿元）	540.07	495.50	936.00	910.90	295.90	610.70	412.60
旅游总收入（亿元）	580.04	551.03	1259.87	1027.64	370.88	651.50	632.30
人均GDP（元）	65827.00	77704.00	87458.01	69828.00	58337.00	69610.00	94296.46
旅游总收入占GDP比重（%）	0.10	0.11	0.12	0.17	0.18	0.13	0.07
旅游总收入占第三产业增加值比重（%）	0.22	0.25	0.19	0.35	0.37	0.31	0.13
城镇居民人均可支配收入（元）	24998.00	21293.00	30658.49	30035.00	29253.00	30166.00	32380.86

表5-17c　2011年城市旅游发展现状竞争力指标数据统计

城市旅游发展现状竞争力指标	2011年各个城市数据						
	青岛	大连	广州	杭州	厦门	宁波	深圳
GDP（亿元）	6615.60	6150.63	12423.44	7019.06	2539.31	6074.94	11505.53
第三产业增加值（亿元）	3158.50	2550.73	7641.92	3458.50	1217.49	2503.95	6155.65
第三产业增加值占GDP比重（%）	0.48	0.41	0.62	0.49	0.48	0.41	0.54
入境游客（万人次）	115.64	117.00	778.69	306.31	179.92	107.39	1104.55
国内游客（万人次）	4956.11	4260.60	3816.20	7181.00	2568.90	5180.80	2628.00
国际旅游收入（万美元）	68933.00	80519.00	485306.30	198710.00	129901.00	65472.00	374473.70

国内旅游收入（亿元）	637.34	597.90	1315.50	1063.80	352.20	708.70	494.00
旅游总收入（亿元）	681.45	653.52	1650.73	1201.06	441.93	753.93	752.67
人均GDP（元）	75563.00	91295.00	97587.99	80478.00	70832.00	79730.00	110420.74
旅游总收入占GDP比重（%）	0.10	0.11	0.13	0.17	0.17	0.12	0.07
旅游总收入占第三产业增加值比重（%）	0.22	0.26	0.22	0.35	0.36	0.30	0.12
城镇居民人均可支配收入（元）	28567.49	24276.00	34438.08	34065.00	33565.31	34058.00	36505.04

表5-17d　2012年城市旅游发展现状竞争力指标数据统计

城市旅游发展现状竞争力指标	2012年各个城市数据						
	青岛	大连	广州	杭州	厦门	宁波	深圳
GDP（亿元）	7302.11	7002.83	13551.21	7802.01	2817.07	6601.21	12950.06
第三产业增加值（亿元）	3575.47	2916.66	8616.79	3974.27	1426.02	2857.62	7206.12
第三产业增加值占GDP比重（%）	0.49	0.42	0.64	0.51	0.51	0.43	0.56
入境游客（万人次）	127.01	128.42	792.21	331.12	212.42	116.21	1206.45
国内游客（万人次）	5591.00	4686.70	4017.40	8236.90	2979.10	5748.30	2941.30
国际旅游收入（万美元）	82459.50	87349.00	514457.80	220165.00	157727.90	73428.00	432882.10
国内旅游收入（亿元）	755.50	711.40	1586.10	1253.20	411.50	816.40	566.50
旅游总收入（亿元）	807.95	771.74	1941.47	1405.28	520.45	867.12	865.52
人均GDP（元）	82680.00	102922.00	105908.94	88962.00	77392.00	86477.00	123247.05
旅游总收入占GDP比重（%）	0.11	0.11	0.14	0.18	0.18	0.13	0.07

旅游总收入占第三产业增加值比重（%）	0.23	0.26	0.23	0.35	0.36	0.30	0.12
城镇居民人均可支配收入（元）	32144.73	27539.00	38053.52	37511.00	37576.00	37902.00	40741.88

表 5-17e　2013 年城市旅游发展现状竞争力指标数据统计

城市旅游发展现状竞争力指标	2013 年各个城市数据						
	青岛	大连	广州	杭州	厦门	宁波	深圳
GDP（亿元）	8006.56	7650.79	15420.14	8343.52	3018.16	7164.51	14500.23
第三产业增加值（亿元）	4014.67	3281.25	9963.90	4416.12	1557.38	3211.48	8198.14
第三产业增加值占GDP比重（%）	0.50	0.43	0.65	0.53	0.53	0.45	0.57
入境游客（万人次）	128.28	119.00	768.20	316.01	214.69	127.34	1214.89
国内游客（万人次）	6161.00	5230.89	4273.72	9409.14	3411.09	6225.88	3351.78
国际旅游收入（万美元）	79362.58	81341.26	516883.62	216047.33	160711.59	79656.25	453101.66
国内旅游收入（亿元）	873.52	850.44	1882.29	1469.88	478.63	904.21	675.39
旅游总收入（亿元）	937.12	906.63	2239.33	1619.12	589.64	959.23	988.37
人均 GDP（元）	89797.00	110600.00	119695.00	94566.00	81572.00	93641.00	136947.00
旅游总收入占GDP比重（%）	0.12	0.12	0.15	0.19	0.20	0.13	0.07
旅游总收入占第三产业增加值比重（%）	0.23	0.28	0.22	0.37	0.38	0.30	0.12
城镇居民人均可支配收入（元）	35227.00	30238.00	42066.26	39310.00	41360.00	41729.00	44653.00

表 5-17f 2014 年城市旅游发展现状竞争力指标数据统计

城市旅游发展现状竞争力指标	2014 年各个城市数据						
	青岛	大连	广州	杭州	厦门	宁波	深圳
GDP（亿元）	8692.10	7655.58	16706.87	9206.16	3273.58	7610.28	16001.82
第三产业增加值（亿元）	4452.07	3516.39	10897.20	5086.24	1789.50	3354.17	9184.22
第三产业增加值占 GDP 比重（%）	0.51	0.46	0.65	0.55	0.55	0.44	0.57
入境游客（万人次）	128.05	96.56	783.30	326.13	266.82	139.68	1182.59
国内游客（万人次）	6659.00	5619.80	4546.70	10538.20	5071.04	6874.64	3808.90
国际旅游收入（万美元）	72948.64	46012.30	487075.25	231800.00	180900.00	77832.00	456578.00
国内旅游收入（亿元）	1011.00	961.82	2185.37	1743.90	597.13	1020.31	776.26
旅游总收入（亿元）	1061.39	993.60	2521.82	1886.30	722.09	1068.10	1091.65
人均 GDP（元）	96523.68	109939.42	128478.33	129448.00	86832.00	130769	149495.24
旅游总收入占 GDP 比重（%）	0.12	0.13	0.15	0.20	0.22	0.14	0.07
旅游总收入占第三产业增加值比重（%）	0.24	0.28	0.23	0.37	0.40	0.32	0.12
城镇居民人均可支配收入（元）	38294.00	33591.00	42954.60	44632.00	39625.00	44155.00	40948.00

表 5-17g 2015 年城市旅游发展现状竞争力指标数据统计

城市旅游发展现状竞争力指标	2015 年各个城市数据						
	青岛	大连	广州	杭州	厦门	宁波	深圳
GDP（亿元）	9300.07	7731.64	18100.41	10050.21	3466.03	8003.61	17502.86
第三产业增加值（亿元）	4909.63	3697.50	12147.49	5853.25	1930.82	3620.71	10288.28
第三产业增加值占 GDP 比重（%）	0.53	0.48	0.67	0.58	0.56	0.45	0.59

入境游客 （万人次）	133.81	98.50	803.58	341.56	317.00	157.52	1218.70
国内游客 （万人次）	7322.00	6828.10	4854.37	12040.00	5719.00	7920.00	4156.50
国际旅游收入 （万美元）	82046	51625	509092	2933100	199640	80019	496830
国内旅游收入 （亿元）	1133.00	973.04	2520.52	2019.70	708.29	1183.90	901.61
旅游总收入 （亿元）	1189.67	1008.70	2872.18	2200.70	832.00	1233.30	1244.80
人均 GDP（元）	102519	110682	136188	139653.00	90379	136773	157985
旅游总收入占 GDP 比重（%）	0.13	0.13	0.16	0.22	0.24	0.15	0.07
旅游总收入占第三 产业增加值比重 （%）	0.24	0.27	0.24	0.38	0.43	0.34	0.12
城镇居民人均可支 配收入（元）	40370	35889	46735	48316	42606	47852	44633

表 5-17h 2016 年城市旅游发展现状竞争力指标数据统计

城市旅游发展现状 竞争力指标	2016 年各个城市数据						
	青岛	大连	广州	杭州	厦门	宁波	深圳
GDP（亿元）	10011.29	6730.33	19547.44	11313.72	3784.27	8686.49	19492.60
第三产业增加值 （亿元）	5479.61	3473.86	13556.57	6888.59	2216.49	3929.10	11704.97
第三产业增加值占 GDP 比重（%）	0.55	0.52	0.69	0.61	0.59	0.45	0.60
入境游客 （万人次）	141.05	104.40	861.87	363.23	357.81	173.49	1171.18
国内游客 （万人次）	7940	7633.8	5078.69	13696.00	6412.35	9198.38	4524.56
国际旅游收入 （万美元）	95107.71	53948.10	602916.79	314900.00	276900.00	91745.15	477100.00

国内旅游收入（亿元）	1284.00	1097.53	2800.58	2362.60	788.33	1385.50	1039.10
旅游总收入（亿元）	1349.70	1134.80	3217.05	2571.80	968.26	1446.44	1368.66
人均GDP（元）	109407	97470.00	141933.00	124286.00	97282.00	110656	167411.15
旅游总收入占GDP比重（%）	0.13	0.17	0.16	0.23	0.26	0.17	0.07
旅游总收入占第三产业增加值比重（%）	0.25	0.33	0.24	0.37	0.44	0.37	0.12
城镇居民人均可支配收入（元）	43598.00	38050.00	50941.00	52185.35	46253.74	51560.00	48695.00

　　首先运用 SPSS 软件对数据进行标准化处理，对变量数据进行 KMO 和 Bartlett 球形检验。变量之间的相关性越强，则 KMO 值越接近 1，所选取的数据越适合作因子分析；变量之间的相关性越弱，则 KMO 值越接近 0，所选取的数据越不适合作因子分析。本节的数据在经过 KMO 和 Bartlett 球形检验后得到的结果如表 5-18 所示，检验结果显示可以进行因子分析。

表 5-18　变量的 KMO 值与 Bartlett's 检验

KMO 和 Bartlett's 检验		
KMO 取样适切性量数	0.645	
Bartlett's 检验	Approax Chi-Square	1149.304
	Sig	0.000

表 5-19　城市旅游发展现状竞争力指标共同度

城市旅游发展现状竞争力指标	原始	提取
国内生产总值（亿元）	1.000	0.984
第三产业增加值（亿元）	1.000	0.968
第三产业占国民生产总值比重（%）	1.000	0.889
城市入境游客（万人次）	1.000	0.880
城市国内游客（万人次）	1.000	0.853

续表

国外旅游收入（万美元）	1.000	0.512
国内旅游收入（亿元）	1.000	0.866
旅游总收入（亿元）	1.000	0.889
人均国民生产总值（元）	1.000	0.818
旅游总收入占国民生产总值比重（%）	1.000	0.953
旅游总收入占第三产业增加值比重（%）	1.000	0.949
城镇居民人均可支配收入（元）	1.000	0.742

本书使用 SPSS 软件进行因子分析，首先确定公因子的个数，采用主成份分析法进行因子提取，采用方差最大正交旋转法作为旋转方法，最后发现前 3 个因子的累计方差贡献率为 85.865%。根据"累计方差贡献率大于 80%"的原则，提取前 3 个因子作为公因子。旅游发展现状竞争力指标总方差分解结果如表 5-20 所示。

表 5-20　城市旅游发展现状竞争力指标总方差分解

成分序号	矩阵特征值			成分提取结果		
	特征值	方差百分比（%）	累积百分比（%）	特征值	方差百分比（%）	累积百分比（%）
1	6.140	51.168	51.168	6.140	51.168	51.168
2	3.285	27.375	78.542	3.285	27.375	78.542
3	0.879	7.322	85.865	0.879	7.322	85.865
4	0.697	5.812	91.676			
5	0.611	5.089	96.765			
6	0.187	1.562	98.327			
7	0.091	0.760	99.087			
8	0.084	0.702	99.789			
9	0.023	0.189	99.978			
10	0.001	0.012	99.990			
11	0.001	0.007	99.997			
12	0.000	0.003	100.000			

（2）因子分析结果。确定公因子之后，可以进行因子分析并得到对应的结果。运用 SPSS 软件，根据回归法能够计算出因子得分系数矩阵如表 5-21 所示。

表 5-21　城市旅游发展现状竞争力指标成分得分系数矩阵

滨海城市旅游发展现状竞争力指标	成分		
	1	2	3
1、GDP	0.161	−0.180	−0.042
2、第三产业增加值	0.088	−0.125	0.081
3、第三产业增加值占 GDP 比重	−0.180	0.099	0.494
4、入境游客数量	−0.151	−0.107	0.313
5、国内游客数量	0.365	0.092	−0.322
6、国际旅游外汇收入	−0.165	0.146	0.430
7、国内旅游收入	0.223	0.049	−0.024
8、旅游总收入	0.167	0.044	0.060
9、人均 GDP	0.280	−0.142	−0.184
10、旅游总收入占 GDP 比重	−0.096	0.360	0.303
11、旅游总收入占第三产业增加值比重	−0.020	0.311	0.098
12、城镇居民人均可支配收入	0.238	0.028	−0.072

从成分得分系数矩阵结果可以看出，第一个成分贡献最大的指标为"国内游客数量""人均 GDP""城镇居民人均可支配收入"；第二个成分贡献最大的指标为"旅游总收入占 GDP 比重""旅游总收入占第三产业增加值比重""国际旅游外汇收入"；第三个成分贡献最大的指标为"第三产业增加值占 GDP 比重""入境游客数量""国际旅游外汇收入"；因此第一个成分体现了城市经济水平、第二个成分体现了城市旅游业相对其他产业发展水平、第三个成分体现了旅游购买力水平。根据各个主成分方差百分权重计算综合得分，并将计算综合得分，结果如表 5-22 所示。

表 5-22　城市旅游发展现状竞争力分析结果

年份	城市	主成分得分 1	主成分得分 2	主成分得分 3	综合得分
2009	青岛	−1.20	−0.28	−0.67	10.56
	大连	−1.25	−0.18	−0.69	10.61
	广州	−1.17	−0.58	1.17	13.08
	杭州	−0.93	0.60	0.00	26.04
	厦门	−1.87	1.00	0.60	14.27
	宁波	−0.97	0.14	−0.82	18.58
	深圳	−1.37	−1.34	0.49	0.00
2010	青岛	−0.89	−0.31	−0.72	15.79
	大连	−0.96	−0.28	−0.87	14.47
	广州	−0.82	−0.56	1.36	20.21
	杭州	−0.47	0.82	−0.02	36.57
	厦门	−1.72	1.09	0.47	17.50
	宁波	−0.58	0.16	−0.98	25.63
	深圳	−1.07	−1.47	0.47	4.29
2011	青岛	−0.53	−0.37	−0.78	21.84
	大连	−0.52	−0.37	−1.11	21.11
	广州	−0.29	−0.42	1.42	31.58
	杭州	0.02	0.72	−0.16	44.28
	厦门	−1.30	0.94	0.20	23.03
	宁波	−0.18	0.07	−1.12	31.70
	深圳	−0.63	−1.64	0.47	10.60
2012	青岛	0.13	−0.23	−0.78	35.42
	大连	0.18	−0.28	−1.21	34.58
	广州	0.67	−0.44	1.53	49.37
	杭州	0.85	1.01	−0.14	62.58
	厦门	−0.88	1.29	0.51	35.12
	宁波	0.42	0.13	−1.07	43.48
	深圳	0.13	−1.84	0.56	22.98

2013	青岛	0.46	−0.19	−0.81	41.70
	大连	0.33	−0.10	−1.05	39.49
	广州	1.08	−0.46	1.51	56.58
	杭州	1.68	1.03	−0.28	77.64
	厦门	−0.79	1.44	0.70	38.72
	宁波	1.07	0.07	−1.41	53.91
	深圳	0.37	−1.97	0.49	25.83
2014	青岛	0.74	−0.13	−0.78	47.57
	大连	0.55	−0.06	−1.11	43.95
	广州	1.54	−0.43	1.65	65.85
	杭州	1.14	2.17	2.65	86.82
	厦门	−0.58	1.71	0.85	45.63
	宁波	1.46	0.28	−1.40	63.23
	深圳	0.72	−2.02	0.57	32.03
2015	青岛	1.07	−0.06	−0.73	54.51
	大连	0.46	0.64	−0.57	50.52
	广州	1.92	−0.41	1.92	73.77
	杭州	2.64	1.42	−0.03	100.00
	厦门	−0.37	1.90	1.11	52.23
	宁波	1.61	0.66	−1.28	70.22
	深圳	1.19	−2.16	0.45	39.07
2016	青岛	−1.20	−0.28	−0.67	10.56
	大连	−1.25	−0.18	−0.69	10.61
	广州	−1.17	−0.58	1.17	13.08
	杭州	−0.93	0.60	0.00	26.04
	厦门	−1.87	1.00	0.60	14.27
	宁波	−0.97	0.14	−0.82	18.58
	深圳	−1.37	−1.34	0.49	0.00

（3）青岛旅游业发展竞争力分析。通过因子分析结果可以看出，青岛、广州、杭州、宁波、深圳等市旅游业发展竞争力主要受旅游业相对其他产业发展水平的影响；大连、厦门旅游发展竞争力受城市经济发展水平影响较大；广州、厦门、深圳因旅游购买力较高带动了城市旅游发展竞争力水平的提高。

根据各个年份分析结果，我们可以得到如图5-7所示直观的统计图。

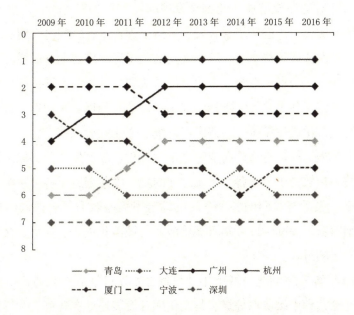

图 5-7 城市旅游发展现状竞争力综合得分排名

青岛是中国优秀旅游城市，也是国家历史文化名城，具有相当数量的国家4A级及以上旅游景区，城市发展竞争力水平在我们选取的重点研究城市中居于中游地位。在这十个城市中，杭州、广州、宁波的旅游发展竞争力较高；青岛、厦门、大连、深圳的城市旅游竞争力次之。青岛在2009年时城市竞争力在七个城市中排名第六，在2011年和2012年有明显上升，分别居于第五位和第四位，2012年时城市发展竞争力超过厦门、大连，在之后的年份稳定居于第四位。观察旅游发展竞争力高于青岛的城市，我们可以看出杭州、广州的经济发展水平远远高于青岛，吸引境内游客的能力是青岛的2~3倍，而吸引境外游客的能力方面，杭州是青岛的20多倍，广州是青岛的6倍，青岛与旅游竞争力靠前的城市相比达不到吸引国际远距离游客专程到访的程度，因此在之后的旅游发展中，青岛应当致力于发展经济综合实力，在国际上提升青岛的竞争力。

五、本章小结

本章针对青岛旅游业多元融合发展问题，首先对青岛旅游业与城市化进程、经济、文化、生态环境融合发展进行了理论解释，同时介绍了耦合法的相关理论；其次选取了科学、合理、客观的关于青岛旅游业发展系统、城市化进程发展系统、经济发展系统、文化发展系统和生态环境发展系统指标体系，利用熵权法确定了各个系统中指标的权重；接着利用耦合法构建了青岛旅游业发展系统和城市化进程系统、经济发展系统、文化发展系统、生态环境系统的耦合协调度模型，得出青岛旅游业、城市化进程、经济发展、文化发展、生态环境综合发展指数、确定了各个系统之间的耦合度并划分了各个系统之间耦合协调度等级。最后对得到的各个系统的综合发展指数和耦合协调度进行评价分析，详细解释了 1998~2016 年青岛旅游业与城市化进程、经济、文化、生态环境融合发展的过程。

2016 年青岛旅游业与城市化进程融合发展已达到初级协调等级、与经济融合发展已达到中级协调等级、与文化融合发展还处在轻度失调等级、与生态环境融合发展已达到初级协调等级的结论，可以看出当前青岛旅游业与城市化进程、经济和生态环境已经能够相互融合、协调发展，但与文化产业还没有达到融合协调发展的程度，从综合发展指数来看主要因为青岛文化产业相比与旅游业发展较为落后，而且青岛的文化资源开发相对滞后，这在一定程度上阻碍了旅游业与文化产业的融合发展。未来青岛旅游业多元融合发展一方面应该继续加强旅游业与城市化进程、经济和生态环境直接的联系，进一步提升协调发展的程度，促进旅游业的多元化发展，另一方面应该着重注意文化产业与旅游业的融合，大力开发利用相关文化资源，提升文化产业综合发展指数以及文化与旅游业发展的耦合协调度，促进文化产业与旅游业的融合协调发展。

在研究多元融合现状的基础上，本章通过因子分析、主成分分析和 DEA

等方法，从定量的角度对青岛旅游发展潜力情况进行了评价研究。整体来说，青岛处于一个积极发展的态势，尽管在发展过程中，会由于一些重大事件的影响给旅游市场的发展带来一定的波动，导致个别年份出现不效率和发展质量较低的情况。但是青岛作为典型的滨海旅游城市，依靠着丰富的海洋旅游资源和深厚的文化底蕴，在近十年的时间里大多处于较高效率高质量的状态，由此可以看出青岛在旅游业长期发展上较好地发挥了自身优势，保持较为积极向上的势头。但缺少"开放、现代、活力、时尚"的旅游大项目是明显短板，急需打造青岛旅游业升级版。

通过多个城市横向比较的城市竞争力的结果可以看出，青岛、广州、杭州、宁波、深圳的旅游发展竞争力主要受旅游业相对其他产业发展水平的影响；大连、厦门旅游发展竞争力受城市经济发展水平影响较大；广州、厦门、深圳因旅游购买力较高带动了城市旅游发展竞争力水平的提高。而青岛在整体的旅游发展水平上，也处于中游的水平，具有一定的潜力。要看到，"上合峰会"重要战略机遇期对于青岛来说十分重要，同时也要看到，在新的发展阶段势必会面对更加激烈的市场竞争。青岛在这样的背景下，应当进一步明确旅游创新发展的目标和实施路径，坚持多元融合与可持续发展理念，加快转型升级，克服当前发展短板，让青岛的旅游业尽快跨入高质量发展阶段。

第六章 青岛旅游业发展集成预测与仿真研究

在对青岛旅游业发展现状、影响因素、多元融合、潜力评价研究的基础上，本书将进一步研究不同政策环境下青岛旅游业的发展演变轨迹及与其相关联要素的互动机制。在此之前，需要对青岛旅游业发展趋势进行预测，一是为仿真模型的可靠性提供检验依据，二是识别青岛旅游业发展的常规变化路径，以作为后面差异性分析的基础。本章以 TEI@I 方法论为基础，构建青岛旅游业发展集成预测模型，对青岛"十三五"期间城市旅游人数（旅游总人数、国内旅游人数）、旅游收入（旅游总收入、国内旅游收入）进行预测，并基于各种方法误差率之间的相对大小作为方法精确度的衡量标准，得到各种预测方法的组合预测权重，对青岛未来的旅游收入以及旅游人数进行集成预测，力求使所得到的结果更加稳定和准确，对于青岛旅游资源的配置与供给应具有重要的参考价值。

旅游业的发展不仅仅体现在旅游人数的上升和旅游收入的增加，还体现在和其他因素之间存在复杂线性或者非线性的动态反馈过程，涌现出各个因素间的融合与协调发展。青岛旅游业发展的这一过程蕴含了青岛旅游系统的内在逻辑，也能反映地区旅游业发展的一般规律。基于上述研究，通过影响因素分析、集成预测研究所提供的数量关系与发展趋势，本章针对青岛旅游系统的复杂性及其动态演变的特性，借助于系统动力学的原理与方法，研究青岛旅游业发展系统的内部结构、功能、运行模式，剖析青岛旅游发展与经济社会发展各要素间的融合互动关系，并在此基础上运用系统动力学，模拟不同政策环境下青岛旅游发展的变化趋势，比较不同情况下青岛旅游业系统的发展轨迹及其对相关要素的影响，以期优化青岛旅游业发展的路径，为青岛旅游业可持续、高质量发展的政策制定提供依据。

一、基于 TEI@I 方法论的旅游预测框架

（一）TEI@I 方法论的理论基础与框架

TEI@I 预测方法论核心思维是系统集成，将文本挖掘（Text mining）技术，计量经济模型（Econometrics），人工智能技术（Intelligence，如机器学习、支持向量机）进行综合，选择合理的集成方法对预测结果进行集成。本书中通过借鉴 TEI@I 思想，提出了青岛旅游人数与旅游收入总量预测的研究框架。

TEI@I 预测方法论总体框架主要包括三个模块：基于文献搜索与政策分析的文本挖掘模块、预测模型模块、预测误差校正模块。

1. 文本挖掘模块

该模块是 TEI@I 方法论的主要组件之一。考虑到青岛旅游发展规划以及旅游发展政策对青岛旅游发展具有很大的影响，在对青岛旅游业的预测中，需在预测结果的基础上考虑政策性因素的影响，尤其是政策的持续性。在长期预测中，政策性因素显得尤为重要。

2. 预测模型模块

预测模型模块主要是预测方法的集合，包括计量经济模型、人工智能模型等。本书主要运用的预测方法为指数平滑方法、ARIMA 模型、GM（1,1）灰色预测模型以及 BP 神经网络方法。其中，ARIMA 模型不考虑其他解释变量的作用，依据变量本身的变化规律利用外推机制描述时间序列的变化；GM 灰色预测（1,1）模型则是将离散随机数变为随机性被显著削弱且较有规律的生成数，建立起的便于对其变化过程进行描述和研究的微分方程；BP 神经网络则是通过调整内部大量节点之间相互连接的关系，通过预先提供的相互对应的输入—输出数据，分析数据之间的潜在规律，用新的输入数据进行预测。

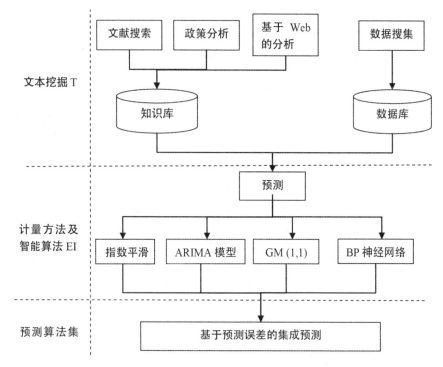

图 6-1 青岛旅游业集成预测模型框架

3. 误差修正模块

本书中的误差修正模块所运用的方法是基于误差率的最优加权模型，基于不同预测方法得到的预测误差，利用预测误差平方和最小原则，计算各预测方法在集成预测中的相对权重，将每一种预测结果与该方法的权重进行结合，得到集成的预测结果。

（二）预测方法简介

1. 指数平滑法

指数平滑初始值的确定，根据时间序列项数，若时间序列的观察期 N 大于 15 时，则初始值对预测结果的影响很小，可选用第一期观测值作为初始值；若时间序列的观察期 N 小于 15，则初始值对于预测结果的影响较大，需选用初期 n 期（n 通常为 3）观测值的平均值作为初始值。

根据平滑系数的选取规则，当时间序列呈现稳定的水平趋势时，平滑系数

α 可在[0.1, 0.3]之间选取；当时间序列波动较大，长期趋势变化的幅度较大时，α 可在[0.3，0.5]之间选取；当时间序列具有明显的上升或者下降趋势时，α 可在[0.6, 0.8]之间选取。在本书中，按照预测误差最小的原则确定 α 的取值。

根据预测时间序列的波动特征，本书选取适用于有线性趋势的双指数（Double）平滑预测方法与无季节趋势（Holt–No Seasonal）的平滑方法进行预测，依据预测误差最小原则确定所选用的最终方法。

其中双指数平滑是以递归形式进行定义：

$$S_t = \alpha y_t + (1-\alpha)S_{t-1}$$
$$D_t = \alpha S_t + (1-\alpha)S_{t-1} \quad （式6-1）$$

S 是单指数平滑后的序列，D 是双指数平滑序列，其中 $\leqslant \alpha \leqslant 1$。

Holt–Winters 适用于具有线性时间趋势无季节变差的情形，与双指数平滑法相同，该方法是以线性趋势无季节成分进行预测。

$$\hat{y}_{t+k} = \alpha + \beta k \quad （式6-2）$$

该预测方法存在两个衰减系数，一个用于长期成分 α，一个用作趋势项系数。

2. ARIMA 模型

ARIMA（p，d，q）模型根据原序列是否平稳以及回归中所含部分的不同，包括移动平均过程（MA）、自回归过程（AR），自回归移动平均过程（ARMA）以及 ARIMA 过程。其中 p 为自回归项，q 为移动平均项数，d 为原始序列成为平稳序列时所做的差分次数。

（1）AR 模型。

令 Y_t 表示 t 时期的样本数值。如果我们把 Y_t 的模型写成

$$(Y_t - \delta) = \alpha_1 (Y_{t-1} - \delta) + u_t \quad （式6-3）$$

式中 δ 是 Y 的均值，而 u_t 是具有零均值和恒定方差 σ^2 的不相关随机误差项（即 u_t 是白噪音），则 y_t 遵循一个一阶自回归或 AR（1）随机过程。

P 阶自回归函数形式写成：

$$(Y_t - \delta) = \alpha_1(Y_{t-1} - \delta) + \alpha_2(Y_{t-2} - \delta) + \alpha_3(Y_{t-3} - \delta) + \cdots + \alpha_p(Y_{t-p} - \delta) + u_t$$

（式 6-4）

模型中只有 Y 这一个变量，没有其他变量。

（2）MA 模型。

上述 AR 过程并非是产生 Y 的唯一可能机制。如果 Y 的模型描述成

$$Y_t = u + \beta_0 u_t + \beta_1 u_{t-1} \quad （式 6-5）$$

式中 μ 是常数，u 为白噪音（零均值、恒定方差、非自相关）随机误差项。t 时期的 Y 等于一个常数加上现在和过去误差项的一个移动平均值。则称 Y 遵循一个一阶移动平均或 MA（1）过程。

q 阶移动平均可以写成：

$$Y_t = u + \beta_0 u_t + \beta_1 u_{t-1} + \cdots + \beta_q u_{t-q} \quad （式 6-6）$$

（3）ARIMA 模型。

如果 Y 兼有 AR 和 MA 的特性，则是 ARMA 过程。Y 可以写成

$$Y_t = \Theta + \alpha_1 Y_{t-1} + \alpha_2 Y_{t-2} + \cdots + \alpha_p Y_{t-p} + u_t + \beta_1 \mu_1 + \beta_2 \mu_2 + \cdots + \beta_q \mu_{t-q}$$

（式 6-7）

式中 Θ 是常数项。

上述模型是基于平稳数据进行的建模，对于非平稳序列，经过差分可以得到平稳数据。若原始序列差分 d 次，变成平稳序列，则原始的时间序列是 ARIMA（p，d，q），即自回归求积移动平均时间序列。

3.GM（1，1）模型

灰色系统理论是基于关联空间、光滑离散函数等概念定义灰导数与灰微分方程，并利用离散数据建立微分方程形式的动态模型，因其近似性与非惟一性，称为灰色模型（GM）。

GM（1，1）模型。

设 $z^{(1)}(k)=\alpha x^{(1)}(k)+(1-\alpha)x^{(1)}(k-1)$ 为原始数列，其 1 次累加生成数列

为 $x^{(1)}=\left(x^{(1)}(1),x^{(1)}(2),\cdots,x^{(1)}(n)\right)$，其中 $x^{(1)}(k)=\sum_{i=1}^{k}x^{(0)}(i),k=1,2,\cdots,m$。

定义 $x^{(1)}$ 的灰导数为

$$d(k)=x^{(0)}(k)=x^{(1)}(k)-x^{(1)}(k-1)\quad（式6-8）$$

令 $z^{(1)}=\left(x^{(1)}(2),x^{(1)}(3),\cdots,x^{(1)}(n)\right)$ 为数列 $x^{(1)}$ 的邻值生成数列，即

$$z^{(1)}(k)=\alpha x^{(1)}(k)+(1-\alpha)x^{(1)}(k-1)\quad（式6-9）$$

于是定义 GM（1，1）的灰微分方程模型为

$$d(k)+\alpha z^{(1)}(k)=b\quad（式6-10）$$

即 $x^{(0)}(k)+\alpha z^{(1)}(k)=b$ （式6-11）

在式 6-11 中，$x^{(0)}(k)$ 称为灰导数，a 称为发展系数，$z^{(1)}(k)$ 称为白化背景值，b 称为灰作用量。

将时刻 $k=2,3,4,\cdots,n$ 代入式 6-11 有

$$\begin{cases}x^{(0)}(2)+az^{(1)}(2)=b\\x^{(0)}(3)+az^{(1)}(3)=b\\\cdots\cdots\\x^{(0)}(n)+az^{(1)}(n)=b\end{cases}\quad（式6-12）$$

引入矩阵向量记号：

$$Y=\begin{bmatrix}x^{(0)}(2)\\x^{(0)}(3)\\\cdots\\x^{(0)}(n)\end{bmatrix}\quad u=\begin{bmatrix}a\\b\end{bmatrix}\quad B=\begin{bmatrix}-z^{(1)}(2)&1\\-z^{(1)}(3)&1\\\cdots\\-z^{(1)}(n)&1\end{bmatrix}$$

数据向量参数向量数据矩阵

于是 GM（1，1）模型可表示为 $Y = Bu.$

现在问题归结为求 a,b 的值。用一元线性回归，即最小二乘法求它们的估计值为

$$\hat{u} = \begin{bmatrix} \hat{a} \\ \hat{b} \end{bmatrix} = (B^T B)^{-1} B^T Y. \text{（式 6-13）}$$

对于 GM（1，1）的灰微分方程（1），如果将灰导数 $x^{(0)}(k)$ 的时刻 $k = 2,3,\cdots,n$ 视为连续变量 t，则 $x^{(1)}$ 视为时间 t 的函数 $x^{(1)}(t)$，于是 $x^{(0)}(k)$ 对应于导数 $\dfrac{dx^{(1)}(t)}{dt}$，让背景值 $z^{(1)}(k)$ 对应于导数 $x^{(1)}(t)$。于是 GM（1，1）的灰微分方程对于的白微分方程为

$$\frac{dx^{(1)}(t)}{dt} + ax^{(1)}(t) = b \text{（式 6-14）}$$

称之为 GM（1，1）的白化型。

以初值 $x^{(1)}(t=1) = x^{(0)}(1)$ 的解为

$$x^{(1)}(t) = (x^{(0)}(1) - \frac{b}{a})e^{-a(t-1)} + \frac{b}{a} \text{（式 6-15）}$$

4. BP 神经网络

BP 人工神将网络是一种多层前馈网络，利用输出后的误差来估计输出层的直接前导层的误差，一层一层地传下去，便可获得所有其他各层的误差估计。使用最速下降法，通过反向传播来不断调整网络的权值和阈值，从而使网络的误差平方和最小。BP 神经网络模型拓扑结构包括输入层（input）、隐含层（hide layer）和输出层（output layer）。

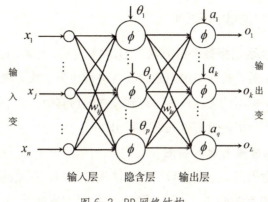

图 6-2　BP 网络结构

（1）BP 神经网络输入与输出参数的确定。

①定义变量。输入量必须选择对输出有重要影响且能够检测或提取的变量，同时要注意各输入量之间的非相关性。

②提取、表示输入量。很多情况下，需要运用特征提取技术从原始数据中提取能反映输入变量特征的若干参数作为网络输入。

③选择、表示输出量。输出量一般代表系统要实现的功能目标，如分类问题的类别归属等。

（2）BP 神经网络结构参数设计。

隐含层节点数目对神经网络的性能有一定的影响。隐含层节点数过少时，学习容量有限，不足以存储训练样本中蕴含的所有规律；隐含层节点过多不仅会增加网络训练时间，而且会将样本中非规律性的内容，如干扰和噪声存储进去，反而降低泛化能力。

隐含层节点的确定方法一般采用凑试法：先由经验公式确定 $m = \sqrt{n+L} + \alpha$ 或 $m = \sqrt{nL}$，m 为隐含层节点数，n 为输入节点，L 为输出节点，α 为调节常数，在 1~10 之间；改变 m，同一样本集训练，从中确定网络误差最小时对应的隐含层节点数。

二、青岛旅游收入预测

本节将分别运用指数平滑方法、ARIMA 方法、GM（1，1）与 BP 神经网络方法对青岛旅游总收入与国内旅游收入进行预测，并运用最优权重模型计算集成预测中各个模型的最佳权重，得到最终的预测值，其中国外旅游收入，可通过旅游总收入与国内旅游收入之差得出。

（一）青岛旅游总收入预测

1.指数平滑预测。运用指数平滑方法进行预测，其关键因素是模型的选择以及模型中平滑系数确定，本书预测选取的时间区间为 1997~2016 年，通过对青岛旅游总收入的曲线进行分析，当时间序列具有明显的上升或者下降趋势时，α 可在 [0.6，0.8] 之间选取，在本书中我们按照预测误差最小的原则确定 α 的取值。

同时，根据样本期的选取原则，若时间序列的观察期 N 大于 15 时，则初始值对预测结果的影响很小，可选用第一期观测值作为初始值，本书在进行指数平滑时，选取的初期数值为 1997 年的数值。

根据预测时间序列的波动特征，本书选取适用于有线性趋势的双指数（Double）平滑预测方法与无季节趋势（Holt-Winters-No Seasonal）的平滑方法进行预测，结合样本容量和预测误差值最小化原则，最终的预测方法为无季节趋势的平滑方法，经过反复测算，最终确定平滑系数 α 为 0.75。通过指数平滑预测，得到的预测值与实际值详见表 6-1。

表 6-1　青岛旅游总收入指数平滑预测（单位：万元）

年份	1998	1999	2000	2001	2002
实际值	690800.00	811000.00	999958.00	1175321.70	1505148.86
预测值	709189.10	804736.19	954703.28	1136258.86	1444724.83
误差率	2.66%	0.33%	4.53%	3.32%	4.01%
年份	2003	2004	2005	2006	2007
实际值	1349029.07	2075642.00	2566789.63	3231625.34	4003790.82
预测值	1361890.72	2027975.81	2404480.69	3093471.98	3856683.93

续表

误差率	0.95%	2.30%	6.32%	4.28%	3.67%
年份	2008	2009	2010	2011	2012
实际值	4202827.29	4891153.49	5800428.77	6814536.32	8079495.00
预测值	4027360.57	4690302.50	5384745.73	6538265.74	7765502.19
误差率	4.17%	4.11%	7.17%	4.05%	3.89%
年份	2013	2014	2015	2016	2017
实际值	9371158.00	10613900.00	11896742.00	13496966.00	
预测值	9237377.04	10652534.44	11900019.67	13174265.93	4935440
误差率	1.43%	0.36%	0.03%	2.39%	
年份	2018	2019	2020	2021	2022
预测值	16332007	17628574	19025141	20521708	22068274

由表6-1可知，运用指数平滑所得的青岛旅游总收入误差最大值为7.17%，其中均值为3.02%，预测平均误差率在5%以内，得到了较好的预测效果，由误差率柱状图可知，误差率超过5%的年份只有2005年、2010年。通过预测可知，在"十三五"期末，青岛旅游总收入将达到1902.5亿元，到2022年将达到2206.8亿元，未来五年的年均增速为8.12%。

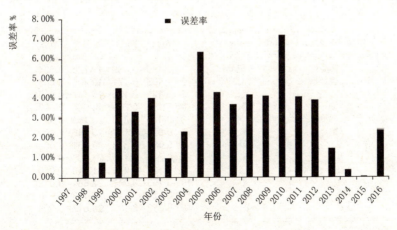

图6-3 青岛旅游总收入指数平滑预测误差

2. ARIMA 预测

ARIMA 模型的输入变量为青岛旅游总收入，通过对旅游收入的建模，分析未来旅游收入的变化，预测模型的样本时间区间为 1997~2016 年。在构建 ARIMA 模型时，需对原始序列的平稳性进行检验，并通过验证自相关系数与偏自相关系数确定 ARIMA 模型中的参数值。如表 6-2 所示，经过 ADF 检验青岛市旅游收入的时间序列为非平稳序列，为了消除趋势项以及序列波动对于预测结果的影响，对样本序列进行平稳化处理。本书采取的方式为对样本进行一阶差分，由表 6-2 可知，经过差分后的序列在 5% 的置信区间内通过了平稳性检验，模型中的参数 d=1。

表 6-2　ADF 检验

		原始序列		差分序列	
		T-Value	P-Value	T-Value	P-Value
ADF 检验值		8.2812		−3.6423	
临界值	1%	−3.8300	1.0000	−4.0004	0.0191
	5%	−3.0200		−3.0988	
	10%	−2.6552		−2.6904	

Autocorrelation	Partial Correlation		AC	PAC	Q-Stat	Prob
		1	0.439	0.439	4.4728	0.034
		2	0.493	0.371	10.405	0.006
		3	0.428	0.185	15.147	0.002
		4	0.181	−0.219	16.044	0.003
		5	0.375	0.228	20.168	0.001
		6	0.094	−0.171	20.446	0.002
		7	−0.080	−0.373	20.661	0.004
		8	−0.096	−0.187	21.000	0.007
		9	−0.127	0.273	21.648	0.010
		10	−0.153	−0.047	22.684	0.012
		11	−0.171	−0.146	24.113	0.012
		12	−0.313	−0.119	29.517	0.003

图 6-4　一阶差分后的序列相关性检验

通过观察差分后序列的偏自相关系数可知，一阶差分序列的偏自相关系数分别在第2期与第3期开始收敛（图6-4），根据序列的偏自相关图和自相关图，取p=1和q=1，2。通过组合进行建模并对模型运行结果进行分析，结果如表6-3所示。通过比较各个模型的运行结果，ARIMA（1，1，2）模型的Adjusted R2值较ARIMA（1，1，1）高，同时根据AIC和SIC原则，选择ARIMA（1，1，2）作为青岛旅游总收入的预测模型。

表6-3　模型运行结果

（p，d，q）	Adjusted R^2	AIC	SIC
（1，1，1）	0.9752	30.03	30.23
（1，1，2）	0.9856	29.74	29.99

经过模型预测所得结果如表6-4所示，运用ARIMA模型所得的青岛旅游总收入误差最大值为10.9%，其中均值为5.2%，预测平均误差率大于指数平滑方法。通过预测可知，在"十三五"期末，青岛旅游总收入将达到1848.4亿元，到2022年将达到2177.5亿元，未来5年的年均增速为8.84%。

表6-4　ARIMA模型预测结果（单位：万元）

年份	1998	1999	2000	2001	2002
实际值	690800	811000	999958	1175322	1505149
预测值	649468	761583	921325	1134923	1512555
误差率	6.0%	6.1%	7.9%	3.4%	0.5%
年份	2003	2004	2005	2006	2007
实际值	1349029	2075642	2566790	3231625	4003791
预测值	1382803	2009817	2161746	3328284	3565982
误差率	2.5%	3.2%	15.8%	3.0%	10.9%
年份	2008	2009	2010	2011	2012
实际值	4202827	4891153	5800429	6814536	8079495
预测值	4162372	4624467	5676873	6383947	7651424
误差率	1.0%	5.5%	2.1%	6.3%	5.3%

年份	2013	2014	2015	2016	2017
实际值	9371158	10613900	11896742	13496966	
预测值	8650504	10062184	11479687	12535454	14254235
误差率	7.7%	5.2%	3.5%	7.1%	
年份	2018	2019	2020	2021	2022
预测值	15447206	16863935	18484138	20025047	21774998

3. GM（1，1）预测

运用 GM（1，1）模型进行旅游总收入预测时，所选用的时间区间为 1997~2016 年，所选用的时间序列为旅游收入序列，根据 GM（1，1）模型的建模规则，需运用级比检验对原始序列是否可以运用 GM（1，1）模型进行验证，由于本书中 n=20，根据运算级比区间为 $\left(e^{\frac{2}{n+1}}, e^{\frac{2}{n+2}}\right) = (0.9092, 1.0952)$，原始序列并未完全落在可容区间内，因此需要对原始序列进行对数处理，经过处理后的级比序列均落在可容范围内，因此，经处理后的序列可以做 GM（1，1）建模，本书运用 Matlab 进行编程运算，经过测算得到的系数为 a=-0.0112，b=13.3270，由此可知，所得 GM（1，1）模型为：

$$\hat{x}^{(1)}(k+1) = [x^{(0)}(1) + 1189.9]e^{0.0112k} + 1189.9 \quad （式 6-21）$$

经过模型预测所得结果如表 6-5 所示，运用 GM（1，1）所得的青岛旅游总收入误差最大值为 9.02%，其中均值为 4.67%，预测平均误差率介于指数平滑方法与 ARIMA 之间。通过预测可知，在"十三五"期末，青岛旅游总收入将达到 1888.7 亿元，预计 2022 年将达到 2143.1 亿元，未来五年的年均增速为 6.78%。

表 6-5 GM（1，1）模型预测结果（单位：万元）

年份	1998	1999	2000	2001	2002
实际值	690800	811000	999958	1175322	1505149
预测值	719272	846721	1047168	1224937	1435466
误差率	4.12%	4.40%	4.72%	4.22%	4.63%

年份	2003	2004	2005	2006	2007
实际值	1349029	2075642	2566790	3231625	4003791
预测值	1385209	1981966	2335181	3056576	4259877
误差率	2.68%	4.51%	9.02%	5.42%	6.40%
年份	2008	2009	2010	2011	2012
实际值	4202827	4891153	5800429	6814536	8079495
预测值	3862789	4585914	5454764	6501217	7763936
误差率	8.09%	6.24%	5.96%	4.60%	3.91%
年份	2013	2014	2015	2016	2017
实际值	9371158	10613900	11896742	13496966	
预测值	9290473	11139412	12383056	14114016	15441101
误差率	0.86%	4.95%	4.09%	4.57%	
年份	2018	2019	2020	2021	2022
预测值	16506793	17782488	18887400	20093336	21430989

4. BP 神经网络预测

本书在运用 BP 神经网络对旅游总收入进行预测时，考虑的是单变量模型，即单变量 BP 神经网络，将迭代的青岛旅游收入的时间序列作为输入层，根据变量相关性选取滞后期作为训练样本，在对青岛旅游总收入预测时所选择的滞后期为 6 期，即运用初始 6 期作为训练样本，对第 7 期进行预测，然后由第 2 期开始作为训练样本对第 8 期进行预测，以此类推。

由于时间序列是 6 层迭代，输入层的神经元节点个数为 6，输出层节点个数为 1，隐含层神经元的个数根据相应的规则在 [3，12] 选取，经过程序计算设定为 10，因此网络模型为 6-10-1。

网络模型建立的 Matlab 的相关代码如下所示：

```
horizon=1
lag= ?
end_train =16
[X，minX，maxX]=premnmx(X);
```

[X_train，Y_train，X_test，Y_test]=transfer(X，lag，horizon，1，1，end_
train)；

[pred1，pred2]=bpnet(X_train，Y_train，X_test)；

pred1=postmnmx(pred1，minX，maxX)；

pred2=postmnmx(pred2，minX，maxX)；

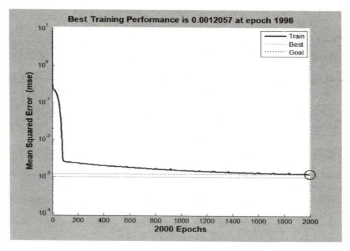

图 6-5　BP 网络训练过程

由图 6-5 可知，网络通过 1998 次学习循环后收敛并完成训练，通过运用
网络将青岛旅游总收入迭代作为输入，即可对 2017~2022 年青岛旅游总收入
进行预测，预测结果如表 6-6 所示。

表 6-6　BP 神经网络模型预测结果（单位：万元）

年份	2003	2004	2005	2006	2007
实际值	1349029	2075642	2566790	3231625	4003791
预测值	1357690	1893520	2475092	3116912	3731133
误差率	0.64%	8.77%	3.57%	3.55%	6.81%
年份	2008	2009	2010	2011	2012
实际值	4202827	4891153	5800429	6814536	8079495
预测值	4387296	5003307	5701879	6904663	8047104
误差率	4.39%	2.29%	1.70%	1.32%	0.40%

年份	2013	2014	2015	2016	2017
实际值	9371158	10613900	11896742	13496966	
预测值	9173406	10739770	12233782	13799815	15241501
误差率	2.11%	1.19%	2.83%	2.24%	
年份	2018	2019	2020	2021	2022
预测值	16308593	17594368	18567985	19848576	21285129

经过模型预测所得结果如表 6-6 所示，运用 BP 神经网络所得的青岛旅游总收入误差最大值为 8.77%，其中均值为 2.99%，预测平均误差率是三个方法中最小。通过预测可知，在"十三五"期末，青岛旅游总收入将达到 1856.8 亿元，预计到 2022 年将达到 2128.5 亿元，未来 5 年的年均增速为 6.91%。

根据最优权重模型，将所求权重与各个模型的预测值进行相乘，得到最终的青岛旅游总收入的预测值，如表 6-7 所示。"十三五"期末，青岛旅游总收入将达到 1874.5 亿元，年均增速为 7.71%；"十三五"期间，旅游收入年增速为 9.0%，较"十二五"期间的 14.9%，有明显放缓；预计到 2022 年青岛旅游总收入将达到 2166.9 亿元。

表 6-7 青岛旅游总收入预测结果（单位：万元）

年份	2017	2018	2019	2020	2021	2022
预测值	15003087	16189378	17501248	18745318	20137092	21668872

（二）青岛国内旅游收入预测

1. 指数平滑预测

运用指数平滑方法进行预测，其关键因素是模型的选择以及模型中平滑系数确定，本书预测选取的时间区间为 1997~2016 年，通过对青岛国内旅游收入的曲线进行分析，当时间序列具有明显的上升或者下降趋势时，α 可在 [0.6, 0.8] 之间选取，按照预测误差最小的原则确定 α 的取值。

本节选取适用于有线性趋势的双指数（Double）平滑预测方法与无季节趋势（Holt-Winters-No Seasonal）的平滑方法进行预测，结合样本容量和预测误差值最小化原则，最终的预测方法为无季节趋势的平滑方法，经过反复测算，最终确定平滑系数 α 为 0.60。通过指数平滑预测后，所得到的预测值与实际值见表6-8。

表6-8　青岛市国内旅游收入指数平滑预测（单位：万元）

年份	1998	1999	2000	2001	2002
实际值	605891	715219	881794	1028415	1306156
预测值	635951	759534	801706	996117	1178353
误差率	5.0%	6.2%	9.1%	3.1%	9.8%
年份	2003	2004	2005	2006	2007
实际值	1218956	1837871	2225891	2817881	3500865
预测值	1331552	1807359	2136754	2694256	3372555
误差率	9.2%	1.7%	4.0%	4.4%	3.7%
年份	2008	2009	2010	2011	2012
实际值	3855182	4514153	5400741	6373365	7560000
预测值	4152275	4377968	5041088	6150443	7324458
误差率	7.7%	3.0%	6.7%	3.5%	3.1%
年份	2013	2014	2015	2016	2017
实际值	8860000	10110000	11330000	12840000	
预测值	8687749	10133619	11410670	12582297	14210913
误差率	1.9%	0.2%	0.7%	2.0%	
年份	2018	2019	2020	2021	2022
预测值	15641107	17171300	18501493	19931687	21381880

由表6-8可知，运用指数平滑所得的青岛国内旅游收入误差最大值为9.8%，其中均值为4.3%，预测平均误差率在5%以内，得到了较好的预测效果，有误差率柱状图可知，误差率超过5%的年份有1999年、2000年、2002年、2003年、2008年、2010年。通过预测可知，在"十三五"期末，青岛国内旅游收入将达到1850.1亿元，预计到2022年青岛国内旅游收入将达到2138.2亿元，未来五年的年均增速为8.51%。

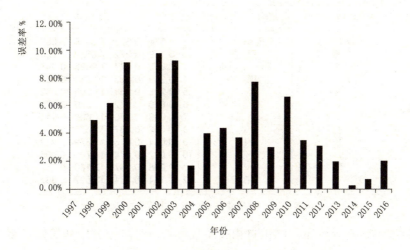

图 6-6　青岛旅游总收入指数平滑预测误差

2. ARIMA 预测

ARIMA 模型的输入变量为青岛国内旅游收入，通过对青岛国内旅游收入的建模，分析未来旅游收入的变化，预测模型的样本时间区间为 1997~2016 年。在构建 ARIMA 模型时，需对原始序列的平稳性进行检验，并通过验证自相关系数与偏自相关系数确定 ARIMA 模型中的参数值。如表 6-9 所示，ADF 检验结果显示青岛市旅游收入的时间序列为非平稳序列，为了消除趋势项以及序列波动对于预测结果的影响，对样本序列进行平稳化处理。本书采取的方式对样本进行一阶差分，由表可知，经过差分后的序列在 1% 的置信区间内通过了平稳性检验，可以对其进行 ARIMA 建模，模型中的参数 d=1。

表 6-9　ADF 检验

		原始序列		差分序列	
		T−Value	P−Value	T−Value	P−Value
ADF 检验值		10.0508		−7.7546	
临界值	1%	−3.8315	1.0000	−3.8573	0.0000
	5%	−3.0299		−3.0404	
	10%	−2.6552		−2.6606	

Autocorrelation	Partial Correlation		AC	PAC	Q-Stat	Prob
		1	-0.575	-0.575	7.3386	0.007
		2	0.149	-0.272	7.8622	0.020
		3	0.063	0.027	7.9625	0.047
		4	-0.299	-0.323	10.336	0.035
		5	0.203	-0.261	11.505	0.042
		6	0.026	0.032	11.526	0.073
		7	0.049	0.280	11.606	0.114
		8	-0.042	0.087	11.671	0.167
		9	-0.014	-0.016	11.679	0.232
		10	-0.022	0.074	11.701	0.306
		11	-0.098	-0.067	12.180	0.350
		12	0.154	-0.081	13.527	0.332

图 6-7　一阶差分后的序列相关性检验

通过观察差分后序列的偏自相关系数可知，一阶差分序列的偏自相关系数在均在第 2 期开始收敛（图 6-7），根据序列的偏自相关图和自相关图，取 p=1 和 q=1，2。通过组合进行建模并对模型运行结果进行分析，结果如表 6-10 所示。通过比较各个模型的运行结果，ARIMA（1，1，2）模型的 Adjusted R^2 值较 ARIMA（1，1，1）高，同时根据 AIC 和 SIC 原则，选择 ARIMA（1，1，2）作为青岛国内旅游总收入的预测模型。

表 6-10　模型运行结果

（p，d，q）	Adjusted R^2	AIC	SIC
（1，1，1）	0.9768	29.98	30.09
（1，1，2）	0.9830	29.64	29.89

经过模型预测所得结果如表 6-11 所示，运用 ARIMA 所得的青岛市国内旅游收入误差最大值为 9.7%，其中均值为 5.2%，预测平均误差率大于指数平滑方法。通过预测可知，在"十三五"期末，青岛国内旅游收入将达到 1887.5 亿元，预计到 2022 年将达到 2145.64 亿元，未来五年的年均增速为 10.1%。

表 6-11　ARIMA 模型预测结果（单位：万元）

年份	1998	1999	2000	2001	2002
实际值	605891	715219	881794	1028415	1306156
预测值	570848	699830	823290	1021196	1245552
误差率	5.8%	2.2%	6.6%	0.7%	4.6%

年份	2003	2004	2005	2006	2007
实际值	1218956	1837871	2225891	2817881	3500865
预测值	1227929	1711413	2378440	2548480	3329950
误差率	0.7%	6.9%	6.9%	9.6%	4.9%
年份	2008	2009	2010	2011	2012
实际值	3855182	4514153	5400741	6373365	7560000
预测值	4109985	4329493	4925318	6159979	6828947
误差率	6.6%	4.1%	8.8%	3.3%	9.7%
年份	2013	2014	2015	2016	2017
实际值	8860000	10110000	11330000	12840000	
预测值	8313475	9714692	10713966	12029789	14210607
误差率	6.2%	3.9%	5.4%	6.3%	
年份	2018	2019	2020	2021	2022
预测值	15859097	17464388	18875053	20275426	21456417

3. GM（1，1）预测

运用 GM（1，1）模型进行青岛国内旅游收入预测时，所选用的时间区间为 1997~2016 年，所选用的时间序列为青岛国内旅游收入序列，根据 GM（1，1）模型的建模规则，需运用级比检验对原始序列是否可以运用 GM（1，1）模型进行验证，由于本书中 n=20，所以级比区间为 $\left(e^{-\frac{2}{n+1}}, e^{\frac{2}{n+2}}\right) = (0.9092, 1.0952)$，原始序列并未完全落在可容区间内，因此需要对原始序列进行对数处理，经过处理后的级比序列均落在可容范围内，因此，经处理后的序列可以做 GM（1，1）建模，本书运用 Matlab 进行编程运算，经过测算得到的系数为 a=-0.0117，b=13.1749，由此可知，所得 GM（1，1）模型为：

$$\overset{\wedge(1)}{x}(k+1) = [x^{(0)}(1) + 1126.6]e^{0.0117k} + 1126.6 \quad （式6-22）$$

经过模型预测所得结果如表 6-11 所示，运用 GM（1，1）所得的青岛国内旅游收入误差最大值为 9.8%，其中均值为 4.7%，预测平均误差率介于指数平滑方法与 ARIMA 之间。通过预测可知，在"十三五"期末，青岛国内旅游收入将达到1868.2亿元，预计到2022年将达到2150.2亿元，未来五年的年均增速为8.90%。

表 6-12　GM（1，1）模型预测结果（单位：万元）

年份	1998	1999	2000	2001	2002
实际值	605891	715219	881794	1028415	1306156
预测值	665064	728756	913578	1073759	1264426
误差率	9.8%	1.9%	3.6%	4.4%	3.2%
年份	2003	2004	2005	2006	2007
实际值	1218956	1837871	2225891	2817881	3500865
预测值	1291817	1763531	2088844	2679101	3648209
误差率	6.0%	4.0%	6.2%	4.9%	4.2%
年份	2008	2009	2010	2011	2012
实际值	3855182	4514153	5400741	6373365	7560000
预测值	3513242	4195214	5020039	6019739	7233967
误差率	8.9%	7.1%	7.0%	5.5%	4.3%
年份	2013	2014	2015	2016	2017
实际值	8860000	10110000	11330000	12840000	
预测值	8711935	10514851	11719004	12419700	14036264
误差率	1.7%	4.0%	3.4%	3.3%	
年份	2018	2019	2020	2021	2022
预测值	156818441	17254573	18682112	20199711	21502355

4. BP 神经网络预测

本书在运用 BP 神经网络对青岛国内旅游收入进行预测时，考虑的是单变量模型，即单变量 BP 神经网络，将迭代的青岛国内旅游收入的时间序列作为输入层，根据变量相关性选取滞后期作为训练样本，在对青岛国内旅游收入预测时所选择的滞后期为 2 期，即运用初始 2 期作为训练样本，对第 3 期进行预测，然后由第 2 期开始作为训练样本对第 4 期进行预测，以此类推。

由于时间序列是 2 层迭代，输入层的神经元节点个数为 2，输出层节点个数为 1，隐含层神经元的个数根据相应的规则在 [3,12] 选取，经过程序计算设定为 8，因此网络模型为 2-8-1。

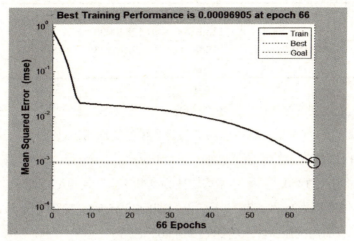

图 6-8　BP 网络训练过程

由图 6-8 可知，网络通过 66 次学习循环后收敛并完成训练，通过运用网络将青岛国内旅游收入迭代作为输入，即可对 2017~2022 年青岛国内旅游收入进行预测。经过模型预测所得结果如表 6-13 所示，运用 BP 神经网络所得的青岛国内旅游收入误差最大值为 8.7%，其中均值为 3.0%，预测平均误差率在三个方法中是最小的。通过预测可知，在"十三五"期末，青岛国内旅游收入将达到 1827.5 亿元，预计到 2022 年将达到 2147.3 亿元，未来五年的年均增速为 8.75%。

表 6-13　BP 神经网络模型预测结果（单位：万元）

年份	1999	2000	2001	2002	2003
实际值	715219	881794	1028415	1306156	1218956
预测值	732805	955582	1042648	1307306	1219212
误差率	2.5%	8.4%	1.4%	0.1%	0.0%
年份	2004	2005	2006	2007	2008
实际值	1837871	2225891	2817881	3500865	3855182
预测值	1721286	2216335	2652087	3316900	4083900
误差率	6.3%	0.4%	5.9%	5.3%	5.9%
年份	2009	2010	2011	2012	2013
实际值	4514153	5400741	6373365	7560000	8860000
预测值	4481803	5221836	6217486	7309756	8642363
误差率	0.7%	3.3%	2.4%	3.3%	2.5%

年份	2014	2015	2016	2017	
实际值	10110000	11330000	12840000		
预测值	10102280	11506047	12876123	14119807	
误差率	0.1%	1.6%	0.3%		
年份	2018	2019	2020	2021	2022
预测值	15359109	16664388	18275053	20083286	21472583

根据最优权重模型，将所求权重与各个模型的预测值进行相乘，得到最终的青岛国内旅游收入的预测值，如表6-14所示。"十三五"期末，青岛国内旅游收入将达到1850.7亿元，年均增速为9.40%；"十三五"期间，青岛国内旅游收入年增速为9.6%，较"十二五"期间的15.5%，亦有明显放缓；预计到2022年青岛国内旅游收入将达到2145.03亿元。

表6-14　青岛国内旅游收入预测结果（单位：万元）

年份	2017	2018	2019	2020	2021	2022
预测值	14138235	15586646	17148736	18506614	20102476	21450279

三、青岛旅游人数预测

与第二节相同，本节将分别运用指数平滑方法、ARIMA方法、GM（1，1）与BP神经网络方法对青岛旅游总人数与国内旅游人数进行预测，并运用最优权重模型计算集成预测中各个模型的最佳权重，得到最终的预测值，其中国外旅游客流量，可通过旅游总人数与国内旅游人数之差计算得出。

（一）青岛旅游总人数预测

1. 指数平滑预测

运用指数平滑方法进行预测，其关键因素是模型的选择以及模型中平滑系数确定，本书预测选取的时间区间为1997~2016年，通过对青岛旅游总人数的曲线进行分析，当时间序列具有明显的上升或者下降趋势时，α 可在[0.6, 0.8]之间选取，在本节中我们与上节相同按照预测误差最小的原则确定 α 的取值。

本节选取适用于有线性趋势的双指数（Double）平滑预测方法与无季节趋势的平滑方法进行预测，结合样本容量和预测误差值最小化原则，最终的预测方法为无季节趋势的平滑方法，经过反复测算，最终确定平滑系数 α 为0.65。通过指数平滑预测，得到的预测值与实际值详见表6-15。

表 6-15　青岛市旅游总人数指数平滑预测（单位：万人）

年份	1998	1999	2000	2001	2002
实际值	1032.99	1154.97	1311.12	1551.44	1836.65
预测值	1021.03	1167.67	1312.18	1423.23	1665.68
误差率	1.2%	1.1%	0.1%	8.3%	9.3%
年份	2003	2004	2005	2006	2007
实际值	1708.36	2218.57	2517.47	2886.28	3366.93
预测值	1705.59	2039.76	2336.64	2750.68	3194.53
误差率	0.2%	8.1%	7.2%	4.7%	5.1%
年份	2008	2009	2010	2011	2012
实际值	3469.58	4003.49	4504.70	5071.75	5718.01
预测值	3732.87	3899.23	4329.90	4876.30	5517.18
误差率	7.6%	2.6%	3.9%	3.9%	3.5%
年份	2013	2014	2015	2016	2017
实际值	6289.28	6844.05	7455.81	8081.05	
预测值	6245.63	6898.11	7469.26	8059.13	8679.42
误差率	0.7%	0.8%	0.2%	0.3%	
年份	2018	2019	2020	2021	2022
预测值	9286.57	9893.71	10500.86	11108.00	11715.14

由表 6-15 可知，运用指数平滑所得的青岛旅游总人数误差最大值为 9.3%，其中均值为 3.4%，预测平均误差率在 5% 以内，得到了较好的预测效果，由误差率柱状图可知，误差率超过 5% 的年份有 2001 年、2002 年、2005 年、2007 年、2008 年。通过预测在"十三五"期末，青岛旅游总人数将达到 10500.86 万人，预计到 2022 年将达到 11715.14 万人，未来五年的年均增速为 6.18%。

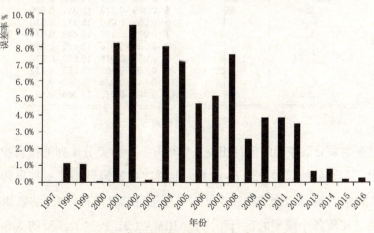

图 6-9　青岛市旅游总人数指数平滑预测误差

2. ARIMA 预测

ARIMA 模型的输入变量为青岛旅游总人数，通过对旅游总人数的建模分析未来旅游总人数的变化，预测模型的样本时间区间为 1998~2016 年。在构建 ARIMA 模型时，需对原始序列的平稳性进行检验，并通过验证自相关系数与偏自相关系数确定 ARIMA 模型中的参数值。由表 6-16 可知，青岛旅游总人数的时间序列为非平稳序列，为了消除趋势项以及序列波动对于预测结果的影响，需对样本序列进行平稳化处理。本书采取的方式为对样本进行一阶差分，由表可知，经过差分后的序列在 1% 的置信区间内通过了平稳性检验，可以对其进行 ARIMA 建模，模型中的参数 d=1。

表 6-16　ADF 检验

		原始序列		差分序列	
		T−Value	P−Value	T−Value	P−Value
ADF 检验值		4.713823		−7.504862	
临界值	1%	−3.8315	1.0000	−3.8573	0.0000
	5%	−3.0299		−3.0404	
	10%	−2.6552		−2.6606	

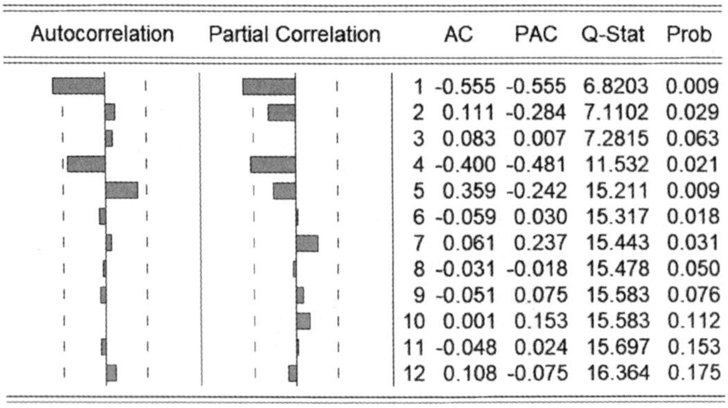

图 6-10　一阶差分后的序列相关性检验

通过观察差分后序列的偏自相关系数可知，一阶差分序列的偏自相关系数在均在第 2 期开始始收敛（图 6-10），根据序列的偏自相关图和自相关图，取 p=1，2 和 q=1。通过组合进行建模并对模型运行结果进行分析，结果如表 6-17 所示。通过比较各个模型的运行结果，ARIMA（2，1，1）模型的 Adjusted R^2

值较 ARIMA（1，1，1）高，同时根据 AIC 和 SIC 原则，选择 ARIMA（2，1，1）作为青岛旅游总人数的预测模型。

表 6-17　模型运行结果

（p，d，q）	Adjusted R^2	AIC	SIC
（1，1，1）	0.9748	15.07	15.27
（2，1，1）	0.9950	13.82	14.07

经过模型预测所得结果如表 6-18 所示，运用 ARIMA 所得的青岛旅游总人数误差最大值为 9.97%，其中均值为 2.09%，预测平均误差率大于指数平滑方法。通过预测可知，在"十三五"期末，青岛旅游总人数将达到 10469.04 万人，预计到 2022 年将达到 11641.23 万人，未来五年的年均增速为 6.09%。

表 6-18　ARIMA 模型预测结果（单位：万人）

年份	1999	2000	2001	2002	2003
实际值	1154.97	1311.12	1551.44	1836.65	1708.36
预测值	1128.13	1309.16	1511.22	1804.91	1837.95
误差率	2.32%	0.15%	2.59%	1.73%	7.59%
年份	2004	2005	2006	2007	2008
实际值	2218.57	2517.47	2886.28	3366.93	3469.58
预测值	2182.08	2564.44	2894.51	3296.81	3815.45
误差率	1.64%	1.87%	0.29%	2.08%	9.97%
年份	2009	2010	2011	2012	2013
实际值	4003.49	4504.70	5071.75	5718.01	6289.28
预测值	3917.48	4485.16	5011.11	5601.79	6270.61
误差率	2.15%	0.43%	1.20%	2.03%	0.30%
年份	2014	2015	2016	2017	
实际值	6844.05	7455.81	8081.05		
预测值	6854.03	7415.41	8032.37	8658.84	
误差率	0.15%	0.54%	0.60%		
年份	2018	2019	2020	2021	2022
预测值	9233.67	9801.71	10469.04	11015.04	11641.23

3. GM（1，1）预测

运用 GM（1，1）模型进行青岛旅游总人数预测时，所选用的时间区间为 1997~2016，所选用的时间序列为青岛旅游总人数序列，根据 GM（1，1）模型的建模规则，需运用级比检验对原始序列是否可以运用 GM（1，1）模型进行验证，由于本书中 n=20，所以级比区间为 $\left(e^{-\frac{2}{n+1}},e^{\frac{2}{n+2}}\right)=)(0.9092,1.0952$，原始序列并未完全落在可容区间内，因此需要对原始序列进行对数处理，经过处理后的级比序列均落在可容范围内，因此，经处理后的序列可以做 GM（1，1）建模，本书运用 Matlab 进行编程运算，经过测算得到的系数为 a=-0.0145，b=6.8789，由此可知，所得 GM（1，1）模型为：

$$\overset{\wedge(1)}{x}(k+1)=[x^{(0)}(1)+474.4]e^{0.0145k}+474.4 \quad（式 6-23）$$

经过模型预测所得结果如表 6-19 所示，运用 GM(1，1) 所得的青岛旅游总人数误差最大值为 10.7%，其中均值为 4.9%，预测平均误差率大于指数平滑方法与 ARIMA。通过预测可知，在"十三五"期末，青岛旅游总人数将达到 10647.38 万人，预计到 2022 年将达到 11709.37 万人，未来五年的年均增速为 5.95%。

表 6-19　GM（1，1）模型预测结果（单位：万人）

年份	1998	1999	2000	2001	2002
实际值	1032.99	1154.97	1311.12	1551.44	1836.65
预测值	1129.46	1251.47	1388.73	1543.39	1717.91
误差率	9.3%	8.4%	5.9%	0.5%	6.5%
年份	2003	2004	2005	2006	2007
实际值	1708.36	2218.57	2517.47	2886.28	3366.93
预测值	1815.17	2138.46	2391.64	2679.15	3006.21
误差率	6.3%	3.6%	5.0%	7.2%	10.7%
年份	2008	2009	2010	2011	2012
实际值	3469.58	4003.49	4504.70	5071.75	5718.01
预测值	3378.87	3804.21	4290.50	4847.46	5486.48
误差率	2.6%	5.0%	4.8%	4.4%	4.0%
年份	2013	2014	2015	2016	2017

续表

实际值	6289.28	6844.05	7455.81	8081.05	
预测值	6220.97	7066.74	8042.44	8170.13	8770.46
误差率	1.1%	3.3%	7.9%	1.1%	
年份	2018	2019	2020	2021	2022
预测值	9393.46	10033.46	10647.38	11108.60	11709.37

4. BP 神经网络预测

本书在运用 BP 神经网络对青岛旅游总人数进行预测时，考虑的是单变量模型，即单变量 BP 神经网络，将迭代的青岛旅游总人数的时间序列作为输入层，根据变量相关性选取滞后期作为训练样本，在对青岛旅游总人数预测时所选择的滞后期为 5 期，即运用初始 5 期作为训练样本，对第 6 期进行预测，然后由第 2 期开始作为训练样本对第 7 期进行预测，以此类推。

由于时间序列是 5 层迭代，输入层的神经元节点个数为 5，输出层节点个数为 1，隐含层神经元的个数根据相应的规则在 [3，12] 选取，经过程序计算设定为 10，因此网络模型为 5–10–1。

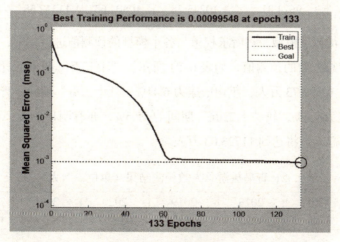

图 6–11 BP 网络训练过程

由图 6–11 可知，网络通过 133 次学习循环后收敛并完成训练，通过运用网络将青岛旅游总人数迭代作为输入，即可对 2017~2022 年青岛旅游总人数进行预测，预测结果如表 6–20 所示。运用 BP 神经网络所得的青岛旅游总人数误差最大值为 6.52%，其中均值为 2.49%，预测平均误差率是相对较小。通过预测可知，在"十三五"期末，青岛旅游总人数将达到10804.63万人，预计到2022年将达到11829.36万人，未来五年的年均增速为5.45%。

表 6-20 BP 神经网络模型预测结果（单位：万人）

年份	2003	2004	2005	2006	2007
实际值	1708.36	2218.57	2517.47	2886.28	3366.93
预测值	1819.77	2104.86	2478.58	2768.99	3321.07
误差率	6.52%	5.13%	1.54%	4.06%	1.36%
年份	2008	2009	2010	2011	2012
实际值	3469.58	4003.49	4504.70	5071.75	5718.01
预测值	3477.35	3982.46	4518.15	5023.64	5800.70
误差率	0.22%	0.53%	0.30%	0.95%	1.45%
年份	2013	2014	2015	2016	2017
实际值	6289.28	6844.05	7455.81	8081.05	
预测值	6266.96	7041.81	7785.60	8573.21	9073.21
误差率	0.35%	2.89%	4.42%	6.09%	
年份	2018	2019	2020	2021	2022
预测值	9624.87	10245.38	10804.63	11312.58	11829.36

根据最优权重模型，将所求权重与各个模型的预测值进行相乘，得到最终的青岛旅游总人数的预测值，如表6-21所示。"十三五"期末，青岛旅游总人数将达到10592.73万人，年均增速为6.41%；"十三五"期间，青岛旅游总人数年增速为9.6%，较"十二五"期间的15.5%，亦有明显放缓；预计2022年青岛旅游总人数将达到11723.03万人。

表 6-21 青岛旅游总人数预测结果（单位：万人）

年份	2017	2018	2019	2020	2021	2022
预测值	8790.33	9373.11	9974.24	10592.73	11132.694	11723.033

（二）青岛国内旅游人数预测

1.指数平滑预测

运用指数平滑方法进行预测，其关键因素是模型的选择以及模型中平滑系数确定，本书预测选取的时间区间为1997~2016年，通过对青岛国内旅游人数的曲线进行分析，当时间序列具有明显的上升或者下降趋势是，α 可在[0.6, 0.8]

之间选取，在本书中我们与上节相同按照预测误差最小的原则确定 α 的取值。

本节选取适用于有线性趋势的双指数（Double）平滑预测方法与无季节趋势的平滑方法进行预测，结合样本容量和预测误差值最小化原则，最终的预测方法为无季节趋势的平滑方法，经过反复测算，最终确定平滑系数 α 为 0.58。通过指数平滑预测后，所得到的预测值与实际值详见表 6-22。

表 6-22　青岛市国内旅游人数指数平滑预测（单位：万人）

年份	1998	1999	2000	2001	2002
实际值	1013.04	1132.20	1285.06	1519.13	1794.90
预测值	1092.41	1138.93	1282.34	1491.49	1729.32
误差率	7.83%	0.59%	0.21%	1.82%	3.65%
年份	2003	2004	2005	2006	2007
实际值	1654.57	2157.44	2449.03	2800.83	3258.78
预测值	1660.84	1982.08	2265.06	2673.35	3103.22
误差率	0.38%	8.13%	7.51%	4.55%	4.77%
年份	2008	2009	2010	2011	2012
实际值	3389.53	3903.42	4396.65	4956.11	5591.00
预测值	3616.65	3806.49	4229.26	4765.69	5397.72
误差率	6.70%	2.48%	3.81%	3.84%	3.46%
年份	2013	2014	2015	2016	2017
实际值	6161.00	6716.00	7322.00	7940.00	
预测值	6114.68	6764.89	7337.87	7923.50	8535.33
误差率	0.75%	0.73%	0.22%	0.21%	
年份	2018	2019	2020	2021	2022
预测值	9137.43	9739.53	10341.62	10943.72	11545.83

由表 6-22 可知，运用指数平滑所得的青岛国内旅游人数误差最大值为 8.13%，其中均值为 3.08%，预测平均误差率在 5% 以内，得到了较好的预测效果，由误差率柱状图可知，误差率超过 5% 的年份有 1998 年、2004 年、2005 年。通过预测可知，在"十三五"期末，青岛国内旅游人数将达到 10341.62 万人，预计到 2022 年将达到 11545.83 万人，未来五年的年均增速为 6.23%。

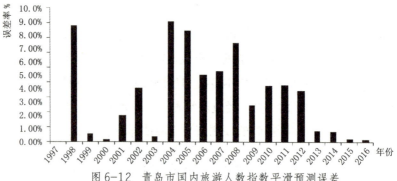

图 6-12 青岛市国内旅游人数指数平滑预测误差

2. ARIMA 预测

ARIMA 模型的输入变量为青岛国内旅游人数，通过对旅游人数的建模，分析未来青岛国内旅游人数的变化，预测模型的样本时间区间为 1998~2016 年。在构建 ARIMA 模型时，需对原始序列的平稳性进行检验，并通过验证自相关系数与偏自相关系数确定 ARIMA 模型中的参数值。由表 6-23 可知，青岛国内旅游人数的时间序列为非平稳序列，为了消除趋势项以及序列波动对于预测结果的影响，对样本序列进行平稳化处理。本书采取的方式为对样本进行一阶差分，由表可知，经过差分后的序列在 1% 的置信区间内通过了平稳性检验，可以对其进行 ARIMA 建模，模型中的参数 d=1。

表 6-23　ADF 检验

		原始序列		差分序列	
		T−Value	P−Value	T−Value	P−Value
ADF 检验值		4.888555		−3.470827	
临界值	1%	−3.8315	1.0000	−3.8573	0.0260
	5%	−3.0299		−3.0404	
	10%	−2.6552		−2.6606	

Autocorrelation	Partial Correlation		AC	PAC	Q-Stat	Prob
		1	0.462	0.462	4.9484	0.026
		2	0.506	0.372	11.212	0.004
		3	0.438	0.176	16.183	0.001
		4	0.203	-0.213	17.313	0.002
		5	0.366	0.203	21.247	0.001
		6	0.100	-0.174	21.559	0.001
		7	-0.079	-0.369	21.769	0.003
		8	-0.097	-0.168	22.112	0.005
		9	-0.134	0.242	22.833	0.007
		10	-0.166	-0.040	24.047	0.007
		11	-0.185	-0.127	25.723	0.007
		12	-0.317	-0.103	31.246	0.002

图 6-13　一阶差分后的序列相关性检验

通过观察差分后序列的偏自相关系数可知，一阶差分序列的偏自相关系数均在第 2 期开始收敛（见图 6-13），根据序列的偏自相关图和自相关图，取 p=1，2 和 q=1，2。通过组合进行建模并对模型运行结果进行分析，结果如表 6-24 所示。通过比较各个模型的运行结果，ARIMA（2，1，1）模型的 Adjusted R^2 值较 ARIMA（1，1，2）高，同时根据 AIC 和 SIC 原则，选择 ARIMA（2，1，1）作为青岛国内旅游人数的预测模型。

表 6-24　模型运行结果

（p，d，q）	Adjusted R^2	AIC	SIC
（2，1，1）	0.9952	14.72	14.97
（1，1，2）	0.9860	13.75	14.00

经过模型预测所得结果如表 6-25 所示，运用 ARIMA 所得的青岛国内旅游人数误差最大值为 10.97%，其中均值为 2.54%，预测平均误差率小于指数平滑方法。通过预测可知，在"十三五"期末，青岛国内旅游人数将达到 10221.76 万人，预计到 2022 年将达到 11501.49 万人，未来五年的年均增速为 6.19%。

表 6-25　ARIMA 模型预测结果（单位：万人）

年份	1999	2000	2001	2002	2003
实际值	1132.20	1285.06	1519.13	1794.90	1654.57
预测值	1107.33	1283.90	1481.72	1767.89	1790.08
误差率	2.20%	0.09%	2.46%	1.50%	8.19%
年份	2004	2005	2006	2007	2008
实际值	2157.44	2449.03	2800.83	3258.78	3389.53
预测值	1920.69	2495.50	2818.13	3202.43	3697.26
误差率	10.97%	1.90%	0.62%	1.73%	9.08%
年份	2009	2010	2011	2012	2013
实际值	3903.42	4396.65	4956.11	5591.00	6161.00
预测值	3830.86	4377.72	4896.10	5479.75	6137.68
误差率	1.86%	0.43%	1.21%	1.99%	0.38%
年份	2014	2015	2016	2017	
实际值	6716.00	7322.00	7940.00		
预测值	6721.03	7283.94	7896.18	8516.48	
误差率	0.07%	0.52%	0.55%		
年份	2018	2019	2020	2021	2022
预测值	9091.41	9661.07	10221.76	10868.31	11501.49

3. GM（1，1）预测

运用 GM（1，1）模型进行青岛国内旅游人数预测时，所选用的时间区间为 1997~2016 年，所选用的时间序列为青岛国内旅游人数序列，根据 GM（1，1）模型的建模规则，需运用级比检验对原始序列是否可以运用 GM（1，1）模型进行验证，由于本书中 n=20，所以级比区间为 $\left(e^{-\frac{2}{n+1}}, e^{\frac{2}{n+2}}\right)$＝（0.9092，1.0952），原始序列并未完全落在可容区间内，因此需要对原始序列进行对数处理，经过处理后的级比序列均落在可容范围内，因此，经处理后的序列可以做 GM（1，1）建模，本书运用 Matlab 进行编程运算，经过测算得到的系数为 a=−0.0146，b=6.8533，由此可知，所得 GM（1，1）模型为：

$$\overset{\wedge(1)}{x}(k+1)=[x^{(0)}(1)+469.4]e^{0.0146k}+469.4 \quad （式6-24）$$

经过模型预测所得结果如表 6-26 所示，运用 GM（1，1）所得的青岛国内旅游人数误差最大值为 9.91%，其中均值为 4.67%，预测平均误差率均大于指数平滑方法与 ARIMA 模型。通过预测可知，在"十三五"期末，青岛国内旅游人数将达到 10493.79 万人，预计到 2022 年将达到 11503.17 万人，未来五年的年均增速为 6.17%。

表 6-26　GM（1，1）模型预测结果（单位：万人）

年份	1998	1999	2000	2001	2002
实际值	1013.04	1132.20	1285.06	1519.13	1794.90
预测值	1101.26	1220.38	1354.43	1505.49	1676.01
误差率	8.71%	7.79%	5.40%	0.90%	6.62%
年份	2003	2004	2005	2006	2007
实际值	1654.57	2157.44	2449.03	2800.83	3258.78
预测值	1768.77	2087.03	2334.56	2615.75	2935.69
误差率	6.90%	3.26%	4.67%	6.61%	9.91%
年份	2008	2009	2010	2011	2012
实际值	3389.53	3903.42	4396.65	4956.11	5591.00
预测值	3300.35	3716.67	4192.82	4738.33	5364.43

误差率	2.63%	4.78%	4.64%	4.39%	4.05%
年份	2013	2014	2015	2016	2017
实际值	6161.00	6716.00	7322.00	7940.00	
预测值	6084.32	6913.58	7870.59	7977.12	8525.99
误差率	1.24%	2.94%	7.49%	0.47%	
年份	2018	2019	2020	2021	2022
预测值	9074.87	9677.28	10493.79	10848.95	11503.17

4. BP 神经网络预测

本书在运用 BP 神经网络对青岛国内旅游人数进行预测时，考虑的是单变量模型，即单变量 BP 神经网络，将迭代的青岛国内旅游人数的时间序列作为输入层，根据变量相关性选取滞后期作为训练样本，在对青岛国内旅游人数预测时所选择的滞后期为 2 期，即运用初始 2 期作为训练样本，对第 3 期进行预测，然后由第 2 期开始作为训练样本对第 4 期进行预测，以此类推。

由于时间序列是 2 层迭代，输入层的神经元节点个数为 2，输出层节点个数为 1，隐含层神经元的个数根据相应的规则在 [3，12] 选取，经过程序计算设定为 8，因此网络模型为 2-8-1。

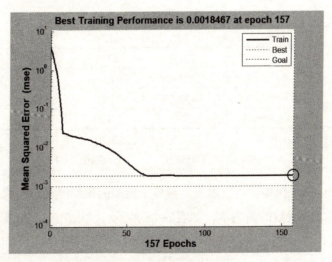

图 6-14 BP 网络训练过程

由图 6-14 可知，网络通过 157 次学习循环后收敛并完成训练，通过运用网络将青岛国内旅游人数迭代作为输入，即可对 2017~2022 年青岛国内旅游人数进行预测，经过模型预测所得结果如表 6-27 所示，运用 BP 神经网络所得的青岛市国内旅游人数误差最大值为 8.79%，其中均值为 3.14%，预测平均误差率相对较小。通过预测可知，在"十三五"期末，青岛国内旅游人数将达到 10598.46 万人，预计到 2022 年将达到 11569.27 万人，未来五年的年均增速为 5.54%。

表 6-27　BP 神经网络模型预测结果（单位：万人）

年份	1999	2000	2001	2002	2003
实际值	1132.20	1285.06	1519.13	1794.90	1654.57
预测值	1149.01	1282.53	1453.81	1716.10	1725.10
误差率	1.48%	0.20%	4.30%	4.39%	4.26%
年份	2004	2005	2006	2007	2008
实际值	2157.44	2449.03	2800.83	3258.78	3389.53
预测值	1967.86	2431.34	2758.08	3152.28	3665.43
误差率	8.79%	0.72%	1.53%	3.27%	8.14%
年份	2009	2010	2011	2012	2013
实际值	3903.42	4396.65	4956.11	5591.00	6161.00
预测值	3811.94	4387.77	4940.45	5567.34	6278.75
误差率	2.34%	0.20%	0.32%	0.42%	1.91%
年份	2014	2015	2016	2017	
实际值	6716.00	7322.00	7940.00		
预测值	6917.46	7539.35	8218.40	8834.56	
误差率	3.00%	2.97%	3.51%		
年份	2018	2019	2020	2021	2022
预测值	9467.37	10035.87	10598.46	11021.36	11569.27

根据最优权重模型，将所求权重与各个模型的预测值进行相乘，得到最终的青岛国内旅游人数的预测值，如表 6-28 所示。"十三五"期末，青岛国内旅游人数将达到 10386.58 万人，年均增速为 6.41%；"十三五"期间，青岛国内旅游人数年增速为 6.8%，较"十二五"期间的 10.2%，有明显放缓；预计到 2022 年青岛国内旅游人数将达到 11528.09 万人。

表 6-28　青岛市国内旅游人数结果（单位：万人）

年份	2017	2018	2019	2020	2021	2022
预测值	8594.77	9184.34	9767.45	10386.58	10914.656	11528.09

四、青岛旅游发展系统分析与因果关系确立

（一）模型简介与适用性分析

1. 系统动力学的理论基础

系统动力学采用结构、功能双重模拟和定性、定量分析相结合的研究方法。系统的结构是系统中包含的单元及单元之间的相互联系即秩序，标志着系统构成的特征，是进行问题分解和本质分析的依据。系统的功能是系统中各个单元自身或相互之间相联系发挥的作用和效能，在模型的构建过程中，需要对子系统间的相互关系和单元间的因果、反馈影响进行检验，而与实际系统结构的一致程度决定于模型构建者对于实际系统运行机制的认知能力，需要其进行合理地系统分析即掌握定性方面的信息。

（1）变量关系。假设变量之间存在因果关系，其中变量"A"为原因，变量"B"为结果，其关系可表示为"A→B"，"→"表示两者之间存在的因果链，如果"A"的变化引起了"B"的同向变化，则二者之间存在着正因果链关系，用"+"表示；如果变量"A"的变化引起了变量"B"的相反变化，则二者之间存在负因果链关系，用"−"。如图 6−15 所示：

$$A \xrightarrow{\;+\;} B \qquad\qquad A \xrightarrow{\;-\;} B$$

正因果关系链　　　　　　　　　负因果关系链

图 6−15　因果关系链图

（2）反馈环结构。系统变量是系统行为的基础，系统中变量的动态特征及变量间的互动关系反映了系统的功能和结构。如果系统中多个变量之间能够组成封闭的关系回路，则该回路被称作反馈环（FeedbackLoop），如果关系路线中正向因果关系链的数量是偶数，则为正反馈环，否则即为负反馈环。如下图所示：

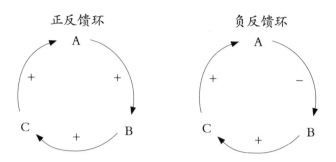

图 6-16 反馈环图

在正反馈环中，系统变量互相影响的结果表现为系统收益或者损失的持续增加，呈现边际递增；在负反馈环中，系统变量互相作用的结果表现为系统的收益或者损失的持续减少，呈现边际递减。这种能够反映系统变量之间互动关系的反馈环即为系统动力学的因果关系图。

（3）数理基础。整体系统可以被分成若干个相互关联的子系统或者说是子结构，用公式表示如下：

$$S = \left\{ Si \in S \big|_{1-p} \right\} i = 1, 2, 3, \cdots, p \quad (\text{式 6-16})$$

式中，S：整体系统，Si：子系统，p：子系统数量。

流量、辅助变量、存量等是系统动力学涉及的基本变量，这些变量通过函数关系和常量对系统的活动特征作出解释。用数学形式描述为：

$$L = PR, \quad \begin{bmatrix} R \\ A \end{bmatrix} = W \begin{bmatrix} L \\ A \end{bmatrix} \quad (\text{式 6-17})$$

式中，L 表示存量向量，R 表示流量向量，A 表示辅助变量向量，L 表示纯流量向量，P 为转移矩阵，W 为关系矩阵。

对于存量，当 $t = t_0$ 时，初始值确定，并可以得到 $t \neq t_0$ 时的变量函数关系，那么，在 $t \neq t_0$ 时系统的变化过程便可确定，存量 $L = (l_1, l_2, \cdots l_n)$，系统存在辅助变量 $A = (a_1, a_2, \cdots a_n)$，其功能是解释存量变化，流位变量和辅助变量共同解释系统变化过程，在数学形式上借助多元一阶微分方程 $L^{'}=f\left(L,A,t\right)$ 解释。流量 R（t）通过转移矩阵 P 转变成 R（$t+1$），W 是关系矩阵，解释流量 R、存量 L 和辅助变量 A 在某一时刻存在的复杂非线性关系。

2. 系统动力学的建模过程

（1）系统分析。明确研究问题的实质和建模目的，明确系统边界，厘清系统内部的物质、信息流之间的互动关系以及与系统外部环境的交互作用。

（2）结构分析。对系统结构层次进行区分，明确子系统的变量层级，构建各子系统变量间的反馈关系，确定子系统与系统总体的因果回路关系。

（3）模型数理化。基于系统各变量间的因果关系构建系统流图，确定各变量间的函数关系，构建系统中的不同类型的变量，包括存量、流量、辅助变量、表函数等。

（4）模型检验与仿真模拟。运用系统动力学检验方法，对模型运行过程与运行结果进行检验，验证模型的合理性；设定仿真模拟的方案，针对不同方案下的模型结果进行对比分析。

3. 系统动力学在旅游发展研究中的适用性

系统动力学具有能够获取复杂系统动态特征的能力，考虑到旅游业各要素间的交互与融合关系，可将其作为复杂系统进行考虑。根据前章的研究内容，旅游业的发展涵盖多种要素，如住宿、餐饮、旅行社、交通运输行业以及旅游管理结构，各要素或部门有其自身的运行特征，同时相互之间又通过旅游消费者、生产者相关联，并在一定时期表现出线性或者非线性关系，可以通过定量的方式进行刻画。而旅游业的发展不仅与其内部要素相关，同时还与城镇化水平、文化水平、生态环境、区域经济发展等紧密相关，旅游业发展对上述要素既有正向的促进作用，也可能存在反向的抑制或损害作用，并且这种作用不是单向影响，而是通过经济社会系统形成循环反馈机制，形成双向影响。旅游业发展所呈现的系统性特征符合系统动力学对于系统发展的定义，并且可以用系统动力学方法将旅游业发展作为一种经济系统进行仿真模拟，并通过变量的仿真模拟达到政策优化的目的。

（二）系统边界分析与结构

本章以青岛旅游业发展为对象进行系统建模，考虑到旅游业发展所涉及的要素及其关联部门的发展性，基于系统动力学的建模步骤，首先需要明确青岛旅游业发展的动力机制。基于影响因素分析、关联分析等研究，借鉴张丽丽（2012）对于旅游系统的刻画，本书对青岛旅游业发展的系统框架梳理如图6-17所示。

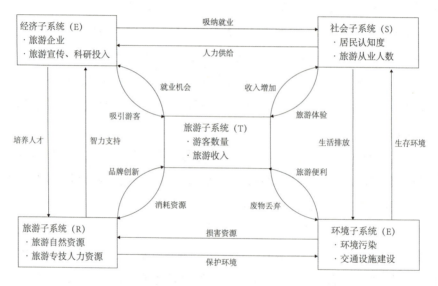

图6-17　青岛旅游业发展系统框架图

通过图6-17可知，旅游经济相关联的要素主要为城市经济、生态环境、旅游资源等，同时蕴含交通基础设施、旅游行业企业发展、政府旅游业发展政策环境等，其中经济子系统与社会子系统通过就业、收入、劳动力供给、旅游服务等要素与旅游子系统发生关联；旅游资源子系统主要通过自然资源、旅游人力资源、专业技术服务资源与旅游子系统相关联，环境子系统通过生态环境、旅游景区维护运营、城市基础交通设施建设等与旅游子系统发生联系。同时经济子系统与旅游资源子系统之间可以通过人员、智力与技术研发等产生联系，而旅游资源子系统与环境子系统之间通过生态系统治理发生关联。此外，系统中还有旅游营销与品牌创新、旅游体验、旅游便利程度、旅游城市的吸引力等，构成了旅游子系统与其他子系统间的关联要素。

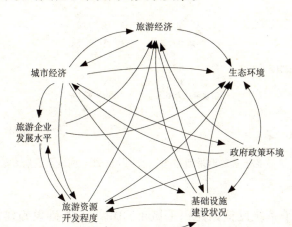

图6-18　旅游业发展相关联要素及互动关系

　　图6-17的逻辑可以通过图6-18的系统回路进行概括。由图6-18可知，城市经济的发展与旅游经济发展是相辅相成的，城市经济发展可以为旅游业发展提供更好的产业基础与商业环境，如通过增加基础设施建设推动旅游经济的承载能力，可以进一步投入资金，扩大旅游资源的开发，扩大景区规模、提升旅游舒适度与满意度等。同时，城市经济发展对于产业基础与营商环境的促进与提升，又可以促进旅游企业的发展，提升旅游企业的营业收入与人员规模。旅游企业发展水平对于旅游资源开发程度与旅游经济的发展会起到积极的促进作用，而旅游经济的发展通过反馈回路促进城市经济的发展，城市经济的发展又会促使政府优化政策环境，促进旅游资源的开发与相关基础设施的建设，并加强对生态环境的保护与治理，营造更为良好的旅游生态，使得旅游资源更具开发价值，促进旅游企业发展水平的提升。

　　本书将从青岛旅游发展的区域经济子系统、旅游承载能力子系统、旅游服务经济子系统、旅游区发展子系统等研究青岛旅游业发展与各要素之间的关系。其中图6-19、图6-20为区域经济子系统与旅游承载能力子系统。

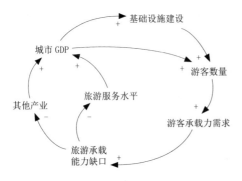
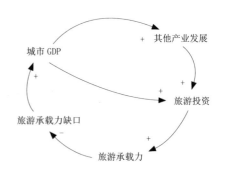

图 6-19 区域经济子系统因果回路图　　图 6-20 旅游承载能力子系统因果回路图

区域经济子系统反馈回路：①城市 GDP →＋基础设施建设→＋游客数量→＋旅游承载力需求→＋旅游承载能力缺口→－旅游服务水平→＋城市 GDP；②城市 GDP →＋基础设施建设→＋旅游数量→＋旅游承载力需求→＋旅游承载能力缺口→－其他产业→＋城市 GDP。

旅游承载能力子系统反馈回路：城市 GDP →＋旅游投资→＋旅游承载能力→－旅游承载力缺口→＋城市 GDP。

区域经济子系统反馈回路分析：城市 GDP 的增加可以促进基础设施建设的新一轮投资，提升城市旅游的便利程度，吸引更多游客，从而增加对于旅游承载力的需求；短时间内旅游承载力需求增加将扩大旅游承载能力缺口，这将降低游客的旅游满意度，不利于城市旅游服务水平的提升，从而对城市 GDP 造成负面影响。同时，城市旅游承载力缺口的扩大也将波及到与旅游相关的其他产业的发展，进一步加剧对 GDP 的影响。

旅游承载能力子系统反馈回路分析：城市 GDP 增加将带动旅游固定资产投资的增长，旅游投资的增加将从住宿、餐饮、交通基础设施、旅游景区等方面提升城市旅游的承载能力，从而弥补城市旅游承载力缺口，提升城市旅游经济的发展水平，进一步促进城市 GDP 的增加。

图 6-21、图 6-22 为旅游经济发展子系统、旅游资源子系统的因果回路图，其中旅游经济发展子系统的反馈回路为：①旅游经济→＋旅游需求→＋旅游承载能力建设→＋旅游服务业发展→＋基础设施建设→＋就业水平→＋旅游

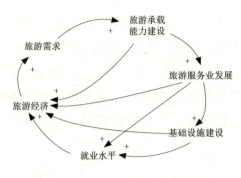

图 6-21　旅游经济发展子系统

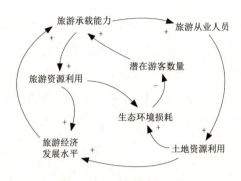

图 6-22　旅游资源子系统

经济；② 旅游经济→＋旅游需求→＋旅游承载能力建设→＋旅游服务业发展
→＋基础设施建设→＋旅游经济；③旅游经济→＋旅游需求→＋旅游承载能
力建设→＋旅游服务业发展→＋就业水平→＋旅游经济；④ 旅游经济→＋旅
游需求→＋旅游承载能力建设→＋旅游经济；⑤ 旅游经济→＋旅游需求→＋
旅游承载能力建设→＋旅游服务业发展→＋旅游经济。

　　旅游经济子系统主要反馈回路分析：旅游经济发展水平的提升会促进城市
旅游经济的需求，城市旅游经济需求的增加将推动城市旅游承载能力建设，扩
大住宿、酒店、基础设施的建设规模与旅游景区建设，上述措施将推动城市旅
游服务业发展水平的提升，而旅游服务业发展水平的提升通过促进基础设施建
设投资以及扩大旅游服务业产业规模两种途径吸引更多社会就业，提升社会就
业水平，而就业水平的提升对于经济增长与社会发展均会起到促进作用。

　　旅游资源子系统反馈回路为：①城市旅游承载能力→＋旅游从业人员→＋
土地资源利用→＋旅游经济发展水平→＋旅游承载能力；② 旅游承载能力提
升→＋旅游资源利用程度→＋旅游经济发展水平→＋旅游承载能力；③旅游
承载能力提升→＋旅游资源利用程度→＋生态环境耗损→－潜在游客数量→＋
旅游承载能力；④城市旅游承载能力→＋旅游从业人员→＋土地资源利用→＋
生态环境耗损→－潜在游客数量→＋旅游承载能力。

　　旅游资源子系统主要反馈回路分析：城市旅游承载能力的提升将增加对旅
游从业人员的需求以及固定资产投资的需求，从而带动旅游从业人员数量的增

多与土地资源利用的提升，土地资源利用的提升将促进旅游经济的发展，旅游经济发展将通过基础设施投资、扩大旅游相关企业的增多，有助于提升城市旅游承载能力；城市承载能力的提升将进一步消耗城市旅游资源，旅游资源的耗损尤其是自然资源、土地资源的耗损，将增加对生态环境的负面影响，对旅游业的吸引力造成负面影响，潜在游客数量将减少，对于旅游承载能力需求也将随之减少。

五、青岛旅游业发展系统动力学模型建立

（一）系统流图

基于图 6-20 至图 6-22 的各个子系统的因果回路图以及青岛旅游业发展影响因素分析与融合发展分析所得结论，本书构建了青岛旅游业发展系统动力学仿真模型，共选取了 7 个存量、13 个流量以及若干辅助变量。其中所构建的系统流图如图 6-23 所示。

表 6-29　青岛旅游业发展系统动力学模型主要变量

流位变量 (L)	流率变量 (R)	部分辅助变量 (A)
污染存量	污染排放量	旅游收入
居民旅游认知	污染处理量	游客变化率
旅游资源存量	游客变化量	旅游人均消费额
游客数量	旅游资源消耗量	旅游宣传投入
旅游从业人口	新增旅游资源	GDP
旅游企业数量	新增旅游从业人口	旅游宣传投入
旅游专业技术人员	旅游从业人口流失	环保投资
	新进旅游企业数量	人口
	旅游企业退出数量	

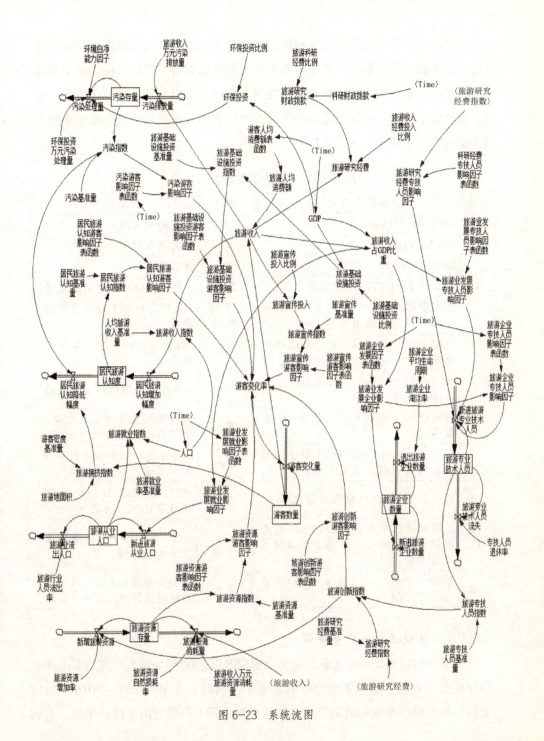

图 6-23 系统流图

本书在对模型中部分变量进行取值时，考虑到研究目标与数据可获取性等要素，对于相对难以量化、数据可获取性差的指标进行了简化分析，未全部体现在模型中。本书所构建的青岛旅游发展系统动力学模型是一个简化模型，并不是包含整个社会、经济等系统的所有现实因素的完备模型。系统模型中的主要变量函数关系式如下表所示。

表 6-30 主要变量的函数关系式

序号	函数表达式	单位	含义解释
1	INITIAL TIME=a	年	仿真初始时间
2	FINAL TIME=b	年	仿真结束时间
3	TIME STEP=c	年	仿真步长
4	游客数量 =INTEG（游客变化量，d）	万人	d 为仿真初始年份游客数量
5	旅游资源存量 =INTEG（新增旅游资源 - 旅游资源消耗量，e）	万资源单位	e 为仿真初始年份旅游资源存量
6	旅游企业数量 =INTEG（新进旅游企业数量 - 退出旅游企业数量，f）	家	f 为仿真初始年份旅游企业数量
7	污染存量 =INTEG（污染处理量 - 污染排放量，g）	万吨	g 为初始年份的污染存量值
8	旅游收入 = 旅游人均消费量 * 游客数量	万元	旅游收入主要由旅游人均消费量与游客数量所决定
9	旅游从业人口 =INTEG（新进旅游从业人口 - 旅游流出人口，h）	万人	h 为仿真初始年份旅游从业人口数量
10	环保投资 =GDP* 环保投资比例	万元	环保投资主要由 GDP 与环保投资比例所决定
11	旅游从业技术人员 =INTEG（新进旅游专业技术人员 - 旅游专业技术人员退出，i）	万人	i 为仿真初始年份旅游从业技术人员数量
12	旅游宣传投入 = 旅游收入 * 旅游宣传投入比例	万元	旅游宣传投入主要由旅游收入与旅游宣传投入比例所决定

（二）系统函数与变量说明

本书在构建青岛旅游业系统动力学模型时以2000年为仿真研究的基准年，该年度各变量的数值为各个指标的基准值。同时，本书以2000~2016年的历史数据作为模型参数的确定依据，数据主要来源于历年的山东统计年鉴、青岛统计年鉴、山东旅游年鉴、青岛统计公报等资料。此外，依据文献总结、专家经验、抽样调查等方法确定其他参数。

系统流图的建立是通过确定状态变量、流量以及与其相关的输入变量、输出变量。系统流图中变量间关系是通过拟合、表函数等多种形式确立。此外，还有部分表函数的确立是通过文献总结、专家意见等方法获得。本书中相关表函数包括旅游基础设施建设影响游客因子表函数、旅游宣传影响游客因子表函数、人口表函数、游客人均消费额表函数、旅游资源影响游客因子表函数、居民旅游认知影响旅游因子表函数、旅游业发展影响就业因子表函数等，部分函数关系如表 6-31 所示。

表 6-31　部分变量的函数关系式

序号	函数表达式	单位	含义解释
1	INITIAL TIME=2000	年	仿真初始时间
2	FINAL TIME=2030	年	仿真结束时间
3	SAVEPER=TIME STEP	年	输出结果的频率
4	TIME STEP=3	年	仿真步长
5	游客数量 =INTEG（游客变化量，1311）	万人	1311 为仿真初始年份 2000 年青岛游客数量
6	旅游资源存量 =INTEG（新增旅游资源 – 旅游资源消耗量，2000）	万资源单位	2000 为仿真初始年份 2000 年青岛市旅游资源存量
7	旅游企业数量 =INTEG（新进旅游企业数量 – 退出旅游企业数量，25）	家	20 为仿真初始年份 2002 年青岛市旅游企业数量
8	污染存量 =INTEG（污染处理量 – 污染排放量，5100）	吨	4800 为仿真初始年份 2002 年青岛市工业固体废物污值
9	旅游收入 = 旅游人均消费量 × 游客数量	万元	旅游收入主要由旅游人均消费量与游客数量所决定。
10	旅游从业人口 =INTEG（新进旅游从业人口 – 旅游流出人口，2）	万人	2 为仿真初始年份 2002 年青岛市旅游从业人口数量
11	环保投资 =GDP × 环保投资比例	万元	环保投资主要由 GDP 与环保投资比例所决定
12	旅游从业技术人员 =INTEG（新进旅游专业技术人员 – 旅游专业技术人员退出，0.8）	万人	0.8 为仿真初始年份 2002 年青岛市旅游从业技术人员数量

13	旅游宣传投入＝旅游收入 × 旅游宣传投入比例	万元	旅游宣传投入主要由旅游收入与旅游宣传投入比例所决定
14	游客变化率＝旅游宣传影响因子 × 旅游基础设施投资影响因子 × 旅游资源影响因子 × 污染游客影响因子 × 旅游创新影响因子 × 居民旅游认知影响因子	无量纲	游客数量的变化受到旅游宣传、基础设施建设、旅游资源、环境污染、旅游创新、居民旅游认知等要素的影响
15	旅游就业指数＝旅游从业人口／旅游就业基准量	无量纲	衡量旅游就业水平
16	旅游收入指数＝（旅游收入／人口）／人均旅游收入基准量	无量纲	衡量旅游所带来的人均收入水平
17	旅游研究财政拨款＝科研财政拨款 × 旅游科研经费比例	万元／年	衡量政府部门旅游研发投入
18	污染处理量＝污染存量 × 环境自净能力因子＋环保投资 × 环保投资万元污染处理量	吨／年	衡量环境污染处理速度
19	污染排放量＝旅游收入 × 旅游收入万元污染排放量	吨／年	衡量环境污染物的产生速率
20	游客变化量＝游客数量 × 游客变化率	万人／年	衡量游客数量的年均变化
21	旅游资源消耗量＝旅游资源自然消耗率 × 旅游资源存量＋旅游收入 × 旅游收入万元旅游资源消耗量	万资源单位／年	旅游资源消耗量来源于两部分：一是自身的自然损耗；二是旅游业发展对旅游资源的利用
22	旅游基础设施投资＝GDP × 旅游基础设施投资比例	万元／年	衡量旅游基础设施的年投入量，由GDP与基础设施投入比例所决定
23	新进旅游从业人口＝旅游业发展影响因子 × 旅游从业人口	万人／年	衡量旅游从业人口的年增量
24	居民旅游认知增加幅度＝旅游收入指数 × 旅游就业指数	无量纲	居民旅游认知的增加取决于由旅游业发展所引起的收入、就业的变化
25	居民旅游认知降低幅度＝旅游拥挤指数 × 污染指数	无量纲	旅游拥挤、环境污染是影响居民旅游认知的负面要素
26	旅游宣传游客影响因子＝旅游宣传游客影响因子表函数（旅游宣传指数）	无量纲	旅游宣传游客影响因子是以旅游宣传指数为自变量的表函数
27	旅游创新游客影响因子＝旅游创新游客影响因子表函数（旅游创新指数）	无量纲	旅游创新游客影响因子是以旅游创新指数为自变量的表函数
28	旅游资源游客影响因子＝旅游资源游客影响因子表函数（旅游资源指数）	无量纲	旅游资源游客影响因子是以旅游资源指数为自变量的表函数

29	旅游收入经费投入比例＝旅游研究经费／旅游收入	无量纲	旅游收入经费投入比例主要由旅游研究经费与旅游收入两个要素所决定
30	旅游业流出人口＝旅游从业人口×旅游行业人口流出率	万人／年	旅游行业年度从业人口流失情况

（三）模型调试与检验

系统动力学模型检验贯穿于系统建模的整个过程。系统动力学模型检验的方法有：①系统直观检验；②系统运行检验；③历史数据检验。本书主要通过系统运行检验与历史数据检验两种方式分析模型的有效性与可靠性。利用Vensim PLE 软件对 2001~2016 年青岛旅游业主要指标的历史数据进行仿真模拟，表 6-32 显示了游客数量和旅游收入的仿真结果。从仿真结果和实际数据的比较来看，该模型的拟合度较高。此外，考虑到该模型作为青岛旅游业可持续发展系统的简约模型，并未将整个社会、经济等系统的所有现实因素都考虑在内，因此模型的整体误差仍在可接受范围内。

表 6-32 模型运行检验

指标年份	游客数量（万人）			旅游收入（万元）		
	仿真值	实际值	相对误差	仿真值	实际值	相对误差
2001	1475.761	1551.44	4.88%	1172094	1175322	0.27%
2002	1721.476	1836.65	6.27%	1449889	1505149	3.67%
2003	1838.129	1708.36	7.60%	1355697	1349029	0.49%
2004	2078.909	2218.57	6.30%	1911290	2075642	7.92%
2005	2383.376	2517.47	5.33%	2435469	2566790	5.12%
2006	2763.682	2886.28	4.25%	3034240	3231625	6.11%
2007	3175.497	3366.93	5.69%	3804008	4003791	4.99%
2008	3707.842	3469.58	6.87%	4486607	4202827	6.75%
2009	3807.417	4003.49	4.90%	4662642	4891153	4.67%
2010	4329.481	4504.70	3.89%	5430782	5800429	6.37%
2011	4892.942	5071.75	3.53%	6535427	6814536	4.10%
2012	5519.089	5718.01	3.48%	7709968	8079495	4.57%
2013	6228.222	6289.28	0.97%	9173553	9371158	2.11%
2014	6844.442	6844.05	0.01%	10585866	10613900	0.26%
2015	7410.025	7455.81	0.61%	11855239	11896742	0.35%
2016	8028.857	8081.05	0.65%	13160172	13496966	2.50%

六、青岛旅游业发展仿真情景设置

（一）政府公共管理关联分析

政府部门主要通过进行宏观管理影响青岛旅游业的发展。由于影响旅游的子系统有很多，因此政府可以从这些子系统出发间接地影响旅游业的可持续发展。

从旅游资源子系统方面，政府可以通过颁布资源保护法规，提升资源管理效率达到减少旅游资源消耗的目的。同时，政府划拨的专项资金对景区修缮工作在一定程度上能维护和巩固旅游资源，防止有限的、难以再生的旅游资源快速流失。如青岛市颁布的《青岛市人民政府关于推进旅游业新旧动能转换促进高质高效发展的实施意见》中指出鼓励景区等做优做美，对新评定的 5A 级和 4A 级景区，分别给予一次性 1000 万元和 100 万元奖励。

从经济的角度，政府可以通过对旅游企业的监督和管理来达到规范企业行为、统筹旅游企业资源、扶持新型旅游企业成长等目的。这些措施将增加旅游企业数量，也有利于大型旅游企业的成长，进而带来更多的经济效益。青岛市"十三五"规划与《关于推进旅游业新旧动能转换促进高质高效发展的实施意见》中均指出要支持旅游企业做大做强，鼓励支持旅游企业集团化发展，对年营业收入达到一定规模的企业，按青岛市培育发展市场主体相关政策予以奖励。

在环境方面，旅游可以通过专项资金投入来达到保护环境的效果。政府还应通过投资建设交通、卫生设施提高旅游景区的交通便利性和旅游舒适度。青岛市"十三五"规划中指出"要以提高环境质量为核心，实行最严格的环境保护制度，深化大气、水和土壤污染防治，深入开展生态保护、治污减排、风险防控和管理创新，优化生态环境空间布局，严守生态保护红线，强化资源环境约束，提升环保科技和能力建设水平，推动形成绿色发展方式和生活方式，保护青山绿水、碧海蓝天，加快建设宜居幸福的现代化国际城市，努力开启环境保护工作新局面。"

综上所述，结合模型中的主要参数，政府可以通过资源的优化配比来调整一些辅助变量，从而影响整个旅游业可持续发展系统的动态演化。这些变量主要是政府管理效率、生态环境压力对旅游资源开发限制系数、生态环境压力对游客数量影响系数、交通对游客数量影响系数、政府旅游管理对专项资金支持系数等。

（二）仿真情景设置

通过以上分析，为了考察不同政策下青岛旅游业发展的变化，本书设置了三种仿真方案，通过在模型中调整政策参数，对模型结果进行对比分析。方案设置及参数变动如表6-33所示。

表6-33　仿真方案设置及参数变动表

指标	单位	方案1	方案2	方案3
环保投资比例	—	0.0040	0.0035	0.0045
旅游科研经费比例	—	0.0012	0.001	0.0015
旅游基础设施投资比例	—	0.0255	0.025	0.026
旅游企业平均生命周期	年	8.95	8.8	9.1
旅游行业人员流出率	—	0.05	0.08	0.03

方案1是在不改变模型当前参数的情况下，按青岛旅游业发展现状及趋势进行模拟，并以此方案的结果作为基准。

方案2是片面注重旅游专项资金投入，政府给予大量的旅游优惠政策，而忽视了其他系统的有效管理和投入，不考虑旅游业的可持续发展。方案2正是这种公共管理政策的一种模拟。

方案3与方案2相反，在此方案中，政府更为注意环保投资和基础设施建设等可持续发展措施。政府在各个子系统的管理和投入都有所改善和增加，以促进整个系统的同步、可持续发展。

在上述方案的模拟中，模型的时间为2000年到2030年，仿真步长为3年。

（三）政策模拟仿真分析

1.公共政策对旅游资源的影响

在三种公共政策方案的影响下，仿真结果显示旅游资源受到了一定的影响。在正常发展情况下（方案1），旅游资源的存量呈现出缓慢上升的态势，这主要是因为当前的旅游资源仍然具有较大的开发潜力，不过这种增长趋势明显小于可持续发展的公共政策（方案3）下的旅游资源增长形势，这也验证了保持旅游业的可持续发展能促进旅游资源在未来一段时间仍保持平稳较快增长。相对的，如果仅仅注重短期效益（方案2），那么旅游资源的消耗量将大于其增量，旅游资源也不可避免的开始下降。

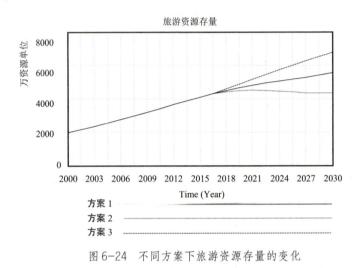

图6-24　不同方案下旅游资源存量的变化

由图6-24与表6-34可知，在不同的方案中，旅游资源存量的变动存在显著差异。在方案1中，2017年以后旅游资源存量的增量变化存在边际递减，其中2017~2020年之间的差额为500万资源单位，而2020~2023年之间的差额为233万资源单位，2023~2027年之间的差额与2020~2023年基本保持一致，而在2027年之后年均增量有所增加，其中2027~2030年增量为281，出现小幅度上升。方案2中，由于系统约束的限制，旅游资源存量呈现下滑趋势，通过数值判断，较为明显的下滑出现在2021~2027年，而2027年之后，其状态基本处于稳定。方案3中旅游资源存量年均增量呈现线性增长，以2025年为分界点，2025年之前年均增量保持在230左右，而2025年之后年均增量保持在170左右，后续阶段较前一阶段增长动力略显不足。

表6-34 不同方案下旅游资源存量仿真值（单位：万资源单位）

年份＼方案	方案1	方案2	方案3
2017	4396	4174	4504
2018	4589	4290	4738
2019	4791	4302	4971
2020	4896	4318	5087
2021	4956	4507	5214
2022	5036	4463	5403
2023	5128	4412	5579
2024	5209	4389	5816
2025	5292	4356	5934
2026	5373	4302	6104
2027	5435	4258	6282
2028	5549	4247	6441
2029	5634	4249	6537
2030	5716	4238	6742

2. 公共政策对经济的影响

作为经济活动中的主体，旅游企业的数量反应了旅游业的发展活力。在可持续发展的公共政策影响下（方案3），旅游企业将再次呈现快速增长。而在短期收益的公共政策影响下（方案2），旅游企业数量将在2018年以后开始减少，这与方案3的持续快速增长形成了鲜明的对比。此外，即使在正常情况下（方案1），旅游企业的数量也会在2030年左右开始停滞，这说明旅游业可持续发展的公共政策是提高旅游企业数量的重要保障。

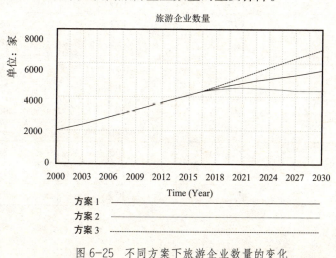

图6-25 不同方案下旅游企业数量的变化

表6-35为不同仿真方案下旅游企业数量的仿真值。由表可知，在方案2的情况下，旅游企业数量的增量呈现先上升后下降的趋势；在方案1的情况下在最后三年其增量基本为零，说明在现有系统下，在2027年之后旅游企业数量达到饱和状态。在方案1中，2017~2020年的年均增量为9家，2020~2023年的年均增量为7家，2023~2026年的年均增量为8.6家，出现一个小幅度回升。在方案2中，旅游企业数量的变化呈现"倒U"型，其中在2024~2027年之间达到峰值。2017~2020年的增量为24家，年均增量为8家，2020年~2023年的增量为16家，呈现明显的下降趋势，而2023~2027年的增量仅为5家。在方案3的情况下，旅游企业呈现快速增长，年均增量的变化以2028年为分界点。其中，2017~2020年的增量为31家，年均变量为10家，2020~2023年的增量为30家，年均增量为10家，2023~2027年的增量为46家，年均增量约为11家，而2027~2030年的增量为26家，年均增量不足9家。

表6-35　不同方案下旅游企业数量仿真值（单位：家）

年份＼方案	方案1	方案2	方案3
2017	136	135	137
2018	143	142	145
2019	152	150	157
2020	163	159	168
2021	165	169	174
2022	175	172	180
2023	184	175	198
2024	187	180	206
2025	194	184	220
2026	210	183	231
2027	219	180	244
2028	221	177	252
2029	224	175	262
2030	225	172	270

3. 公共政策对游客数量的影响

旅游人数是衡量区域旅游业发展的一个重要因素，方案 2 所代表的公共政策仅注重旅游的专项资金投入，因为这种方式往往能在短期收到较为明显的效果；而方案 3 注重的是其他子系统的共同发展。从仿真的结果来看，在方案 2 的公共政策影响下，游客数量在 2020 年左右就达到顶峰，之后快速下降。在正常的发展模式下（方案 1），游客数量在 2027 年也呈现下滑迹象，这说明旅游业受到了来自于其他子系统负反馈的约束，制约了其快速增长。在可持续发展的公共政策影响下（方案 3），游客数量仍能保持着高速增长，而且在前文分析中游客数量的增长对其他子系统的影响也是相对最好的。

图 6-26　不同方案下旅游人数的变化

表 6-36 是不同方案下游客人数的仿真模拟值，由表可知方案 3 的游客数量增量在 2021 年之后呈现较好的增量趋势，2017~2020 年的游客增量为 500 万人左右，2020~2023 年的游客增量约为 1800 万人，2023~2027 年的游客增量约为 2300 万人，2027~2030 年游客增量为 2700 万人。方案 1 的情况下，2017~2024 年游客增量呈现正增长，其增量为 1200 万人，而 2024 年之后年增量鲜有增加，而且在 2027 年以后出现显著下降。方案 2 中游客增量在 2024 年后出现负增长，2017~2024 年游客增量约为 60 万人，最终 2030 年的游客人数较 2017 年减少 1300 万人。

表6-36 不同方案下旅游人数仿真值（单位：万人）

年份 \ 方案	方案1	方案2	方案3
2017	8679	8650	8702
2018	8762	8712	8821
2019	8818	8803	9036
2020	8898	8917	9214
2021	9023	9019	9917
2022	9136	8927	10532
2023	9538	8819	11028
2024	9894	8716	11671
2025	9914	8669	12256
2026	9957	8615	12805
2027	9998	8574	13380
2028	9571	8127	14237
2029	9233	7740	15104
2030	8891	7355	16075

4.公共政策对公众旅游认知的影响

居民旅游认知度受到多个因素的影响，且受就业情况、居住环境及其所带来的福利的影响，是较为敏感的指标。仿真结果说明，在正常情况下（方案1），随着旅游业的发展，居民对于旅游的认知度在增加之后有一个下降的过程，到了2030年基本回落到2018年的水平，这验证了随着收入的增加，当地居民会更加注重自己生活环境的质量，而游客数量增加所带来的副作用显然是居民旅游认知度下降的主要原因。方案2的居民旅游认知度下降则更为明显，这是旅游业在方案2的公共政策影响下不可持续发展的一个重要原因。方案3的居民旅游认知度则达到了一个较高的标准，远高于其他公共政策影响下的居民旅游认知度。不过同样也出现了在仿真期末时下降的情况，这也说明政府在大力发展旅游业时，需要妥善处理游客和当地居民对于旅游业发展的不同态度和认知，尽量避免负面效应的扩大。

图 6-27 不同方案下居民旅游认知度变化

基于图 6-27、表 6-37 可知居民旅游认知度只有在第三种方案中得到了提升，方案 1、方案 2 中居民旅游认知度均在 2020 年后呈现下降趋势。方案 3 中，居民旅游认知度增量呈现先增后减的趋势。其中 2017~2020 年的增量为 0.27，2020~2023 年的增量为 0.15，而最终的认知度与 2017 年相比差值约为 0.6。方案 2 中旅游认知度最大值为 4.949，与 2017 年相差 0.136，方案 1 中旅游认知度，最大值为 5.102，与 2017 年相差 0.286。

表 6-37 不同方案下居民旅游认知度仿真值

年份 \ 方案	方案 1	方案 2	方案 3
2017	4.816	4.813	4.912
2018	4.874	4.861	5.028
2019	4.964	4.949	5.113
2020	5.015	4.923	5.184
2021	5.102	4.883	5.217
2022	5.087	4.841	5.269
2023	5.031	4.807	5.338
2024	5.004	4.702	5.419
2025	5.001	4.668	5.462
2026	4.927	4.615	5.495
2027	4.875	4.511	5.541
2028	4.842	4.447	5.611
2029	4.809	4.421	5.565
2030	4.727	4.406	5.504

5.公共政策对旅游从业人口的影响

从旅游从业人口数量的变化来看，方案2的短期旅游效益的公共政策也是影响最为不利的。在经历了短暂的从业人口数量的增长后，旅游从业人口在2030年回落到2018年的水平，极大地削弱了旅游业对社会以及经济的贡献。在正常情况下（方案1），旅游从业人口的数量能保持一个稳定的增长，符合旅游业发展给当地居民带来更多就业机会的共识。而在可持续发展公共政策下（方案3），旅游从业人口的数量保持着高速增长，这能为居民旅游认知度的提升产生积极的影响，也能为旅游经济的繁荣提供有力的保障。

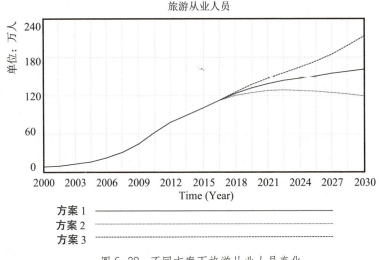

图 6-28　不同方案下旅游从业人员变化

表6-38为不同方案下旅游从业人数的仿真模拟值，结合图6-28可知，方案1和方案3的旅游从业人数均出现了显著的增加。其中方案1中增量的变化较为平缓，而方案3中增量变化较为显著。在方案1中，2017~2020年旅游从业人员增量为14万人，2020~2023年旅游从业人员增量为12万人，2023~2027年旅游从业人员增量为13万人，2027~2030年，旅游从业人员增量为9万人。在方案3中，2017~2020年旅游从业人员增量为16万人，2020~2023年旅游从业人员增量为22万人，2023~2027年旅游从业人员增量为25万人，2027~2030年，旅游从业人员增量为25万人。方案2中，旅游从业人数最大值为127万人，与2017年相差9万人，差距较少。

表 6-38　不同方案下旅游从业人员仿真值（单位：万人）

年份＼方案	方案 1	方案 2	方案 3
2017	120	118	122
2018	125	120	126
2019	129	122	130
2020	134	126	138
2021	136	127	148
2022	140	127	154
2023	146	126	160
2024	149	127	165
2025	154	125	170
2026	157	124	178
2027	159	122	185
2028	161	121	195
2029	164	120	204
2030	168	119	210

6. 公共政策对环境污染的影响

环境污染是旅游业发展面临的重要问题。在模型中，环境子系统主要是通过污染存量的变化来反映其受公共政策的影响。仿真数据显示，不管是在哪种公共政策下，以当前各个要素的参数值进行计算，污染存量仍会持续增长。产生这种情况的原因，主要是游客增长所带来的环保压力大于现有的环保力度。而各个公共政策方案下，污染存量仍是存在差别的。方案 2 带来的污染大幅增加，远远高于另外两个方案下的污染存量。而方案 3 的污染量则相对较少，主要得益于政府在环保上的投入要比另外两种方案大。但是污染存量在三种方案卜都保持增长说明政府部门对于环保的投入还远远不够，进而会影响到游客数量和当地居民对旅游的认知度。

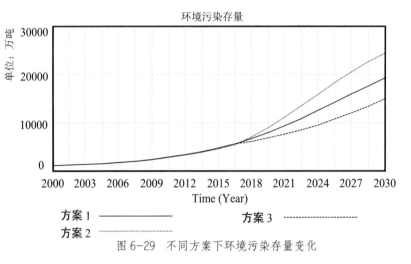

图 6-29　不同方案下环境污染存量变化

　　表 6-39 为不同方案下环境污染存量仿真模拟值，基于图 6-29 可知，三种方案的环境污染存量均会有所上升，但是方案 3 相较于方案 1、方案 2，其污染存量可维持在一个较低的水平。其中方案 3 中，2017~2020 年污染存量增量约为 500 万吨，2020~2023 年污染存量增量约为 2500 万吨，2023~2027 年污染存量增量约为 3500 万吨，2027~2030 年污染存量增量约为 2400 万吨。其中方案 1 中，2017~2020 年污染存量增量约为 2600 万吨，2020~2023 年污染存量增量约为 3300 万吨，2023~2027 年污染存量增量约为 5200 万吨，2027~2030 年污染存量增量约为 2300 万吨。其中方案 2 中，2017~2020 年污染存量增量约为 3800 万吨，2020~2023 年污染存量增量约为 5500 万吨，2023~2027 年污染存量增量约为 5200 万吨，2027~2030 年污染存量增量约为 3500 万吨。

表 6-39　不同方案下环境污染存量仿真值（单位：万吨）

年份 ＼ 方案	方案 1	方案 2	方案 3
2017	6185	6246	6105
2018	6667	6814	6489
2019	7891	8079	6587
2020	8758	10049	6608
2021	9071	12566	6687
2022	10896	13496	8081
2023	12013	15547	9173

2024	12832	16114	9776
2025	13362	17482	10476
2026	15231	18506	11628
2027	17224	20708	12679
2028	18388	22108	13420
2029	19082	23504	14532
2030	19532	24290	15071

七、本章小结

本章选取青岛旅游总收入、国内旅游收入、旅游总人数、国内旅游人数，运用 TEI@I 方法论选取指数平滑模型、ARIMA 模型、GM（1，1）模型与 BP 神经网络模型构建青岛旅游发展集成预测模型，通过对上述指标进行预测，分析青岛旅游业的短期发展状况，对于把握青岛旅游业发展趋势与旅游需求的变化情况具有重要的现实意义。通过预测分析，得到了以下结论："十三五"期末，青岛旅游总收入将达到 1874.5 亿元，预计到 2022 年将达到 2166.9 亿元，未来 5 年的年均增速为 7.63%，"十三五"期间，旅游收入年增速为 9.0%，较"十二五"期间 14.9% 的增速有明显放缓；青岛国内旅游收入将达到 1850.7 亿元，预计到 2022 年将达到 2145.03 亿元，未来 5 年的年均增速为 8.69%，"十三五"期间，国内旅游收入年增速为 9.6%，较"十二五"期间的 15.5% 的增速亦有明显放缓；"十三五"期末，青岛旅游总人数将达到 10592.73 万人，预计到 2022 年青岛旅游总人数将达到 11723.03 万人，未来 5 年的年均增速为 5.93%，"十三五"期间旅游总人数年增速为 6.8%，较"十二五"期间 10.1% 的增速有明显放缓；"十三五"期末，青岛国内旅游人数将达到 10386.58 万人，预计到 2022 年将达到 11528.09 万人，未来 5 年的年均增速为 6.05%，"十三五"期间国内旅游人数年增速为 6.8%，较"十二五"期间 10.2% 的增速有明显放缓。通过上述指标增速的放缓，可以看出青岛旅游业在规模日渐上升的同时，已经步入了发展调整期，在这一时期旅游业各项指标将会保持稳定增长，但增速将维持在较低水平，需要创新旅游业发展模式以寻找新的增长点，拓展旅游业的发展空间与纵深，并促使旅游业向高质量阶段发展，带动旅游产业的调整与转型步入新的增长周期。

系统动力学模型的决策分析可以为青岛旅游业可持续发展策略提供依据。通过分析政府对旅游业的公共管理，总结了政府部门可以从宏观、中观、微观等层面对青岛旅游业的可持续发展进行管理和调整，并在此基础上设置了基于系统动力学模型的仿真方案。在本书中，这三种方案分别是维持青岛旅游业发展现状及趋势、片面注重旅游宣传以增加旅游数量并忽视可持续发展的模式，以及旅游宣传适当提高，但更为注意环保投资和基础设施建设等可持续发展措施的模式。

在方案设置的基础上，考察了各个子系统的流位变量，通过仿真模拟未来流位变量的变化及趋势来分析不同公共管理方案下青岛旅游业可持续发展情况。总的来说，在这三种方案下，方案 1 所代表的基准模式对青岛旅游业发展有利有弊，一些指标如游客数量在仿真期末开始呈现明显下滑趋势。而方案 2 所代表的追求短期效益的公共管理政策则更加表现出对青岛旅游业及其它子系统产生的不利影响。在方案 3 所代表的可持续发展公共政策影响下，绝大部分指标的仿真结果都优于方案 1 和方案 2 的情况。在保持游客数量大幅增长的同时，其它子系统如经济、旅游资源等系统都表现出良好的发展趋势。

通过集成预测与对三种方案的仿真模拟，本章结论进一步阐述了走融合与可持续发展道路的观点。基于青岛旅游业发展集成预测得出，延续现行发展模式，"十三五"末期，青岛旅游业关键指标的增速较"十二五"期间将有明显放缓趋势，说明青岛旅游业已经步入了转型升级的关键期，需要创新旅游业发展模式以寻找新的增长点。基于青岛旅游业发展政策仿真得出，追求短期效益的公共管理政策会表现出对青岛旅游业及其它子系统产生不利影响；在注重可持续发展公共政策影响下，保持游客数量大幅增长的同时，其它子系统如经济、旅游资源等系统都表现出良好的高质量发展趋势，有利于突破传统发展模式和当前的发展瓶颈。因此，在优化多元融合发展格局的基础上，注重可持续发展，着力高质量发展，着眼打造国际化旅游度假目的地城市，才能实现青岛旅游业稳定、健康、高质量的发展。

第七章 青岛旅游业创新发展策略

　　旅游业兼具"产业、文化、生态、外交、民生"五大功能，与"创新、协调、绿色、开放、共享"五大发展理念契合共生，在青岛创新发展模式、激发产业活力的大潮中势必会发挥示范带头作用。由集成预测分析可知，"十三五"期末青岛旅游经济各项指标较"十二五"期间增速将明显放缓，表明青岛旅游业在规模日渐上升的同时，已经步入了发展调整期，在这一时期旅游业各项指标将会保持稳定增长，但增速将维持在较低水平，急需创新旅游业发展模式以寻找新的增长点。为了顺利实现旅游业提质增效，缓解转型阵痛，青岛必须正视旅游业发展现状与不足，学习借鉴著名旅游城市的成功经验，以国际标准、智慧科技为引领培育面向未来的新业态，推动旅游业空间布局由沿海一线向全域延伸、多点支撑转变，结构类型由传统观光向休闲度假转变，产业发展由单一业态向多业深度融合转变，注重在多元融合和可持续发展方面寻求创新突破；并着力打造特色旅游品牌，推动旅游业高质量发展，提升青岛旅游竞争力，以实现国际滨海旅游度假目的地城市的跨越式发展。参考《青岛市"十三五"旅游发展规划》和《青岛市全域旅游发展规划纲要》，研究提出以下青岛旅游业创新发展策略。

一、构建青岛旅游业创新发展框架

（一）进一步理清青岛旅游业创新发展总体思路

　　青岛是国内外知名旅游城市，作为国家级旅游业改革创新先行区，随着国家"一带一路"战略实施，青岛抓紧旅游大项目的建设落地，全力弥补旅游发展短板，不断完善基础设施配套，特别是轻轨、地铁、新机场、邮轮母港等综合交通运输体系的构建，全市旅游通达性、便捷性和吸引力加速提升，青岛旅游业创新发展面临前所未有的重大机遇。今后一个时期，建议以上合组织青岛峰会为契机，推进旅游业供给侧结构性改革为引擎，以建设国际滨海旅游度假目的地城市为目标，树立"开放、现代、活力、时尚"的城市特色旅游形象，秉持"创新、协调、绿色、开放、共享"五大新发展理念；以"一湾、一带、一河，三山、三岛、三组团"为主体全域空间布局，实施滨海主导战略、城乡一体化战略、国际化战略、创新驱动战略、智慧引领战略五大战略。

在旅游业创新发展中，青岛应坚持以滨海休闲度假游为主导，推动旅游业提质增效，提升特色优势旅游产品体系；挖掘整合多元文化旅游资源，打造青岛高层次文化旅游品牌；促进"旅游+"拓展扩容，重点推进旅游与相关产业融合；以"创新驱动、项目带动、消费拉动"为策略，着力世界级旅游大项目开发建设，精心打造海纳百川、一眼千年、繁华盛世、未来世界、生命之光"五朵金花"，着力探索新模式、打造新名片、树立新标杆、培育新业态、营造新热点；全景式打造文化旅游主题公园和特色小镇，力争构建全产业发展、全社会参与、全方位服务的立体发展模式；以国际标准、智慧科技为引领培育面向未来的新业态，推动旅游业空间布局由沿海一线向全域延伸、多点支撑转变，结构类型由传统观光向休闲度假转变，产业发展由单一业态向多业深度融合转变；着力推进品质化旅游，完善青岛旅游业要素体系，创造良好的软硬环境，提升青岛旅游业竞争力，打造青岛旅游升级版，实现新的跨越式发展，为青岛建设宜居幸福创新型国际城市作出更大贡献。

（二）明确青岛旅游业创新发展总体目标定位

作为国家级旅游业改革创新先行区，建议青岛以"开放、现代、活力、时尚"为特色元素将建设成为"城旅一体、主客共享、居旅相宜、特色鲜明"的国际滨海旅游度假目的地城市作为旅游业创新发展总的目标定位。力争到2020年，城乡居民出游人数年均增长突破现有模式下预测值6.41%，实现两位数增长；旅游总收入年均增长突破现有模式下预测值7.71%，力争突破10%大关；旅游市场总规模突破预测值10593万人次，全市旅游总消费额达标2600亿元，旅游业直接和间接就业人数达标220万人，使青岛市旅游业成为综合效益显著提升、人民群众更加满意的幸福产业。

（三）秉持"创新、协调、绿色、开放、共享"五大新发展理念

1. 坚持创新驱动原则

坚持理念创新、产品创新、业态创新、技术创新、市场创新与政策创新，以创新推动旅游业转型升级，推动旅游业从资源驱动和低水平要素驱动向创新驱动转变。

2. 坚持协调推进原则

坚持产业协调、社会协调、空间协调与配套协调，通过旅游发展，全面推进区域内的产业融合、区域联动、城乡统筹与经济均衡发展。

3. 坚持绿色发展原则

将绿色发展贯穿到旅游发展全过程，在保护基础上挖掘资源潜力，使旅游资源转化为现实旅游生产力，形成人与自然和谐发展的现代旅游业新格局。

4. 坚持开放带动原则

围绕国家一带一路战略，综合实施"旅游+"产业融合创新战略，深度推动旅游与各产业的融合发展，促进本地旅游品牌与旅游企业走出去，推动区域间旅游双向合作。

5. 坚持共建共享原则

把人民群众满意作为旅游业发展的根本目的，致力于全社会共同打造、市民与游客共同享乐，形成"处处是旅游环境、人人是旅游形象"的发展环境，通过旅游促进人的全面发展，使旅游业成为提升人民群众品质生活的幸福产业。

（四）确立青岛旅游业创新发展五大战略架构

1. 滨海主导战略

青岛"因海而生，向海而兴"，"红瓦绿树、碧海蓝天"是城市底色，应充分利用发挥青岛滨海区位优势、资源优势和空间优势，以滨海为主导和龙头，突显"开放、现代、活力、时尚"元素，推进全市旅游产业布局、要素配置、产品开发和项目落地，带动青岛旅游实现跨越式发展。

2. 城乡一体化战略

树立大旅游观，以全域景区化、空间全景化思路探索实施城乡一体"景区化"旅游发展战略，注重旅游与新型城镇化统筹发展，建设一批旅游综合体、旅游产业聚集区、特色旅游小镇、新型农村社区等，并通过陆路、水路、生态慢行系统等串联旅游景区，实现景点内外一体化、旅游全域网络化。

3. 国际化战略

以上合组织青岛峰会为契机，发挥青岛在国家"一带一路"战略规划中作为新亚欧大陆桥经济走廊主要节点城市和海上合作战略支点城市的作用，坚持走出去与请进来相结合，积极开展旅游国际交流与合作，以国际理念、标准，打造一流旅游产品、塑造城市品牌，提升旅游基础设施和公共服务水平，营造国际化旅游氛围，全方位打造国际知名旅游品牌，提升青岛旅游国际影响力和辐射力。

4. 创新驱动战略

大力实施"旅游+"计划，着力增强旅游发展新动能，拓展旅游发展新空间，构建旅游发展新引擎；实施旅游消费提升计划，培育旅游新需求；实施旅游投资促进计划，扩大旅游供给，进一步推进旅游政策、业态、产品、营销、管理和服务创新。

5. 智慧引领战略

推动互联网和旅游产业深度融合发展，促进旅游资源配置优化和全要素生产率提升，构建更具信息经济特色的现代旅游服务体系，大力推进虚拟现实、人工智能等各类新技术在旅游产品开发中的应用，探索建立具有青岛特色的创新智慧旅游、高科技旅游体验区，培育面向未来的旅游新业态，促进青岛旅游智慧型增长。

（五）科学规划组织新型空间布局

根据国务院对青岛的城市发展新定位，以"立足现实、面向未来，功能匹配、设施联通，要素聚集、产品组合，核心突出、组团拓展"为思路，规划实施"一湾、一带、一河，三山、三岛、三组团"为主体的全域旅游空间布局，形成"海陆联动、城乡一体、山海岛城相映"的新发展态势。

1. 一湾

一湾即以胶州湾为核心，辐射带动环湾周边区域，打造世界级精品旅游湾区。在海上规划建设"海纳百川"大型海洋文化旅游主题公园。沿胶州湾自然海岸带，调整优化产业布局与城市形态，精心设计旅游项目，串联一圈"Q"字型（有契合青岛之意）金项链式文化旅游精品。依托胶州湾东岸、西岸、北岸既胶州城市设施，合理布局住宿、购物、娱乐、旅游集散等旅游设施，打通海上旅游联线，海岸各区域集散联动，构筑三足鼎立的海湾型旅游核心格局。

2. 一带

一带即沿滨海大道，打造滨海文化旅游长廊，完善滨海绿道系统，开发高端滨海休闲度假旅游项目，构筑一条黄金海岸旅游风景带。

3. 一河

一河即将大沽河及沿河流域，打造为生态旅游走廊，辐射拉动整个青岛北部区域旅游发展。

4. 三山

三山即以崂山山系、大小珠山－铁镢山－藏马山系、大泽山山系三大山系为主，构筑青岛三大山林山地旅游支撑区。

5. 三岛

三岛即以灵山岛、田横岛、徐福岛为代表，对近海岛屿进行统筹规划，以自然生态保护为主，打造海岛生态旅游与文旅的融合发展新亮点。

6. 三组团

三组团即胶州（西部区域）和平度、莱西可相对独立组团，成为全景式旅游大格局的重要组成部分。

（六）不断深化旅游体制机制改革

强化大旅游、大产业、大市场良性发展理念，坚持文化与旅游融合一体、党政齐抓共管、部门分工负责、社会力量积极参与的体制机制，建立联席工作会议制、目标责任考核制、联合督导工作制、决策征求意见制等多方合作的工作机制。以文化旅游局为主导，协调各相关部门，部署落实旅游业创新发展重点工作，协调解决旅游业创新发展中的重大问题，明确责任分工、细化任务方案，建立专门台账，指定专人负责，落实各项工作。各区市落实旅游创建主体责任，明确发展目标及时序安排，相应建立工作协调机制。

强化旅游为民思想，致力于全社会共同打造，市民与游客共同享乐，建设更加亲和的旅游便民惠民体系,形成"处处是旅游环境,人人是旅游形象"的发展环境,规划建设一批城市公共休闲空间,免费为市民游客提供休闲休憩空间,积极推进城市公园、博物馆、纪念馆、全国爱国主义教育基地、公共体育场馆等向公众免费开放,逐步探索鼓励生态旅游区、绝大部分 A 级旅游景区、一些适宜旅游度假区,免收门票向市民开放,让人民群众共享旅游业创新发展的丰硕成果,使旅游业成为提升人民群众品质生活的幸福产业。

二、优化旅游业多元融合发展格局

基于青岛旅游业多元融合研究得出,青岛旅游业与城市化进程、生态环境融合发展已达到初级协调等级,与经济融合发展已达到中级协调等级,与文化融合发展还处在轻度失调等级。未来青岛旅游业多元融合发展应着力补短板、强弱项,优化格局,突出文化与旅游的融合,持续加强城市建设与旅游业协同发展,推动旅游业与工业、农业等其他产业全面融合发展。并在全面推动融合发展中,以"旅游 +"为基础,注重深度融合,着力于旅游与各行业间内部要素优化组合、连锁反应。

(一)吸引各类社会资本进入旅游领域

依托青岛旅游集团托管的青岛市旅游产业发展引导基金,以"看得见的手"有效支持了有条件的区(市)组建旅游集团公司,充分发挥了财政资金的引导作用,对符合旅游产业发展战略的重大建设项目、乡村旅游项目、旅游创业项目等进行了重点扶持;同时积极寻求国家支持旅游产业发展的相关资金,推动设立旅游产业基金,支持企业开展特色化经营,开发特色化服务项目,推出创意创新产品,满足市民、游客不同层次的需求。此外,也要充分发挥"看不见的手"的力量,广泛吸引各类社会资本进入旅游领域,拓宽旅游企业融资渠道,引领旅游产业转型升,推动产业跨越发展。

与时俱进,不断创新和吸纳最新旅游投融资模式。推广旅游基础设施和公共服务的 PPP 投融资模式,筹集专项资金,财政直接补助、贷款贴息、以奖代补,加快重大旅游基础项目建设;鼓励金融企业开发旅游金融分期消费产品;推动旅游企业在主板、中小企业板、创业板挂牌上市,利用蓝海股权交易中心促进旅游业要素流通和优势聚集；放宽旅游融资行业准入标准，扩大民营资本投资领域；鼓励符合条件的旅游企业上市或者通过发行短期债券、彩票等方式进行融资；商业性开发景区可以开办依托景区经营权和门票收入等的质押贷款业务；鼓励旅游企业和乡村旅游经营户以互助联保方式实现小额融资。

（二）突出文化与旅游融合发展

文化旅游是一种高层次的旅游需求，自有旅游活动以来，文化和旅游就相伴相生、水乳交融。文化是旅游的灵魂，旅游是文化的重要载体。旅游的优势体现在市场，文化的优势体现在内涵。站在旅游的角度看，抓住文化就抓住了核心价值；站在文化的角度看，抓住旅游就抓住了一个巨大市场。旅游产业和文化产业只有相互融合，才能相得益彰、共同繁荣。

青岛人文旅游资源发掘并不充分，旅游业与文化融合发展还处于轻度失调等级。由此建议青岛应在充分研究全域文化旅游资源的基础上，进行全盘资源整合配置，重点加强对历史文化、民俗文化、宗教文化、影视文化、演艺文化等特色文化的挖掘、拓展和融合，打造高层次文化旅游品牌。

1. 精心组织历史建筑、古迹、名人、博物系列文化游

异域风情区开发建设。依托八大关近代建筑群和老城区德国总督府、天主教堂、基督教堂、欧人监狱、花石楼等历史建筑，融入休闲元素，合理配套商业设施。重点培育沂水路欧陆公共建筑、广西路欧陆商业建筑、河南路金融建筑等异国风情特色街区，形成欧陆建筑风情游产品。对鲍岛历史街区和黄岛路、四方路、海泊路、潍县路、博山路、易州路等百年老街的大型里院进行保护性开发，通过历史复原、功能置换，开发露天旅游纪念品、工艺品集市，发展青年旅馆、家庭旅馆等，拓展旅游休闲业态，形成主题突出、风格迥异的历史街区文化旅游产品。

历史文化区开发建设。青岛区市各具特色，历史文化遗迹颇多。在黄岛区（原胶南）片区，依托琅琊台开发秦汉遗迹文化旅游项目；挖掘齐长城等文化资源，发展齐文化旅游。胶州片区，开发艾山"风雨三霄"特色道教文化与民俗文化景观；有效保护与合理利用三里河文化遗址；建设胶州湾板桥古镇高丽亭馆、市舶司、海神庙，发展中韩文化交流旅游项目。即墨片区，对雄崖所古

城进行保护性修复，开发即墨古文化旅游区和古村落旅游景点；建设金口天后宫仿古步行道与仿古商业街；围绕即墨古县衙、古城改造修复工程，发展历史文化街区和旅游休闲街区，逐步推进即墨古城遗址保护工作，努力打造国家遗址公园。

专题文化旅游开发建设。依托天柱山魏碑、崂山刻石、大泽山刻石、琅琊刻石等，发展书法文化游；青岛山作为第一次世界大战遗址公园进行保护修复、包装策划和规划建设；有效保护十梅庵东夷遗址；围绕小鱼山区域，将康有为、沈从文、洪深、闻一多、老舍、王统照、蔡元培、杨振声、梁实秋、舒群、萧军、萧红等名人故居及名人生平和相关作品进行分类整合，建设小鱼山历史名人文化旅游区，融入休闲元素，配套商业等服务设施，策划旅游产品，开展专题文化旅游；整合青岛博物馆、青岛民俗博物馆、海产博物馆、海军博物馆、青岛德国邮电博物馆和青岛海洋极地世界、海底世界、大泽山石雷战纪念馆等主题文化景区资源，配套文物展示项目和游客参与性强的特色体验项目，发展博物馆文化旅游。

2. 重视民俗文化游

挖掘整理民间传统工艺、民间舞蹈、说唱艺术等独特民俗文化，配套旅游设施，发展民间文化体验旅游。多种多样的民俗文化盛会不以时间为限制，不以季节为阻碍，确以文化串联起了旅游华章，加强现有民俗盛会的宣传与推广是民俗游的关键。具体表现：打响中国秧歌节品牌，扶持发展胶州大秧歌和地方民间艺术展演活动；加强天后宫新正文化庙会、青岛赏花会（樱花会）、萝卜元宵山会、海云庵糖球会、田横祭海节、红岛蛤蜊节、大珠山杜鹃花会、灵山湾拉网节、黄岛蓝莓节、大泽山葡萄节等民俗节会的宣传力度，增加游客互动性活动，发展民俗节庆文化旅游；保护茂腔、柳腔等地方戏曲文化资源和胶东大鼓、山东快书等特色曲艺文化资源，发展地方戏曲文化旅游。

3. 有序发展宗教文化游

依托湛山寺、崂山华严寺、大珠山石门寺、法海寺、灵珠山菩提寺、大泽山智藏寺、四方海云庵等佛教历史建筑，崂山道教宫观，以及基督教堂、天主教堂等宗教历史建筑，策划宗教祈福等旅游活动；精心挖掘崂山道教养生、音乐、武术、道场表演、书法、绘画等展演活动，发展地方本土特色宗教文化游。

4.大力推介婚庆文化游

依托优美的城市风貌和旅游环境，促进婚庆与旅游的融合，举办主题婚礼、摄影和特色婚庆活动，发展海洋特色的新婚蜜月旅游，开发婚庆文化旅游产品。可将后文中提到的"一眼千年"文化旅游主题公园打造成"古婚礼"全国举办基地，既可复兴中华文明，又可极大地带动青岛旅游产业融合发展，拉长旅游产业链，开辟旅游新增长点。

5.繁荣电影演艺文化游

以西海岸东方影都、电影博物馆和中山路1907光影俱乐部、八大关蝴蝶楼等为重点，引导这些电影文化要素与旅游嫁接，开辟电影文化旅游专线。同时，引导旅游大项目建设与文化演艺的结合，积极打造特色突出、效益显著的大型旅游文化演艺活动。发展会展节庆主题演出和民俗文化演出，丰富游客文化体验。

（三）加强城市建设与旅游业协同发展

1.以旅游者需求统筹城市接待设施建设

树立"城市即景区，景区即城市"的发展理念，以旅游者需求为导向统筹公共服务资源。坚持全域旅游和全要素旅游，将城市作为统筹的大系统进行建设，城市规划、城市交通、商贸街区、旧城改造、新城建设、科教文卫等诸多方面都植入旅游发展的视角，从而推动整个城市的旅游化发展。

2.加强城市文明建设

深入推进文明城市建设，开展青岛"全民微笑"服务活动，倡导"轻松、礼貌、周到的微笑服务"，培育友善、好客的旅游环境，在窗口行业率先开展微笑活动，提高从业人员服务意识和服务能力。进一步开展创先争优活动，大力宣传和挖掘一批具有时代精神、富有感召力的服务窗口工作人员，每季度开展"寻找最美微笑，走近服务明星"评选活动，让游客、网友切身体验最美窗口服务，打响"青岛微笑"服务礼仪品牌。

加强全市旅游志愿者队伍建设，完善招募机制和管理办法，扩大志愿者服务范畴，搭建讲解咨询、医疗救护、翻译、法律帮助等立体化志愿者服务队伍。

强化重大节庆活动文明旅游志愿服务，打造全国旅游志愿者示范城市。鼓励支持旅游协会等中介组织参与文明旅游创建工作，打造全国文明旅游志愿服务品牌。推动旅游企业进一步做好文明创建工作，鼓励企业员工和社会人士积极参与旅游志愿服务。加大文明旅游礼仪宣传，加强游客文明旅游、文明出行的宣传、教育和引导工作，完善文明旅游制度规范，倡导"理性消费、文明旅游"。

同时，不断强化区域旅游合作，加强与国内重点客源市场的区域旅游交流合作，推进山东半岛城市旅游区域联盟合作，依托未来胶东国际空港，构建半岛"一程多站"无障碍旅游服务体系。结合"一带一路"战略推进，坚持"请进来"与"走出去"相结合，加强双向合作，实现共建共享。落实入境旅游便捷服务措施，为国际游客提供英、法、日、韩、葡等多语言的随同翻译、自助翻译机租赁、志愿者翻译引导等服务。增设多语种的旅游问询服务。加快实现外国游客在青岛旅游消费场所手机便捷支付功能。在全市一级旅游集散中心及旅游信息咨询服务中心开设国际服务窗口，建设多语种的网上预约平台，提供多语种的旅游问询服务。

3. 构建"快行慢游"的立体旅游交通网络

推动旅游业和交通运输业深度融合、相互促进、共同转型升级，通过构建青岛全域的"快行漫游"旅游交通体系，为游客提供一个全域便捷的旅游交通体验。综合施策，集中解决旅游旺季前海一线交通拥堵问题。依托高铁、城铁、民航、高等级公路等构建海陆空"快进"交通网络，推进城市及国道、省道至A级景区、乡村旅游点之间连接道路建设，实现从机场、车站、码头到主要景区公路交通的零换乘和无缝衔接，提高旅游的通达性和便捷性。进一步完善集散中心体系建设，充实集散中心相关配套服务功能，构建布局合理、功能完善的集散中心网络、形成青岛全域三级旅游集散中心体系。设置各集散中心间旅游公交专线，开设各类"旅游直通车"，开辟沿滨海大道旅游观光巴士线路。依托滨海大道与大沽河堤顶道路，打造两条旅游风景慢行道，完善自行车道、步行道等"慢游"设施。逐步建立完善的自驾车、房车服务系统。结合水上游览风景廊道建设，对现有客运码头及旅游码头进行改造提升，新建部分旅游码头，方便游客出行。以国家级邮轮旅游发展实验区为契机，加速邮轮港口及配套体系的优化提升，打造我国北方国际邮轮旅游集散地。积极开拓低空旅游市场，以低空飞行基地为核心，开发低空观光体验、娱乐飞行体验等多种类型的空中旅游产品，丰富青岛特色旅游交通体系。参照相关规范标准，规范完善与提升机场、火车站、汽车站、地铁站、水运码头、入城口、旅游景区和公共活动场所的旅游标识引导服务功能，协调并规范跨区域旅游交通标识、乡村公路旅游交通指引标识的制作与设置，尤其是通往重点景区的主要交通道路，需设置中英对照、国际通行、简洁明了的引导标识。

4. 优化青岛住宿业产业结构

优化住宿结构，合理调整社会旅馆、客栈、星级酒店、连锁经济酒店等住宿业态比例；重点支持城市商务酒店、民宿、度假酒店、主题酒店、露营地、汽车营地、青年旅馆、生态庄园酒店和别墅式酒店等多种旅游住宿接待设施的建设；着力创意建设精品民宿，积极引入国际连锁高端度假酒店项目，培育新型住宿业态；推进旅游住宿智慧化，打造一批青岛智慧酒店试点。形成高端化和多样化并举、结构完善、布局合理、质量优化的住宿接待体系，力争使全市高星级酒店总量居于全国大中城市前列水平，酒店业管理水平向国际水准看齐，服务质量评价满意度居全国前列。

5. 提升青岛旅行社行业服务质量

积极引导青岛传统旅行社转型升级，走规模化、网络化、集团化、标准化、专业化之路，加快与资本市场融合对接，积极开发特色旅游项目，进一步拓展产业链条，整合形成一批网络完备、品牌响亮、实力雄厚、渠道多元的龙头企业。引导旅行社建立服务增值、产业链拓展、在线交易等经营发展新模式；鼓励符合条件的旅行社从事出境旅游业务等。鼓励并引导本市旅行社与周边地区、港澳台以及国外旅行社合作，同时引进国内外知名品牌旅行社。利用云计算、物联网等新技术，实现旅行社便捷、高效运营。发展旅游电子商务，提高旅行社服务业的科技含量，提高旅行社的经营效率和水平。探索建立旅行社信用等级评定机制，推动旅行社建立健全标准体系，提升管理水平和服务质量。

（四）推动旅游业与其他产业融合发展

1. 推动旅游与工业融合发展

青岛拥有良好的工业基础。建议整合体现青岛近代工业遗产的厂房、车间、机器、办公楼、职员宿舍等代表性建筑，以及机械、工具等设施，挖掘历史工业文化内涵，建立纺织、机车等工业历史文化博物馆；挖掘青岛葡萄酒厂、即墨老酒厂的历史文化内涵，强化休闲体验功能；扩大青岛啤酒博物馆规模，融入现代休闲元素，提升产品档次；鼓励青啤博物馆积极"走出去"，依托资源和品牌优势，打造"青啤梦工厂"和"青啤体验中心"，拓展青啤旅游服务半径；加大青岛红酒坊特色街、葡萄酒庄园、葡萄酒博物馆宣传推介力度；立足于国棉六厂丰厚的工业文化积淀，探索工业旅游与创意产业融合发展新路子；依托青岛港、海尔、海信、双星等名牌企业，开发现代工业旅游产品；结合产业转型和新兴产业建设，建立健全产业园区、大型工业项目旅游产品，发展新兴工业旅游，构筑完善的工业旅游产品体系，壮大工业旅游产品规模。

2.加快特色小镇建设，提高乡村旅游水平

目前，青岛的特色小镇还属于萌芽阶段，乡村旅游的整体水平有待提高，如何利用现有的产业优势和资源禀赋，规划一批类型多样、充满活力、富有魅力的特色小镇，带动提升乡村旅游品质，显得十分迫切而必要。

特色小镇的魅力在于"特色"，生命力同样在于"特色"。应以生态文化为先导，突出旅游功能，规划面积一般在 3 平方千米左右，而建设面积在 1 平方千米左右，按 3A 级以上景区建设，旅游特色小镇要按 4A/5A 级景区标准建设，小镇内建筑容积率不超过 0.5，就是说小镇内一半用地性质为文化旅游用地。每个小镇都有自己的文化标识，镇内建筑蕴含丰富的文化内涵，小镇除了传统的景区旅游外，还可以赋予休闲旅游、工业旅游、体验旅游等多元化的旅游功能。

应坚持科学规划引领，深度挖掘特色产业，着力打造一批以人文体验与自然风景旅游为主体的独具特色的小镇，力促休闲旅游、文旅产业整体提档升级。积极推进创意文化、电子商务、互联网＋、智慧产业等新兴业态发展，形成多链条、高融合的新型产业生态圈，提高特色小镇产业集聚、配套、融合发展的综合实力。

重点扶持鼓励崂山虚拟现实小镇、城阳高铁动车小镇、即墨玫瑰小镇与电商小镇、平度家电小镇与葡萄小镇、莱西航空小镇与新能源汽车小镇、胶州辣椒小镇与足球小镇、黄岛竹茶小镇与油画小镇建设。同时，重点扶持鼓励一批旅游特色村、旅游示范点和乡村旅游专业合作社，打造一批在国内具有一定知名度、影响力的乡村旅游品牌。

建议尽快出台《乡村民宿指导标准》，提升民宿的接待规模和服务水平。整合果蔬采摘、赶海拾贝、农（渔）事活动、民俗节日等资源，培育渔家风情、休闲山林、滨河生态、温泉养生、田园休闲、历史民俗等乡村旅游产品，着力完善场地环境、交通集散、标识引导、信息服务等功能，推进乡村旅游的精细化开发、标准化服务、品牌化运营和规模化发展，打造乡村旅游的升级版，充分发挥乡村旅游在城乡统筹、新型城镇化建设和农民增收中的拉动作用。

以美丽乡村建设为契机，大力推进观光农业、休闲农场和美丽乡村休闲带建设，以平度国家农业公园、胶州大白菜国家农业公园、崂山晓阳春茶园、黄岛慧海蓝莓园等为示范，完善休闲农业和乡村旅游配套设施，推动农业功能向休闲、观光、度假拓展。

3. 推动旅游与商业融合发展

支持旅游商品一站式开发，培育一批打造旅游产品研发、生产、销售全产业链的龙头企业。创新旅游产品商业营销模式，借助互联网和大数据分析，精准捕捉消费需求，适时调整旅游"套餐"，实现商业广告的精准投放和精准推送；根据市场需求进行市场精细划分，打造旅游商品专业市场，完善公共服务平台建设；不断提升旅游产品质量，打造旅游体验购物"生态圈"，形成一批国际知名的旅游商品经营品牌。建议将中山路与前海旅游观光带和百年栈桥、小青岛、中国海军博物馆等在青岛具有代表性的著名旅游景点统筹规划，打造为精致旅游商品一条街。以"食在青岛"为招牌，挖掘本土特色餐饮资源，多元化培育旅游餐饮品牌，扶持一批特色餐饮企业、知名的餐饮名店和特色美食街区，打造国际美食都市。

4. 推动旅游与科技融合发展

推动互联网和旅游产业深度融合发展，打造新一代旅游电商平台；汇聚本土及周边旅游资源，开辟线上线下服务同步"双渠道"；嫁接互联网金融服务，除完善在线第三方支付外，拓展旅游产品分期付款等多种消费模式，扩大消费群体；开辟"游学在青岛"服务专栏，通过建立"游学在青岛"行业联盟和基地，对接线下资源，开发针对不同年龄的游学旅游产品，逐步完善线上、线下接待服务体系，广泛开展教育性、体验性强的海洋科普研学旅游活动。鼓励青岛深度集团、崂山 VR 产业园和红岛方特梦幻王国等大力推进虚拟现实、人工智能、无人机等各类新技术在旅游服务和产品开发中的应用，探索建立仿真太空旅游、仿真深海旅游等具有科技、海洋特色的高科技旅游体验区，培育面向未来的旅游新业态，促进青岛旅游智慧型增长。

5. 推动旅游与体育融合发展

体育旅游的兴起，是旅游与体育相互融合发展的产物。发展体育旅游，要推动体育、休闲、商业综合体建设，建设体育旅游示范基地，打造集休闲娱乐、运动体验与一体的城市体育旅游产品。利用好青岛举小第 29 届奥运会帆船比赛所形成的奥运遗产，将青岛奥帆中心划入城市风貌保护区，整合区域旅游资源，大力发展奥运帆船主题旅游和航海体验旅游，进一步提升"帆船之都"品牌影响力。依托滨海步行道、环湾绿道、大沽河生态景观带、滨海公路等设施，大力开展健身跑、健步走、水上运动、低空飞行、登山攀岩、航模、帆板、游艇、摩托艇、水上滑翔、沙滩运动、极限运动及骑游等群众喜闻乐见的休闲体育项目；举办登山、游泳、钓鱼、划艇、高尔夫、马拉松、自行车等比赛及大众化体验活动，形成系列化、品牌化和常态化的体育健身旅游产品。

6. 推动旅游与康养融合发展

开展中医药健康旅游示范基地创建工作，推进打造中医药旅游体验区，遴选打造中医养生旅游专线，丰富拓展游览、度假、休闲、养生养老、体育健身等旅游休闲体验内容；以崂山湾国际生态健康城和红岛大型医疗产业园建设为契机，发展集中医医疗、康复、养生、休闲、旅游为一体的康疗养生旅游聚集区。高度关注"银发旅游浪潮"，整合开发并推出适合老年人特点的风光摄影游、医疗康体游、养生度假游、家庭亲情游、金婚纪念游等主题旅游线路和服务产品。搞好养生养老产业链配套建设，策划开展一系列养生旅游活动，吸引国际知名养生、养老、保健企业入驻，打造青岛养生、养老、康养、保健等产业链，重点发展和提升温泉疗养、森林疗养、海岛康养、海滨疗养、饮食疗养、中医药养生、崂山茶养生等业态，打造居旅和谐、幸福共享的国际一流的养生养老基地。

三、坚持旅游业可持续发展

本书第六章通过基于青岛旅游业发展集成预测得出，延续现行发展模式，"十三五"末期，青岛旅游业关键指标的增速较"十二五"期间将有明显放缓趋势，说明青岛旅游业已经步入了转型升级的关键期，需要创新旅游业发展模式以寻找新的增长点。基于青岛旅游业发展政策仿真得出，追求短期效益的公共管理政策会表现出对青岛旅游业及其它子系统产生的不利影响；在注重可持续发展公共政策影响下，保持游客数量大幅增长的同时，其它子系统如经济、旅游资源等系统都表现出良好的高质量发展趋势，有利于突破传统发展模式和当前的发展瓶颈。因此，在优化多元融合发展格局的基础上，注重可持续发展，着力高质量发展，着眼打造国际化旅游度假目的地城市，才能实现青岛旅游业稳定、健康、高质量的发展。在实际公共管理工作中，政府部门需要选择、制定各项公共政策，指导支持各系统间相互协调，才能使可持续发展模式落到实处。

（一）树立绿色低碳发展理念

《习近平谈治国理政》（第二卷）关于"绿水青山就是金山银山"的思想理念，已在旅游界得到广泛共识并进行了很好的实践。建议围绕建设"美丽中国先行区"的战略目标，抓住改革创新和美丽先行两大突破口，提倡多形态、多特色、多区域、指标化的先行实践，率先在全国创新构建旅游休闲的生态环境支撑系统。探索资源有偿使用制度和生态补偿机制的推行方式，在旅游开发中尊重自然、顺应自然，控制开发强度，尽量保留和扩大山体、森林、河海、滩岛、湿地等绿色生态空间比重，增强水源涵养能力和生态容量，推行清洁生产、发展循环经济，推进旅游企业节能减排，倡导文明、绿色的生活方式和消费模式，引导全社会参与生态文明建设，打造生态友好型旅游目的地。深入扎实地做好全民义务植树活动，更多增加青岛的绿色植被。探索从源头上浒苔防控与根治科学路径，保护海洋生态环境。将旅游厕所标准化建设管理纳入 A 级景区、星级饭店、绿色商场等创建与评定，实行一票否决。建立旅游气象信息服务共享发布平台，开展旅游目的地精准气象服务。

（二）完善生态旅游规划

青岛作为滨海旅游城市，旅游区域的总体规划、控规和详规是滨海城市旅游发展规划得以具体落实的重要载体。要通过创新思维，将能源及资源管理策略上升为青岛城市旅游总体规划的重要原则。使基于碳排放量及能源资源效率指标的滨海旅游区详细规划成为促进青岛滨海城市旅游业可持续发展的有效手段。

生态旅游规划需要政府机关、社会组织以及社会大众共同参与，相互合作，需要全面统筹本区域内经济、环境、社会等多种因素。生态旅游以自然资源为基础，在开发自然旅游资源时，要以收入所得返养生态环境，遵照保护生态环境的原则，实现经济效应、环境效应、社会效应的统一。

（三）加强对生态旅游资源的保护性开发

城市环境的改善对推动城市旅游发展有着有益的推动作用。生态旅游具体而言就是要推动旅游与城市绿地、城市园林等城市生态系统相互融合。首先，在城市绿地方面，可以开放城市公园，提高城市公共绿地、城市公园的休闲娱乐作用，为市民游客提供休闲场地。其次，在生态旅游产品的开发上，要加强对生态旅游资源的保护性开发，提升生态旅游目的地的产品品质。就青岛而言，可以在沿海沿河地带，开发城市绿道，推广绿色环保旅游活动。"三山（崂山、珠山、艾山），三岛（灵山岛、田横岛、大公岛），三组团（东城区、西城区、北城区），一河（大沽河）"和广袤农村适宜大力发展生态游，应更多采用公园模式规划打造。重点应推进世园会、大沽河、少海、灵山岛、莱西湖、姜山湿地等生态旅游区建设，促进大泽山生态环境修复，加强琅琊台、灵山湾、藏马山、田横岛等旅游区生态保护，打造生态旅游体系。

（四）控制环境容量严加生态监管

建立科学的评价体系，明确生态旅游区的环境容量，避免给旅游地生态造成过大压力。加强对旅游地的生态监管，推动生态管理，保护好旅游地的生态潜力，不盲目追求经济增长，将其控制在生态可承受范围内，在旅游消费增长的同时，确保生态潜力不受破坏。

四、着力旅游业高质量发展

在本书第三章的著名旅游城市对比中我们可以看到，在景区资源远远落后于青岛的情况下，深圳的旅游总收入在 2016 年前一直和青岛持平，青岛在 2017 年才开始赶超；厦门在景区数量仅占青岛的五分之一的情况下，旅游收入却占到了青岛的四分之三；而宁波在景区数量仅占青岛一半的情况下，旅游收入却在近 10 年来一直超过青岛。这说明青岛的旅游资源利用效率方面还有很大的潜力可以挖掘。青岛旅游业要实现突破性发展，在坚持多元融合发展和可持续发展的基础上，必须着力旅游业高质量发展。

（一）加快青岛精品景区建设

加大老景区的改造升级，切实珍惜、不断巩固提升崂山风景名胜区；整体推动旅游景区从传统观光型向复合功能、集聚发展转变。建设发展一批上规模、高品位的滨海旅游休闲度假区、文化主题景区，培育一批旅游产业综合体，推进旅游景区公园化、精致化、品质化、集聚式发展。力争到 2020 年，新增 1 个世界文化遗产项目，新增 5A 景区 2~3 家、国家级旅游度假区 1~2 个、国家生态旅游示范区 1~2 个。对精品景区建设加大扶持，优化用地政策，贯彻落实国土资源部、住建部、国家旅游局《关于支持旅游业发展用地政策的意见》，优先保障精品景区建设旅游项目用地供给；积极鼓励支持利用荒地、荒坡、荒滩等开发旅游项目；鼓励农村集体经济组织依法使用建设用地自办或以土地使用权入股、联营等方式与其他单位和个人共同推进精品景区建设。

（二）创意培育青岛旅游五大新名片

青岛旅游业发展与上海等著名旅游城市相比有较大差距，主要缺少磁场极强的旅游吸引物特别是世界级的高端旅游大项目。本人根据多年的学习研究，创意提出：以"创新驱动、项目带动、消费拉动"为策略精心打造海纳百川、一眼千年、繁华盛世、未来世界、生命之光"五朵金花"作为青岛旅游新名片。"五朵金花"相辅相成，交相辉映，可以有效弥补青岛季节性旅游明显的短板，极大地丰富青岛旅游产品、旅游路线、旅游全域化进程。

1. "海纳百川"

千百年来，胶州湾作为青岛的"母亲湾"，就像一颗硕大的"蓝宝石"，孕育了过去的青岛，支撑起了现在的青岛，必定能引领未来的青岛。

胶州湾因古时属胶州所辖，故而得名；青岛也因而史称胶澳。是青岛市境内的半封闭海湾，近似喇叭形，南北长32千米，东西宽28千米，面积约438平方千米，湾内宽阔开敞，自然条件有相对的独立性；胶州湾为浅水海湾，水深大于20米的深长区仅占总面积的5.4%，最大水深51米；属暖温带季风气候区，多年平均气温为12.2℃，8月平均气温25.5℃，1月平均气温 −1.2℃，夏无酷暑，冬无严寒，且海水终年不冻，非常适宜打造旅游大项目。

注入胶州湾的河流主要有漕汶河、岛耳河、洋河、南胶莱河、大沽河、桃源河、洪江河、石桥河、墨水河、白沙河、李村河等11条河流，长度大于30千米的共5条，以大沽河为最长，在河口区造成较宽阔的河口三角洲、潮坪等地貌单元。

2016年8月，青岛胶州湾国家级海洋公园正式获批。这标志着青岛胶州湾国家级海洋公园的正式建立，它也是全国最大的半封闭海湾国家级海洋公园。该海洋公园地理区位、生态旅游条件特殊，海洋公园生态旅游以海滨资源为基础、生态旅游模式展开，极具艺术观赏价值、历史文化价值、科学考察价值以及休闲娱乐价值。公园中海洋文化旅游资源较为丰富，海洋体育文化、民俗文化、历史文化、节庆文化、军事文化、渔业文化、港口文化等都独具特色，有着一定的历史文化积淀，具有较高的历史文化价值。作为青岛旅游总体规划布局的核心区，在胶州湾内落子"海纳百川"得天独厚。

"海纳百川"创意定位：世界级海洋文化旅游主题公园。内容以海河文化为主，融合海河科普、生态保护、水上休闲、水上体育、水上娱乐、水上演艺等。可借鉴上海世博园和深圳世界之窗理念，规划设计太平洋、大西洋、印度洋、北冰洋四大区域和五大洲板块，以及长江、黄河、尼罗河等世界级大江大河模拟景区，直观体现海洋是如何接纳百川、百川是如何汇入大海的壮丽图景以及海河是如何联动滋养大陆又孕育万物的生动写照。

以"海纳百川"为核心，辐射带动环湾周边区域，打造世界级精品旅游湾区。

沿胶州湾自然海岸带，调整优化产业布局与城市形态，精心设计旅游项目，串联一圈"Q"字型（有契合青岛之意）金项链式文化旅游精品。依托胶州湾东岸、西岸、北岸既胶州城市设施，合理布局住宿、购物、娱乐、旅游集散等旅游设施，打通海上旅游联线，海岸各区域集散联动，构筑三足鼎立的海湾型旅游核心格局。

"海纳百川"本身将启迪教育人们了解大江大海，亲近大自然、敬畏大自然、热爱大自然、保护大自然。胶州湾岸线、河川生态应倍加呵护。建议尽快综合整治，调整优化岸线产业布局，搬迁石油化工、矿石货运等至董家口。岸线与河海间进行高标准绿化、美化、亮化，让千百年仓海桑田在胶州湾焕发青春活力。

2. "一眼千年"

胶州拥有5000多年历史。唐朝在此设立板桥镇，北宋时期千帆竞发、港盛州兴，海运贸易繁荣活跃，特设市舶司，是我国五大通商口岸中唯一一处长江以北的口岸商埠，是"海上丝绸之路"的重要枢纽。元设胶州，辖高密、即墨二县；明延续；清裁灵山卫，并入胶州，素有"金胶州"之美誉。现有少海湿地公园、三里河公园、高凤翰（本家先贤）纪念馆、城隍庙、艾山风景区等旅游景点。

如今的胶州，最大的优势依然是交通，铁路、公路四通八达，是青岛连接内外的综合交通枢纽。随着胶东国际机场2019年投入运营，胶州海、陆、空、铁多式联运的综合交通枢纽优势将更加突显。

将"一眼千年"布局落子胶州少海湿地公园最为适宜。

之所以以"眼千年"命名，其目标定位为：中华历史文化大型旅游主题公园。这一园区中，将简述中华上下5000年辉煌灿烂的历史与丰功伟绩，主要按照唐、宋、元、明、清的顺序划分为五大版块，重点将生动展现中华灿烂的历史文化和优秀的传统美德，启迪和辅育人们怀古惜今，为实现中华民族伟大复兴的中国梦激发情怀与斗志。

每个版块模拟各朝代都城坊市布局，展现当朝历史功绩、重大发明创造、历史人物故事，尤其是唐诗、宋词、元曲、明清小说须有单馆解说，深入挖掘。

且每个版块吃、住、行、游、购、娱一条龙，比如，唐朝都城有中轴线，各坊之间街市相通，并且有东市和西市。考虑到占地面积所限，具体设计建设，可按比例打造微缩景观。并在市中设摊位，主要出售相对应朝代的糕点、瓷器、丝织品、工艺品等。摊位销售人员着对应朝代服装，发式，行朝代礼，商品包装严禁出现现代标志，随处可见的都是作揖行礼，古文明再现，让游客产生现在到底身在何处、身处何时的疑问，其理想效果是让游客有回到唐、宋、元、明、清，似真似幻的感觉而流连忘返。

皇都殿宇是每个版块的核心。这里的殿宇主要给予游客皇都生活体验。在这里游客就是皇亲国戚，尊贵之主。建筑均采用高仿真复古材料，尽可能模拟各朝代宫殿，殿内装潢，内饰皆按朝代特色打造。此外，软文化环境打造才是重点，从入门之初，将为游客提供"变身"服侍项目，每组游客团体在入皇城前都会有相应的"宫女"服侍挑选自己喜欢的宫廷角色服饰，为游客更换衣服配饰。当游客来到宫门前时，都会有游客的专属管家（导游）恭候，向游客一路介绍皇都布局、文化特色、历史文化和具体的服务体验项目等。例如：游客可以根据自己的品阶选轿上朝，朝中观礼，共进国宴，欣赏高水平宫廷表演等。

特色宫廷餐饮也是一大亮点。御厨皆要经过培训过关，学习朝代餐饮文化，尽量模拟朝代宫廷菜式，比如，"满汉全席"、《红楼梦》菜系、茶点等，努力使菜肴有御膳之貌，又符合现代人口味。

文化余兴节目也是特色之一。由于是高档餐饮区，高档次的余兴节目自然必不可少。每晚在此就餐的贵宾可免费观赏高档次的朝代相关歌舞表演，比如：唐代飞天舞、宋代赵飞燕的金莲花舞，使游客拥有皇帝般的享受。

精心打造的"一眼千年"，既可丰富当地居民周末休闲空白，也完全可以成为接待外宾之所，向外界展示沧桑岁月洗不尽的中华灿烂文明。千年的文化和历史是抹不掉、夺不走的，这里有我们的骄傲，是我们民族之魂，值得每一个中国人为之自豪。

3. "繁华盛世"

青岛西海岸新区是国务院批准的第九个国家级新区，区内拥有凤凰岛旅游度假区、灵山湾旅游度假区、珠山国家森林公园、琅琊台风景区、藏马山旅游度假区和灵山岛、竹岔岛、斋堂岛等旅游景区和台湾涵碧楼、金沙滩希尔顿、今典红树林、喜来登等等高端星级酒店 20 余家。区内青岛前湾保税港区（国家级保税港区）是中国第八个保税港区，海关监管区面积 11.72 平方千米，功能拓展区面积 53 平方千米。正借鉴上海自贸试验区经验，叠加口岸功能与保税功能，争创自由贸易港区，致力于建设国际航运服务中心、区域性国际物流中心、东北亚国际贸易中心、大宗商品交易定价中心，打造进口商品国际贸易基地，已建成各类大宗商品交易市场 14 家。汽车整车进口口岸集滚装船运输、集装箱运输、客货班轮运输 3 种模式于一体，为全国唯一。

建议将"繁华盛世"布局落子青岛西海岸新区，紧紧依靠青岛前湾保税港区口岸与保税功能进口商品交易便捷的优势来打造。

"繁华盛世"功能定位：长江以北国际商品交易中心，集食宿、休闲、购物于一体的免税购物旅游城，让游客和居民在这里可以买到全世界各国的名特优商品。

"繁华盛世"可借鉴新加坡滨海湾金沙购物旅游城和美国盐湖城 Gateway 模式规划打造。规划有亚洲区、欧洲区、美洲区、非洲区、大洋洲区五大会展区；设计酒店住宿、空中花园、商务休闲、魔术表演、美食享受、购物体验、奥特莱斯七大模块，构建一座享受购物的天堂。

4."未来世界"

崂山区是青岛的金融财富中心和高新技术产业聚集区。区内崂山是山东半岛的主要山脉，最高峰崂顶海拔 1133 米，是中国海岸线第一高峰，有着海上"第一名山"之称。它耸立在黄海之滨，山光海色，道教名山，正是崂山风景的特色。在全国的名山中，唯有崂山是在海边拔地崛起的。绕崂山的海岸线长达 87 千米，沿海大小岛屿 18 个，构成了崂山的海上奇观。青岛崂山风景名胜区，是国务院首批审定公布的国家重点风景名胜区之一、中国重要的海岸山岳风景胜地、青岛目前唯一的国家 5A 级旅游景区。

崂山区人文汇萃、群星闪耀，正在打造中国虚拟现实产业之都、微电子产业"芯谷"，昭示着崂山区是青岛未来之区。

国家虚拟现实高新技术产业化基地、虚拟现实／增强现实技术及应用国家工程实验室、虚拟现实技术与系统国家重点实验室青岛分室、北京航空航天大学青岛研究院等国内 70% 的 VR 顶尖科研机构、国字号实验室、国家创新平台已相继落户这里；国家虚拟现实研究领域领军人物——赵沁平院士、张军院士、徐惠彬院士、房建成院士、北京大学汪国平教授、北京师范大学肖永亮教授、北京理工大学王涌天教授、山东大学陈宝权教授等领衔的国内顶尖 VR 科研团队已扎根这里；歌尔、海尔、黑晶、金东等近 50 家国内外知名的虚拟现实高新技术企业已汇聚在这里。

建议将"未来世界"布局落子在这里，这里优良的软硬环境足以吸引、支撑高科技旅游的繁荣发展。

"未来世界"，其目标定位顾名思义：采用各种高科技集成技术包括 VR、AR 手段，打造一座集畅想、研究、仿真、体验于一体的未来之城。

"未来世界"规划可以借鉴美国硅谷模式，让居民和游客可以感知、参与、体验和想像。将由未来星际、未来地球、未来社会、未来社区、未来家庭、未来文化、未来体育、未来教育、未来医疗、未来金融、未来饮食、未来居住、未来购物、未来娱乐、甚至未来旅行若干个主题馆和信息谷组成。

有研究资料表述，旅游业产业结构升级有六种逐级递升的形态：一级形态，即基本产业形态，观光、游乐等；二级形态，为多元产业形态，满足多种需求、多类产品供给；三级形态，为一体化产业形态，多要素、多层面进行集合区域开发的旅游目的地形态；四级形态，为度假产业形态，以较长时间的度假安排为基础，私人度假资产为依托，形成度假房地产；五级形态，为生命体验形态，旅游开发达到一个非常高的境界的时候，旅游不再是作为产品或服务，而是作为一种人类生活方式、生存方式和生命体验形式；六级形态，为文化修炼形态，生活体验、文学艺术、天文地理、科学技术、思想意识等等，都可以在这里追寻、交流和探究。这很符合马斯洛管理科学中的层次需求理论。

"未来世界"在旅游形态上定性为：生命体验、文化修炼！在塑造理念上确立为：未来让生活更美好！

5. "生命之光"

即墨区，是青岛市最年轻的行政区。著名热水泉，位于即墨温泉镇东温泉村，原名汤泉，俗称汤上，汉代时已相当著名，在此曾封温水侯国。其水温高达93℃。泉眼很多，大者如拳，小者如豆。水内含有盐、硫、溴、砷等十多种矿物质和元素。东汉科学家张衡、明代名医李时珍均有治病记载，对皮肤病、风湿病、关节炎、早期心血管病等均有显著疗效，被誉为医疗矿泉。温泉度假区依山傍水，气候宜人，冬无严寒，夏无酷暑，面积为6.5平方千米，是全国四大温泉之一。

将"生命之光"布局落子在这里，希冀与这里优良的环境和独特的资源优势相匹配。

"生命之光"的理念和定位：探索生命的奥秘，解析人体密码信息，打造以康养为主题的文化旅游公园。

"生命之光"将见证人类生命孕育、成长、衰老的全过程，揭示优美的生存环境、适当的健身运动、良好的生活习惯、健康的思想情趣对于生命质量的要义。

"生命之光"将规划育儿区、儿童区、少年区、青年区、中年区、老年区六大功能区；设计有人与自然、生命之源、汤泉浮生、康体美体、中医药养生、艺术欣赏、图书阅览七个专业性场馆。

打造"生命之光"，不仅仅是让人们在这里找到"长生不老之药"，更寄愿人们在这里找到"生命的真谛"，即"生命之光"！

（三）积极推进会展设施建设

从本书第三章国内城市发展案例分析中，可以看出上海在景区资源落后于其他城市的情况下，旅游业总收入却是远远领先，这一点与上海旅游业大项目的拉动作用和上海会展业的发达是分不开的，作为"上合峰会"举办地的青岛，应该借助峰会的影响将会展业的发展作为旅游业发展的重要抓手。

节会商务旅游是提升城市影响力、扩大旅游消费、拉动淡季旅游的重要载体。建议培育打造常驻我市、有影响力的区域性国际旅游展会，搭建国际化旅游产业发展研讨和旅游产品交易的平台。促进青岛国际啤酒节、青岛国际海洋节等重大节会活动的高端化、国际化发展。借鉴杭州举办"G20峰会"的成功经验，将"上合组织青岛峰会"场馆打造为精品旅游景区和国际性会议中心。

借鉴海南亚洲博鳌论坛模式，提升东亚海洋合作论坛层级和水平。探索举办突出蓝色经济优势的中日韩经贸合作品牌节会活动，积极争办有较大国际影响力的高端国际会议和重大活动。大力培育扶持淡季节会活动，促进田横祭海节、黄岛蓝莓节、大泽山葡萄节、胶州桃花节等系列乡村休闲节会的特色化、规模化发展。积极推进会展设施建设，提升城市节会商务旅游综合服务功能，增强节会商务旅游实力。

（四）推进全域化智慧旅游平台建设

坚持标准化建设、智能化服务、科学化管理三大原则，深入探索青岛智慧旅游发展模式。优化网络技术环境，继续推进云数据中心建设，完善游客资源数据库、3DGIS数据库、历史文化数据库、旅游资源信息库、旅游行业综合信息库、旅游营销活动信息库、旅游诚信数据库等。同时，与"智慧青岛"其他平台进行数据对接，实现信息联动。完善智慧旅游管理平台，提升政府的旅游电子政务系统、综合指挥调度系统、旅游诚信服务系统、旅游智力支持系统，加强全市景区、游客统计分析系统、智能视频监控系统、游客智能疏导系统、导游服务支持系统、舆情监测分析系统的建设。完善智慧旅游服务平台，提升旅游综合信息发布系统、信息主动推送服务系统、现实虚拟混合漫游系统、个性专属行程定制系统、旅游综合电子商务系统建设，推出青岛智能旅游卡。完善智慧旅游营销平台，加强旅游自媒体营销系统、智能营销决策支持系统、旅游营销效果评价系统、全民营销推介系统建设，拓宽移动支付在旅游业的普及空间，大力培育"乡旅纵横""e游汇"等本土旅游电商平台发展，力争打造1~2家具有全国影响力的旅游电商平台。培育一批智慧旅游试点单位，包括智慧酒店、智慧景区、智慧旅行社、智慧乡村等，加强对旅游企业网站的规范和引导，构建旅游电子商务工程的基本构架，提高青岛旅游业信息化的整体水平。

（五）加强旅游人才队伍建设

旅游市场的竞争根本在于人才的竞争，培养一批优秀的具有现代理论和实际操作技能的专门人才势在必行。现在，青岛的旅游人才总量不足，尤其从事旅游区域规划、高端项目策划组织、系统工程设计等方面的专业人才更是稀少，从策略层面加大人才的培养力度，会起到纲举目张的作用，有助于增强青岛旅游业的综合竞争力，特别是有助于为开拓入境旅游市场发展创造内生新动能。具体而言可以从以下方面着手。

成立青岛旅游专家咨询决策委员会、探索组建中国旅游研究院青岛分院，打造青岛旅游智库，搭建旅游科研、教育培训和咨询策划平台。依托山东大学、中国海洋大学、青岛大学、复旦大学青岛研究院、青岛酒店管理学院、青岛旅游学校等旅游教育资源优势，完善旅游研究、应用人才培养体系，打造北方地区旅游人才培训交流中心。加强旅游学科建设，优化旅游教育专业体系和课程设置，培养旅游教育教学骨干、学科带头人。推进与境外知名旅游院校、科研机构和企业合作设立教育教学、培训、研究机构，推动建设一批中外合作旅游办学项目和国际化旅游学院，培养中高层次应用型旅游专业人才，提升旅游人才的外语水平和跨文化交流能力。大力引进和培养高层次国际化旅游策划、组织、规划、设计专门人才，落实国家"万名旅游英才计划"政策，引导设立旅游人才发展基金，加大对创新创业人才的政策倾斜。围绕旅游全产业链，实施旅游英才计划，加快培养旅游新业态紧缺人才，加强创业辅导与旅游培训，鼓励各类旅游产业孵化器、旅游文创示范园、旅游科技示范园、旅游创业示范园及示范企业、示范基地等项目的开发，加强中青年旅游专家培养，开展旅游创客创业、旅游扶贫、旅游义务培训公益活动，鼓励旅游企业家、投资人和专家学者担任旅游创客导师，打造大众创业、万众创新的旅游支撑平台。实现导游执业法制化，规范和加强导游人才队伍建设，进一步提升导游队伍综合素质。适应旅游产业结构优化升级的发展需求，以提升职业素质和技能为核心，探索建立旅游职业教育培训体系，推动学历教育和非学历教育、职业教育和普通教育、职前教育和职后教育有效衔接，加强宾馆饭店、旅行社、旅游景区等旅游企业一线技能服务人员队伍建设。

（六）大力施行旅游质量管理标准化

研究制订包括旅游景区、旅行社、酒店、邮轮、游艇等行业的服务质量、安全管理标准。建立完善旅游市场准入、经营活动、服务质量等各环节的监管标准。鼓励有条件的区创建旅游标准试验区、示范区。联合政府相关部门，共同推进旅游标准化的工作，编制《青岛市旅游标准化发展规划》，对青岛旅标准化工作进行总体设计。对接国际标准，吸收国家标准和行业标准，创新青岛特色地方旅游标准，确定一批旅游标准化示范单位。强化对质量标准施行中的监督考核，落实工作目标责任制，制定量化考核标准，施行监督考核通报制度。加强政策引导，提供前置服务，指导旅游企业解决好经营管理中遇到的问题和疑惑，进一步强化旅游企业质量和规范意识，推动旅游企业由价格竞争向质量竞争转型，由粗放式经营向精细化服务转型。全面推进旅游诚信体系建设，优化旅游行业诚信监管平台，完善信用信息共享机制，将相关信用信息归集到全市公共信用信息服务平台。建立失信企业协同监管和联合警戒机制，积极培育一批品牌旅游景区、品牌旅游饭店、品牌旅行社和品牌旅游产品。

五、打造国际滨海旅游度假目的地城市

通过第四章对青岛旅游资源禀赋的分析，我们可以看到青岛旅游资源数量众多，类型齐全，山水兼备，自然旅游资源与人文旅游资源交相辉映，且古代现代皆有，东西方文化荟萃。青岛自然旅游资源中滨海旅游资源得天独厚，优势旅游资源主要集中在海岸一线。沿海一线海域、海岸、海滩、海湾、海岛相映成趣，美丽如画，滨海旅游资源异常丰富、精彩纷呈。这是青岛旅游业发展的最大优势。青岛是国家历史文化名城、中国道教发祥地，7000年以前境内就有人类的生存和繁衍，人文旅游资源丰富多彩。青岛"因海而生，向海而兴"，"红瓦绿树、碧海蓝天"是城市底色，应充分利用发挥青岛滨海区位优势、资源优势和空间优势，以滨海旅游为主导和龙头，推进优势旅游产业布局、要素配置、产品开发和项目落地，带动青岛旅游实现跨越式发展，着眼打造国际滨海旅游度假目的地城市。

（一）突出滨海度假旅游

休闲度假旅游是推动青岛旅游业转型升级的重要切入点，建议充分挖掘青岛的滨海资源，通过科学规划、主题开发、精细化运营滨海度假区和度假地，强化环境营造、功能分区和设施配套，促进产品体系的规模化、管理服务的系统化和度假目的地形象的品牌化发展。

做强做大做优主题公园。将宜业宜游的胶州湾、老龙湾、灵山湾、唐岛湾、

汇泉湾、鳌山湾、丁字湾等海湾和崂山、浮山、青岛山、大珠山、小珠山、藏马山、艾山、马山、大泽山等山系及大部分 A 级规模化景区，逐一赋命主题，按公园模式规划建设、管理建制，学习杭州西湖做法免收门票、开放景区，致力于全社会共同打造、市民与游客共同享乐，让游客愿意来、留的住，真正找到"宾至如归"的感觉；同时让当地居民共享实惠，使旅游业成为提升人民群众品质生活的幸福产业。

提升凤凰岛、石老人两处国家级旅游度假区以及田横岛、琅琊台、灵山湾、大沽河四处省级旅游度假区，邮轮母港启动片区、青岛湾老城区、青岛啤酒文化休闲商务区、世园都市生态新区、沙子口海滨、崂山湾国际生态健康城、红岛文化旅游海岸、胶州少海湿地公园、即墨温泉旅游度假区等区域的度假服务功能和景观价值。

（二）丰富滨海休闲观光旅游产品

休闲观光旅游是青岛传统的核心旅游产品，建议通过环境美化、功能拓展和服务提升等措施，推动传统景区的精品化发展。通过编制完成海上交通规划，整合码头岸线资源，统一规划建设旅游码头、游艇码头、帆船帆板训练基地和陆岛交通码头等海上旅游设施，开辟完善海上旅游航线。以青岛旅游集团为主体，推进海岸线资源整合、码头建设和功能提升、航线开辟和运营，形成海上交通集散网络，建设具有国际知名游艇目的地和亚洲一流、国际知名的帆船等水上运动基地。引导海上旅游装备升级换代，促进海上旅游企业的正规化、集约化、规模化发展，规范航行、停泊、租赁等海上旅游服务和管理，开发完善海上观光、娱乐、餐饮、婚庆等海上旅游产品。打造休闲海钓产业基地、省级海洋和内陆休闲垂钓示范基地，举办和承办省市级游钓比赛活动。

青岛近海中灵山岛、田横岛等 62 座四面环海岛屿是宝贵的生态旅游资源。应构筑岛、海、陆统筹联动的规划发展体系，完善海岛基础设施、加快海岛整治修复，建立海岛开发建设的引进和退出机制，积极稳妥地实施海岛开发"示范工程"。加速推进海岛生态保护修复工程，突出生态游特色和主题，开发海岛休闲度假、渔村民俗、环岛观光、生态休闲、地质科普、野营垂钓等产品，探索发展深潜体验、水上飞机游览等新兴项目，努力实现青岛旅游的蓝色跨越。

（三）加强青岛旅游宣传营销

通过前文分析，旅游宣传投入对游客数量有较为直接的提升效应。青岛游客数量与青岛旅游资源承载量相比还远远不足，因此有必要加强旅游宣传促销工作，整合资源和资金，建立和完善政企联手、部门联合、上下联动的宣传促销机制，利用节庆、论坛、会展、招商、体育赛事、文化交流等活动平台，多层次、多形式、全方位地大力开展宣传促销，广泛吸引客源。

借鉴国外城市营销经验，推行专业化的城市营销策略，细分旅游消费市场，增强宣传推介的针对性。针对港澳台、东南亚、东北亚、欧美市场，重点推介会议会展、文化创意、滨海度假、休闲养生等主题产品。针对国内观光客群重点推介生态观光、文化创意、养生养老等主题产品；针对休闲客群重点推介会议会展、运动休闲、文化创意、养生养老等主题产品；针对度假客群重点推介滨海度假、会议会展、乡村度假、养生度假等主题产品。

逐步建立统一领导、多元协调的城市营销组织网络和机制，开展城市旅游总体品牌营销规划及设计，统筹利用城市资源，构建科学有效的理念识别系统、行为识别系统、视觉识别系统，拓展营销渠道。积极参与国际旅游交流，建立完善与友好城市、UNESCO 创意城市网络及"一带一路"沿线国家的合作交流机制。借助上合组织青岛峰会、国际啤酒节、海洋节、家博会、帆船赛等重大活动和赛事，宣传青岛旅游形象。以高铁、邮轮、国际航线为纽带，通过搭建具有高专业性、高标准性和高关联性的国际营销平台，促进各专项营销策略的有效实施，深入推进青岛旅游的国际化进程。深化与国内外知名营销机构、国际媒体、国际旅行商及旅游协会的合作。利用国际力量，组建青岛旅游国际形象大使队伍，邀请在青留学生、常驻青岛的外籍人士、访问过青岛的国际游客、青岛企事业单位的海外合作机构、青岛籍海外留学生、境外青岛商会等作为青岛旅游国际形象大使。

结合青岛特色资源和文化，推进以互联网为载体，线上旅游 OTA 和线下旅游企业融合互动，B2B 电商合作平台、B2C 产业营销平台、OTA 电商合作模式的建设。深度利用海外新媒体和国内新媒体（微信、微博、微电影、移动终端等）的专有账号进行信息共享、事件推广、话题引爆，完善传统媒体包括电视广播、报刊杂志、户外广告的宣传推广活动，加大全国投放量和推广度；挖掘国际传统媒体的合作机会，特别是中国台湾、中国香港、韩国、日本等主要入境客源市场的主流媒体，例如与 Lonely Planet 等国外旅游杂志、出版社合作，出版青岛旅游系列书籍，在国外主要门面书店或亚马逊等网店销售。策划全球性主题活动，通过国际媒体的系列宣传，创新推广青岛品牌形象，扩大青岛旅游的国际美誉度与影响力。

（四）全面构建支持保障体系

依法兴旅、依法治旅，推动旅游管理法治化、制度化、标准化，加强旅游市场综合监管，优化旅游发展环境。借鉴杭州出台具有特色的旅游管理法规，完善相关法律体系，适应地方旅游休闲业全方位、多层次发展的需求；健全旅游市场联合监管协调机制，加大旅游市场秩序整顿力度，加强对旅游市场乱象的治理，重点整治非法经营、虚假宣传、不合理低价、强迫消费等行为；建立旅游市场监管快速反应机制，针对旅游市场存在的突出问题和重大违法违规案件，第一时间反应，第一时间联合查办，确保监管有效，一步到位；建立健全旅游纠纷处置应急联动机制，搭建全市统一的旅游投诉受理渠道和纠纷解决体系，加强文化旅游、公安、市场监管、价格、海关等部门之间涉旅纠纷处置的联动合作，做到第一时间响应、第一时间处置，防止矛盾激化和问题升级，严控"天价虾""天价蟹"事件再度发生；建立旅游纠纷"调诉对接"机制，在大型旅游景区设立"旅游巡回法庭"和"旅游纠纷人民调解委员会"，加强旅游纠纷调解、仲裁、诉讼的有机衔接和相互协调，形成旅游纠纷解决合力；建立以旅游经营服务不良信息为基础的旅游经营服务信用档案，对违法违规行为进行公示并给予处罚，保障游客和消费者合法权益；完善无障碍旅游设施建设，根据景区最大承载量提高人流实时预判和分流能力，创建"平安景区"，提高景区应急管理水平。

强化旅游安全风险监测，建立安全风险信息提示等旅游信息发布与预警报告制度，提高旅游应急处置能力。根据各类突发事件预案要求，调动救援力量，协同开展施救工作。发生重大突发事件时，建议快速反应，迅速启动应急预案，做好协调、处置等相关工作，让广大游客对青岛旅游有充分的安全感。

参考文献

[1] 谢彦君，余志远，周广鹏．中国旅游城市竞争力评价理论与实践中的问题辨析 [J]．旅游科学，2010（1）:1-8.

[2] 钱学森．论系统工程 [M]．长沙：湖南科学技术出版社，1982:10.

[3]Myriam Jansen-Verbeke，孙业红．城市旅游再造——一种文化可持续发展的新思维 [J]．旅游学刊，2012（6）:10-19.

[4]Stanislaw Liszewski. Urban Tourism Space Research Methods: Evolution and Patterns[J]. Turyzm，2014，24 (1) :35-44.

[5]Patrick Brouder，Dimitri Ioannides. Urban Tourism and Evolutionary Economic Geography: Complexity and Co-evolution in Contested Spaces[J]. Urban Forum，2014，25（4）:419-430.

[6] 马晓龙，李维维．城市旅游综合体：概念建构与理论来源 [J]．人文地理，2016（1）:124-129.

[7]Tom Mordue. New Urban Tourism and New Urban Citizenship: Researching the Creation and Management of Postmodern Urban Public Space[J]. International Journal of Tourism Cities，2017（10）:399-405.

[8]Sanja Bozic，James Kennell，Miroslav D. Vujicic，Tamara Jovanovic. Urban Tourist Motivations: Why Visit Ljubljana [J].International Journal of Tourism Cities，2017（10）:382-398.

[9] 石建中，董江春．城市旅游网络下社会资本、旅游创新与旅游绩效的关联协调研究—以山东省为例 [J]．中国海洋大学学报(社会科学版)，2018（3）:87-95.

[10] 闫翠丽，梁留科，刘晓静，王文静．基于因子分析的城市旅游竞争力评价——以中原经济区 30 个省辖市为例 [J]．地域研究与开发，2014（1）:63-67.

[11] 把多勋，徐金海，杨志国．甘肃省 14 城市旅游竞争力比较研究 [J]．干旱区资源与环境，2014（7）:194-199.

[12] 周礼，蒋金亮．长三角城市旅游竞争力综合评价及其空间分异 [J]．经济地理，2015（1）:173-179.

[13]Joan Henderson. Global Cities，Tokyo，Urban Tourism[J]. International Journal of Tourism Cities，2017（6）:143-157.

[14] 李泽锋．浙江省城市旅游竞争力测度及综合评价 [J]．中南林业科技大学学报(社会科学版)，2017（03）:85-91.

[15] 韦福巍，黄荣娟，时朋飞. 珠江－西江经济带建设背景下广东与广西区域城市旅游竞争格局研究 [J]. 西北师范大学学报 (自然科学版)，2018 (4):122-128.

[16] 秦伟山，张义丰，李世泰. 中国东部沿海城市旅游发展的时空演变 [J]. 地理研究， 2014 (10):1956-1965.

[17] 祝晔. 城市旅游竞争力空间格局及形成机理研究——以江苏省为例 [J]. 技术经济与管理研究，2016 (12):121-126.

[18]Tom Griffin， Frederic Dimanche. Urban Tourism: the Growing Role of VFR and Immigration[J]. Journal of Tourism Futures， 2017 (7):103-113.

[19]Cecilia Pasquinelli. Building from Scratch？ An "Inner Connectivity" Framework for Soft Urban Tourism Development[J]. International Journal of Tourism Cities， 2016 (8):248-256.

[20] 杨秀平，翁钢民，侯玉君，张华，孙红杰. 基于 SD 模型的多情景城市旅游环境承载潜力建模与仿真——以兰州市为例 [J]. 经济地理， 2018 (3):208-216.

[21] 何佳梅，许峰，崔凤军. 论旅游经济利益的外力创造 [J]. 经济地理，1999 (2):4.

[22] 汪德根. 中国旅游经济的省际比较研究 [J]. 经济地理，2001 (s1):278-281.

[23] 李正欢. 论中国旅游经济增长的特征与政策选择 [J]. 经济与管理，2003 (7):7-8.

[24] 陆林，余凤龙. 中国旅游经济差异的空间特征分析 [J]. 经济地理，2005 (3):406-410.

[25]Claudia MOISA.Factors Influencing The Evolution of Youth Travel[J]. Management & Marketing， 2010 (2):308-316.

[26] Doris Gomezelj Omerzel. Stakeholders' Understanding of Factors Influencing Tourism Demand Conditions: The Case of Slovenia[J]. Tourism and Hospitality Management， 2012 ， 17 (1) :1-17.

[27] Duk-Byeong Park， Kwang-Woo Lee， Hyun-Suk Choi， Yooshik Yoon. Factors Influencing Social Capital In Rural Tourism Communities In South Korea[J]. Tourism Management， 2012 ， 33 (6):1511-1520.

[28] 毛润泽. 中国区域旅游经济发展影响因素的实证分析 [J]. 经济问题探索，2012 (8):48-53.

[29] 万绪才，王厚廷，傅朝霞，马红专. 中国城市入境旅游发展差异及其影响因素——以重点旅游城市为例 [J]. 地理研究，2013 (2):337-346.

[30] 李如友，黄常州. 江苏省区域旅游经济差异的空间分析 [J]. 北京第二外国语学院学报，2014（1）:24-33.

[31]Vytautas Barkauskas； Kristina Barkauskien； Edmundas Jasinskas. Analysis of Macro Environmental Factors Influencing the Development of Rural Tourism: Lithuanian Case[J]. Procedia － Social and Behavioral Sciences， 2015（213） :167-172.

[32] 金萍. 广义旅游业视角下旅游经济发展影响因素实证研究—以浙江省为例 [J]. 经济问题探索，2015（6）:183-190.

[33] 丁绪辉，高新雨，田泽. 民族地区旅游经济增长影响因素的空间计量分析 [J]. 统计与决策，2015（20）:104-107.

[34]Marius Mayer， Luisa Vogt. Economic effects of tourism and its influencing factors[J]. Zeitschrift f ü r Tourismuswissenschaft, 2016 , 8（2）:169-198.

[35] 龚艳，张阳，唐承财. 长江经济带旅游业效率测度及影响因素研究 [J]. 华东经济管理，2016（9）:66-74.

[36] 谢磊，李景保，曹洁. 湖北省入境旅游经济差异时空演变分析 [J]. 西部经济管理论坛，2017（1）:55-62.

[37] 李妍. 基于灰色相关模型的旅游经济增长因素研究 [J]. 西南师范大学学报（自然科学版），2017（9）:97-102.

[38] 李大成. 我国旅游消费的影响因素分析 [J]. 现代商业，2016（27）:44-46.

[39] 何昭丽，孙慧，张振龙. 中国入境旅游发展效率及其影响因素研究 [J]. 干旱区地理，2017（6）:1282-1289.

[40] 徐冬，黄震方，胡小海，吕龙，曹芳东. 浙江省县域旅游效率空间格局演变及其影响因素 [J]. 经济地理，2018（5）:197-207.

[41] 王琪延，韦佳佳. 北京市居民旅游消费影响因素研究 [J]. 北京社会科学，2018（8）:120-128.

[42]Anda Nicoleta One iu， Andreea-Monica Predonu. Economic and Social Efficiency of Tourism[J]. Procedia Social and Behavioral Sciences, 2013（92）:648-651.

[43] 杨春梅，赵宝福. 基于数据包络分析的中国冰雪旅游产业效率分析 [J]. 干旱区资源与环静，2014（1）:169-174.

[44] 黄秀娟，林秀治. 我国森林公园旅游效率及其影响因素 [J]. 林业科学，2015（2）:137-146.

[45] 王凯，易静，肖燕，席建超. 中国旅游产业集聚与产业效率的关系研究 [J]. 人文地理，2016（02）:120-127.

[46] 胡宇娜，梅林，陈妍. 中国三大旅游行业效率时空差异分析 [J]. 地理科学，2017（3）:386-393.

[47] 曾瑜皙，钟林生，虞虎. 碳排放影响下中国省域旅游效率损失度研究 [J]. 生态学报，2017（22）:7463-7473.

[48] 梁明珠，易婷婷，Bin Li. 基于 DEA-MI 模型的城市旅游效率演进模式研究 [J]. 旅游学刊，2013（5）:53-62.

[49] 李瑞，郭谦，贺跻，吴殿廷，殷红梅，叶倩. 环渤海地区城市旅游业发展效率时空特征及其演化阶段——以三大城市群为例 [J]. 地理科学进展，2014（6）:773-785.

[50] 方叶林，黄震方，李东和，王芳. 中国省域旅游业发展效率测度及其时空演化 [J]. 经济地理，2015（8）:189-195.

[51] 何俊阳，贺灵，邓淇中. 泛珠三角区域入境旅游发展效率评价及影响因素 [J]. 经济地理，2016（2）:195-201.

[52]Sami Chaabouni. China's Regional Tourism Efficiency: A Two-Stage Double Bootstrap Data Envelopment Analysis[J]. Journal of Destination Marketing & Management，2017（9）.

[53] 张洪，吕倩. "一带一路"沿线省份旅游效率演进研究 [J]. 统计与决策，2018（16）:5.

[54] 徐冬，黄震方，胡小海，吕龙，曹芳东. 浙江省县域旅游效率空间格局演变及其影响因素 [J]. 经济地理，2018（5）:197-207.

[55] 方叶林，黄震方，张宏，彭倩，陆玮婷. 省域旅游发展的错位现象及旅游资源相对效率评价——以中国大陆 31 省市区 2000-2009 年面板数据为例 [J]. 自然资源学报，2013（10）:1754-1764.

[56]Tolina Loulanski，Vesselin Loulanski. The Sustainable Integration of Cultural Heritage and Tourism: A Meta-Study[J]. Journal of Sustainable Tourism，2011，19（7）:837-862.

[57] 李锋，陈太政，辛欣. 旅游产业融合与旅游产业结构演化关系研究——以西安旅游产业为例 [J]. 旅游学刊，2013（1）:69-76.

[58] 金海龙，章辉. 我国文化产业与旅游产业融合研究综述 [J]. 湖北理工学院学报（人文社会科学版），2015（2）:23-28.

[59] 王苗，王诺斯. 国内外海洋文化与旅游经济融合发展研究综述 [J]. 大连海事大学学报（社会科学版），2016（3）:7-11.

[60] 陈文，李春燕．旅游文化产业发展与生态文明建设的耦合路径探析 [J]．中国商论，2018（23）：60-61．

[61] 丘萍，张鹏，雅茹，塔娜，周雪俊．海洋文化产业与旅游产业融合探析 [J]．海洋开发与管理，2018（4）:16-20．

[62] 许悦，刘玲，刘维哲．全域旅游视域下旅游业与现代农业耦合效应分析——以海南省为例 [J]．生产力研究，2018（6）:72-75．

[63] 王伟，刘敏，王萍．山西省旅游业与区域经济的耦合协调研究 [J]．生产力研究，2018（5）:82-86．

[64] 田伟珂．产业融合视角下的青岛工业旅游发展研究:[D]．青岛：中国海洋大学，2012．

[65] 刘林星，吴国生．山东体育文化资源与特色旅游融合研究 [J]．体育文化导刊，2016（6）:122-125+197．

[66] 苏飞．农业与旅游业耦合模型构建及实证分析 [J]．中国农业资源与区划，2017（7）:58-63+72．

[67] 邢启顺．西南民族文化产业与旅游融合发展模式及其社会文化影响 [J]．云南民族大学学报（哲学社会科学版），2016（4）:122-127．

[68] 毕丽芳．区域旅游经济与交通业耦合协调发展的时空分异研究——以我国西南地区为例 [J]．资源开发与市场，2017（8）:1001-1004．

[69] 苏勇军，邹智深．旅游产业与城市经济耦合协调发展实证研究——以浙江省 11 市为例 [J]．宁波大学学报（理工版），2017（4）:92-96．

[70] 许辉云，郑涵丹，伍蕾．旅游产业、城镇化、生态环境耦合协调性分析——以长江中下游六省为例 [J]．福建农林大学学报（哲学社会科学版），2017（4）:84-92．

[71] 葛丹东，徐威．从"单一生产"到"多元耦合"——浙江"江南钙谷"特色小镇规划建设研究 [J]．小城镇建设，2018（5）:32-37+72．

[72] 王兆峰，霍菲菲，徐赛．湘鄂渝黔旅游产业与旅游环境耦合协调度演化特征研究 [J]．经济地理，2018（7）:15．

[73] 孙璐，刘艳芳．武汉市城市发展与城市旅游耦合协调度分析 [J]．测绘与空间地理信息，2018（1）:126-129+134．

[74]Selda Uca Ozer, Gorkem Kayaalp Ersoy, Demet Tuzunkan. Dark Tourism In Gallipoli: Forecast Analysis to Determine Potential of Australian Visitors[J]. Procedia - Social and Behavioral Sciences, 2012, 41（41）:386-393.

[75] 陈荣，梁昌勇．基于季节 SVR 的节假日旅游客流量预测 [J]．统计与决策，

2013（9）:82-84.

[76] J.P. Teixeira, P.O. Fernandes. Tourism Time Series Forecast With Artificial Neural Networks[J]. T KHNE-Review of Applied Management Studies, 2014, 12（1-2）:26-36.

[77] 王晶, 杨宝仁, 何超.20 年来新疆入境旅游经济增长周期与趋势预测 [J]. 干旱区资源与环境, 2014（9）:197-202.

[78] 梁昌勇, 马银超, 陈荣, 梁焱.基于 SVR-ARMA 组合模型的日旅游需求预测 [J]. 管理工程学报, 2015（1）:122-127.

[79]Valeria Croce, Can Tourism Confidence Index Improve Tourism Demand Forecasts？ [J]. Journal of Tourism Futures, 2016（2）:6-21.

[80] 翁钢民, 李凌雁, 李慧盈.季节调整的 PSO-SVR 模型及其在旅游客流量预测中的应用——以海南省三亚市为例 [J]. 数学的实践与认识, 2016（6）:6-13.

[81] 朱亮, 张建萍.基于 Bernstein Copula 函数的中国入境旅游需求预测 [J]. 旅游学刊, 2017（11）:41-48.

[82] 李瑶, 曹蕾, 马晶.基于改进的灰色模型的旅游需求预测研究 [J]. 计算机科学, 2018（1）:122-127.

[83]Ulrich Gunter. Conditional Forecasts of Tourism Exports and Tourism Export Prices of The EU-15 Within A Global Vector Autoregression Framework[J]. Journal of Tourism Futures, 2017（7）:121-138.

[84] 任乐, 崔东佳.基于网络搜索数据的国内旅游客流量预测研究——以北京市国内旅游客流量为例 [J]. 经济问题探索, 2014（4）:67-73.

[85] 沈苏彦, 赵锦, 徐坚.基于"谷歌趋势"数据的入境外国游客量预测 [J]. 资源科学, 2015（11）:2111-2119.

[86] 刘汉, 王永莲.基于混频预测模型改进预测精度——以入境旅游为例 [J]. 情报杂志, 2016（9）:75-79.

[87] 李晓炫, 吕本富, 曾鹏志, 刘金炬.基于网络搜索和 CLSI-EMD-BP 的旅游客流量预测研究 [J]. 系统工程理论与实践, 2017（1）:106-118.

[88]Rodolfo Baggio, Ruggero Sainaghi. Complex and Chaotic Tourism Systems: Towards A Quantitative Approach[J]. International Journal of Contemporary Hospitality Management, 2011, 23（6）:840-861.

[89] 章杰宽, 姬梅.旅游业可持续发展的系统动力学分析 [J]. 产经评论, 2013（2）:52-58.

[90] 方海霞，方珊，郑丽娜．基于系统动力学的城市旅游发展环境研究—以浙江省杭州市为例 [J]. 现代营销（下旬刊），2014（7）:86-87.

[91] 张丽丽，贺舟，李秀婷．基于系统动力学的新疆旅游业可持续发展研究 [J]. 管理评论，2014（7）:37-45.

[92] 肖岚．系统动力学的低碳旅游系统研究 [J]. 经济问题，2015（2）:126-129.

[93]Tadeja Jere Jakulin. System Dynamics Models as Decision-Making Tools in Agritourism[J]. Agricultura, 2016, 13（1-2）:5-10.

[94] 汪德根，宋玉芹，刘昌雪．商务旅游城市发展的系统动力学仿真研究——以苏州工业园区为例 [J]. 地理科学进展，2013（3）:486-496.

[95] 汪立东．基于系统动力学的不同层次旅游消费者市场开发 [J]. 商业时代，2014（11）:47-48.

[96] 许宇飞．农业旅游可持续发展动态模拟仿真与分析 [J]. 统计与决策，2015（16）:138-140.

[97] 花菲菲，马耀峰．入境旅游流"驱动力—状态—响应"模型构建 [J]. 资源开发与市场，2016（10）:1238-1243.

[98]Alexandr Vetitnev, Andrey Kopyirin, Anna Kiseleva. System Dynamics Modelling and Forecasting Health Tourism Demand: the Case of Russian Resorts[J]. Current Issues in Tourism, 2016（7）:1-6.

[99] 卢小丽，隋立军，郭玲玲，武春友．乡村旅游发展驱动机制的系统仿真研究——以大连市为例 [J]. 系统工程，2017（11）:121-129.

[100]Tadeja Jere Jakulin. Systems Approach to Tourism: A Methodology for Defining Complex Tourism System[J]. Organizacija, 2017, 50（3）:208-215.

[101] 党建华．基于系统动力学的旅游利益相关者耦合研究——以吐鲁番葡萄沟为例 [J]. 中国商论，2018（19）:66-67.

[102] 杨秀平，翁钢民，侯玉君，张华，孙红杰．基于 SD 模型的多情景城市旅游环境承载潜力建模与仿真——以兰州市为例 [J]. 经济地理，2018（3）:208-216.

后记

创造，或者酝酿未来的创造。这是一种必要性：幸福只能存在于这种必要性得到满足的时候。

——罗曼·罗兰

研究与创作之路总是崎岖不平的，而坚持也总需要一个响亮的理由，于我而言，那就是"热爱"，这是一种由爱积蓄而成的源动力，生生不息。热爱是一种很感性的情感，对旅游研究的热爱也来源于生活的触动，真实而温暖。多年来，辗转多地求学，足迹踏遍海内外多地，有幸到访了许多旅游胜地，那些优秀的旅游资源或以其百年风骨傲视群雄，或以其风景如画引人入胜，无论哪种，都很醉人。但是，给我触动最深的还是旅途中走走停停间，与美景交织的恋人们温柔的侧颜，烟花映衬下父托子的背影以及山水间友人嬉笑打闹的回声。美好的事物总想让人留住，而人的一生匆匆，若能将自己的一腔热情化作点燃青岛（家乡）旅游事业的火种，使更多旅游者真正地在旅途中得到满足，感到幸福，那大概就是我最大的幸福了吧。

　　在本书研究撰写期间，体会过太多思维的桎梏、知识的迷惘、语言的匮乏。每每陷入停滞不前的境地，都得到了太多理解、帮助与鼓励，让我深深地体会到感动与感恩这两种美好情感所给予我的温暖与力量。此时此刻，那年那景，我必须要衷心感谢我的导师——尊敬的张广海教授，他在忙碌的教学工作中挤出时间来审查、修改我的文稿，纸质稿的空白处总会留下他用心修改的痕迹；同时要感谢国家杰出青年科学家董纪昌教授在漫漫科研道路上给予我的鼓励，百忙中为此书作序，给予肯定；同时还要感谢权锡鉴教授、刘佳教授、董志老师、常飞博士以及我的同门们的指导与陪伴。最后我想感谢那些我一路走来理解、支持我的家人、领导、同事和朋友们——是你们所有人把"爱"以不同方式打造成了阶梯，才有了我今天的进步与收获，在此我将所有的感动与感激化为最诚挚的谢意！

　　由于本人水平所限，书中难免存在不足之处，敬请各位专家和读者不吝赐教，留下宝贵的意见与建议。我会怀揣梦想、继续在艰难崎岖的路途上砥砺前行，直达美好的未来。

高斯琪

2019 年 1 月 1 日于青岛崂山